독특한 교육적 지원요구를 가진 아동을 위한

생활자립훈련프로그램

조인수 · 정금자 · 도명애 공저

대구대학교출판부

· 조인수(趙寅洙)
_대구대학교 특수교육과 교수
_지적장애아 교육 전공(문학박사)
_전환교육 실행방략(2012)외 50여 편의 저서가 있음

· 정금자(鄭錦子)
_대구대학교 유아교육과 교수
_유아교육전공(교육학 박사)
_유아놀이 지도의 이론과 실제 외 다수의 저서가 있음

· 도명애(都明愛)
_계명문화대학 유아특수보육과 교수
_정서행동장애아교육 전공(문학박사)
_특수교육개론 외 다수의 저서가 있음

발　행 | 2013년 2월 25일
지은이 | 조인수, 정금자, 도명애
펴낸이 | 홍덕률
펴낸곳 | 대구대학교출판부
경북 경산시 진량읍 대구대로 201
전화 053) 850-5661~3 | 팩스 053) 850-5669
http://press.daegu.ac.kr/
찍은곳 | 대호문화사
ISBN 978-89-7794-602-6-93370
정가 | 9,000원

머 리 말

특별한 교육적 지원요구를 가진 학생들은 생활적응, 자립능력이 열악하기 때문에 올바른 삶을 영위하기 위해 개인적 · 정서적으로 안정되고, 사회에 올바른 적응을 하며, 경제적 안정을 통한 생활자립을 시키는 것이 교육과 재활의 궁극적인 목적이다.

교육적 지원요구를 가진 학생들은 개인별 성취수준이 모두 다르기 때문에, 장애 유형별 보상 훈련과 교육적 조치가 뒤따라야 하며, 여러 가지 독특한 생활 자립기능훈련이 필요하다.

교육적 지원요구를 가진 학생들의 발달 가능성을 고려하면 생활기능 중심 교육이 주가 되어야 하나, 이들에게 제공할 적절한 교육 프로그램이 없어 이 책을 집필하게 되었다. 1부에서는 생활지도 이론과 실제에 관한 내용으로 기능중심생활지도, 주의집중행동지도 방략에 대해 언급하고, 2부에서는 생활자립훈련프로그램을 구체적으로 제시하였다. 프로그램에 제시된 자료는 자립기능, 개인 · 대인관계, 정보처리, 학습대안전략, 직업전기능, 직무관련기능, 작업수행, 직업생활태도, 취업 · 정보 기능으로 구조화되어 있다. 본 프로그램은 영유아 및 발달지체아동들을 위한 학습지도 지침서 역할을 할 수 있을 것이다. 이러한 지도내용과 프로그램은 영유아 · 발달지체학생들의 교수 · 학습활동과 일선 교육현장에 적용할 수 있을 것이며, 부모 및 지도자들에게 실질적 도움을 줄 수 있을 것이다.

지적수준이 낮은 아동 및 영유아들의 생활 및 전환자립을 위한 훈련 지침서로서 많이 활용되기를 기대하며, 프로그램 적용시 수정 · 보완되어야 할 점들에 대해서는 유아 및 특수교육 현장 선생님들의 아낌없는 지도, 조언을 부탁드린다.

끝으로 원고정리와 교정에 도움을 준 연구실 조교 김지수 선생에게 고마움을 표한다.

2013. 1.

저 자

차 례

1부 생활지도 이론과 실제

2부 생활자립훈련프로그램

1부 생활지도 이론과 실제

1 기능중심 생활지도

2 주의집중 행동지도

1

기능중심 생활지도

기능중심 생활 지도 내용과 방법, 감정과 일치하는 대화로서 생활지도 등을 살펴본다.

1. 발달지체아 생활지도

생활지도는 장애인 자신의 안정감, 지혜, 역량, 지침 등을 마련할 수 있게 해 주는데 있다. 그러므로, 생활지도는 한가지 사태에만 국한된 것이 아니라 생활의 모든 면을 포함한다. 생활지도를 각 개인이 일상생활에서 해결해야 할 여러 가지 문제를 자력으로 해결할 수 있도록 지도하기 위한 조직적 봉사활동이라고 본다면 첫째, 생활지도는 학습자의 각종 문제해결을 증대시킴에 있으며 둘째, 여러 가지 방법 및 심리검사 자료들을 활용한다. 셋째, 학급, 학년, 학교 내에 생활지도를 위한 효과적인 조직체가 있어야 한다.

한편, 생활지도의 목표는 각 개인이 자기의 문제를 자기 스스로 해결할 수 있는 능력과 새로운 사태의 적응력을 길러 주는 데 둔다. 생활지도의 초점은 문제자체가 아니라 개인이며, 개인의 자율적 성장을 촉진시키는 데 있다. 즉, 자기자신의 이해, 적응능력의 발전, 과학적·비판적 사고력의 함양을 통한 문제해결력의 증대이다.

생활지도의 궁극적 목표는 지·덕·체를 겸비한 자신감과 자율적 능력을 가진 인간을 창조하는 데 있다. 결국 지도자는 개체가 당면한 여러 가지 문제를 해결하도록 돕고 전인적인 인간으로서의 완성을 위한 전문적·조직적인 봉사를 위해 ① 자기실현을 돕고, ② 자주적 인간완성, ③ 행복한 삶을 영위해 나갈 수 있는 유연성 있는 적응능력 배양, ④ 전인적 조화로운 인격의 완성, ⑤ 사회의 봉사자가 되어 기쁨을 느끼게 도와주어야 한다.

발달지체아의 교육은 원칙적으로 생활을 위한(목적), 생활에 의한(방법), 생활의(내용) 교육이 그 원칙임에 틀림없다. 많은 학자들은 지적장애인의 생활능력을 신장시키는 것이 발달지체아 교육의 본질이라고 주장하고 있다(Zunker, 1990).

생활지도가 각 아동의 소질, 환경문제, 진로 등을 이해하고 그에 알맞게 그 가능성을 최대한으로 실현시키기 위한 원조를 중심으로 한다면 발달지체아 지도방법은 생활지도가 아니면 안된다는 결론을 얻게 된다.

발달지체아의 요구와 특성을 감안한다면 교과중심의 지적학습보다 일상생활능력을 기르는 생활지도가 더 중시되어야 한다.

사실 발달지체아 교육은 생활이 곧 학습이요, 학습이 곧 생활인 것으로 생활지도니 학습지도니 해서 엄밀히 구별하기가 어려운 것이 그 특수성이라 할 수 있다.

1) 생활지도의 원리와 영역

생활지도의 일반적 원리를 항목별로 요약해서 소개하고자 한다.

첫째, 생활지도는 각 개인의 가치와 존엄성을 얻는데 기초를 둔다.

둘째, 각 개인의 전인적 발달은 생활지도의 중요한 목표이다.

셋째, 생활지도는 전체적 교육프로그램이 통합적 부분을 형성한다.

넷째, 생활지도는 전체 학생이 대상이 된다. 생활지도의 대상은 일부 비적응아에 한정된 것이 아니라 정상아를 포함한 모든 아동과 학생이어야 한다.

다섯째, counseling이 생활지도 활동에 중심이 된다.

여섯째, 생활지도는 하나의 학습과정이다.

일곱째, 생활지도는 치료보다 예방이 원칙이다.

생활지도에서 다루는 일반적인 영역을 다음 8가지로 구분할 수 있다.

1 교육지도(educational guidance)
2 직업지도(vocational guidance)
3 인성(정서적)지도(personal-emotional guidance)
4 사회성지도(social guidance)
5 가정문제지도(family guidance)
6 건강지도(health guidance)
7 여가선용지도(leisure-time guidance)
8 종교 도덕성지도(religious-moral guidance)

2) 발달지체아의 생활지도

(1) 올바른 습관의 형성

특히 지적장애인의 생활지도는 지도자의 태도에 따라 좌우되는데, 교사 및 부모는 학생들과 사물 및 대상에 대한 관심(關心)과 무관심(無關心)의 상태에 따라 그들의 습관이나 행동이 달라지게 되어 있다.

습관은 인간이 성장해 가면서 자연법칙과 조화를 이루면서, 개인의 효과성과 대인관계의 효과성을 개발하는 데 점진적이고 순차적이며 완전히 통합된 접근방식을 제공해 준다. 지적장애인의 습관형성은 교육자들의 관심과 무관심의 정도에 따라 달라지게 되어 있다. 습관은 개체의 의존적 단계에서 출발하여 독립적 단계로, 그리고 상호의존적 단계로 점진적으로 나아가게 지도되어야 한다.

성숙의 연속선상에서 볼 때, 지적장애인들은 개인적·정서적 안정을 통한, 사회의 적응으로, 경제적 안정을 이루는 것이 1차적 목표라고 볼 때, 어린 시기의 의존적 단계는 상대방이 주체가 되는 패러다임이고, 독립적 단계는 내가 주체가 되어야 한다.

이제까지는 독립적 성숙을 위해 여러 가지 조치들이 강구되어 왔지만, 앞으로는 상호의존적 단계로 "우리"가 주체가 되는 형태로 지도·육성되어야 한다.

상호의존적 단계는 독립적 단계에 있는 사람들만이 할 수 있는 선택이다. 만약 지적으로 상호의존적인 사람은 다른 사람의 가장 좋은 생각을 내 자신의 생각에다 결합시킬 필요가 있음을 안다. 결국 상호의존적인 습관의 개발은 새로운 형태의 더 큰 가치를 만드는 시너지(Synergy) 효과를 창출할 수 있는 기회를 확인시키는 데 있다.

(2) 사회적 관계유지와 자아정체감 확립

발달지체아 생활지도는 그들의 특성을 타인으로부터 조력 받는 조성작용으로서 의미와 사회화과정으로서의 역할을 충분히 실천·제공해 주어야 할 전문가와 지도환경이 필요하다.

장애아가 가정이나 학교, 사회의 일부로서 생활속에 존재하기 때문에 가정, 학교, 지역사회는 발달지체아동과 상호의존적·사회적 관계에 있게 된다.

가정 및 학교, 지역사회는 한 아동의 건전한 성장, 발달을 위해서 그들이 할 수 있는 최선의 환경을 제공해 주어야 한다.

지적장애인의 기능적 생활능력은 시설에서 보다 경험적 사회생활을 통해서 더 발달한다는 생각은 여러 학자들의 공통된 견해이다(Larson & Lakin, 1989).

모든 사람은 그들의 능력에 토대해서 새로운 기술과 그들의 욕구와 흥미를 충족시키고자 학습한다. 개인은 사회에 참여함으로써 사회기능을 배우게 되므로 개인의 원망에 아주 민감히 반응하는, 주택, 사회적 관계, 여가나 레크리에이션 활동 등에서 가치있는 결과를 실현하였음을 확인할 수 있는(성공감, 만족감) 것들에 초점이 주어져야 한다.

최근 지적장애인들의 재활 독립을 위해 학교 및 사회의 재구조를 통한 완전통합에 힘쓰고 있는 이 때, 스스로 자기문제를 결정할 수 있게 하는 데 제반 조치들이 강구되고 있다.

모든 사람에게 개인적으로 안전한 생활을 하게 하는 열쇠는 사회적 관계 유지에 있다. 특히 가족관계, 학교 교사와 동료학생 등 인적관계는 매우 중요하다. 특히 지적장애 성인에게는 지속적으로 가족에 포함되어야 한다. 이는 가족들이 보호하고, 모니터하고, 개인적으로 권리를 주장함으로써 사회 속에 지적장애인의 생활이 포함되게 함은 매우 중요하다(Lutfiyya, 1991).

그 외 이웃주민, 학교, 직장동료와 같이 학습이나 일을 하면서 타인과 사회적 관계를 이루어 가야 한다.

사회에 기여하는 구성원으로서 의미있는 참여는 생활의 장에 고용구성원이 되게 참여시키는 것이다. 그들의 요구와 발달가능성을 기초로 지역사회에 기여하는 직업인이 되게 함은 국가사회적인 계속적 서비스제공과 임금노동을 통한 생산적인 근로자로서 육성, 진정한 사회통합을 위한 지원고용체제의 유지에 있다.

모든 인간의 삶의 질을 개선하기 위해서는 기본적인 건강과 안전을 위한 안정감, 인생의 방향을 인도해 주는 지침, 지혜, 선택과 결정을 위한 수단으로서의 역량을 키워주어야 한다(Covey. 1989). 지적장애인 역시 이 네 가지 요소가 상호의존적이었을 때 독립적인 능력을 갖게 되고, 상호의존적이고 원만한 대인관계를 위한 튼튼한 기초를 갖게 된다.

자아정체감 확립을 위해서는 장애 그 자체가 인간의 가치를 상실하게 한다는 생각은 갖지 않게 할 필요가 있다. "작은 것이 더 아름답다"는 개념확립과 더불어 모든 대상에 대한 긍정적인 관심을 갖게 하여 가치의 영역을 확충시킬 필요가 있다. 그리고 대부분의 생활은 사회구조 자체의 모순에 의한 것이지 장애의 부정적인 영향임을 불식시켜야 한다.

또한 자기의 능력에 대한 상(像)을 설정하게 한 다음 절대적 가치를 부여하여 가능성에 대한 신념을 갖도록 함이 더욱 중요하다.

(3) 경험주의적 방법

발달지체아의 일반적 특성이라고 할 수 있는 추상화·일반화 능력의 미발달과 정신구조의 미분화와 응용·종합능력의 결여 등으로 인하여, 발달지체아의 생활지도는 생활적, 경험적, 작업적이어야 한다.

생활적 :

1. 어른들에 의해 가공되어진 방법이 아니고, 아동의 본래적인 흥미나 요구에 근거한 자연적인 생활이어야 한다.
2. 어른이나 지도자들로부터 강요된 수동적인 생활이 아니고 전심전력을 다할 수 있는 생활이 되어야 하며,
3. 가정이나 사회의 실생활과 떠난 모방적 생활이 아니고, 현실의 생활과 연속된 실제적 생활이어야 한다.
4. 장래 생활과 관계있는 자주적인 생활능력을 획득하게 하는 생활교육이어야 하고, 학교생활 자체를 극력 생활화하고 현실도가 높은 생활장을 용의하게 해야 한다.

경험적 :

1. 타인의 활동이나 경험을 견문하는 것보다 자기의 주체적 활동을 통해서 하는 경험
2. 문자나 기호를 통해서 하는 경험보다는 감성적 경험
3. 한 감각을 통한 경험보다는 오감을 통한 경험
4. 추상물이나 추상화된 사태에 대한 경험보다는 구체물이나 구체적 사태에 대한 신기성 경험
5. 모형이나 양식화된 사태에 대한 경험보다는 실물이나 실태에 대한 경험이어야 한다.

작업적 :

1. 신체적 활동에 의한 욕구나 흥미의 충족, 자연물이나 구체물과의 직접적 접촉을 통한 경험학습, 개연적인 운동에 의한 신체적 기능훈련
2. 목적적 자기활동으로, 목표도달이 쉽게 확인되기 때문에 강한 목표의식을 갖게 되고, 과거의 실패경험을 해소하며, 과제 해결의욕, 활동의욕, 생활의욕, 성취감을 높인다.
3. 작업을 통해 협동활동 및 관계가 쉽게 이루어지고, 협동작업을 통해서 사회에의 적용성을 높인다.
4. 생활활동으로서의 의미는 신변생활을 처리하는 데에 많은 작업이 필요하며, 일상

생활에 불가결한 작업을 실천케하여 생활능력을 높인다.

5 노동의 실천을 통해서 직업생활에의 적응능력을 높여 사회의 생활유통기구 등을 이해시킨다.

(4) 생활자립훈련과 지도

독립적 생활영위를 위한 개인 잠재능력의 최대개발이라는 목적을 달성하기 위해서는 다음의 몇 가지 구체적 지도가 필요하다.

첫째, 신변처리 및 생활자립 기능의 습득이다.

발달지체아들에게 생활자립기능을 습득시키기 위해서는 체계적이고 효율적인 지도가 필요하다. 지도내용은 운동·감각, 지각, 개념, 인지영역 순으로 확대됨은 당연하고, 먼저 생활자극에 대한 변별훈련을 통한 선택적 주의집중력을 키워 나가는 일이 일차적이다. 생활자극들은 먼저 구체적인 과제로부터 추상적인 과제로 점진적으로 지도되어야 한다.

- 즉 구체적이고 입체적인 자료를 활용한 시각변별기능을 높이기 위해서는 ① 크기, ② 모양, ③ 방향(전도 : 앞, 뒤), ④ 방향(역전 : 위, 아래), ⑤ 색상, ⑥ 내부차이 등의 차원에 대한 훈련을 먼저 하고, 추상적인 자료에 의한 시각변별기능을 강화하는 ① 그림에 의한 차이 변별(큰 차이, 다사유사, 거의유사), ② 기하도형, ③ 문자, ④ 낱말 순으로 이루어져야 한다.
- 시청각에 대한 변별훈련 후 주의집중행동을 개선시켜야만 생활자립기능의 습득이 쉬워지고, 기타 생활지도(문제행동지도)가 용이하다.

발달지체아들의 주의집중관련 변인에는 지능, 지각환경을 비롯한 상황유인 변인들이 많지만, 일반적인 지도과정에서는 ① 관련자극의 선택(선택자극의 중요성 인식, 관련자극의 강도증가, 촉감과 운동지각 이용, 감각적 단서와 선행경험의 이용, 자극의 수와 복잡성, 신기성, 친밀성, 일상적 생활의 자료제시), ② 주의이동(주의선택 통로의 제한, 소요시간의 조정), ③ 주의집중시간의 증대(성취과제 설명, 활동중단 빈도조절, 기간의 증대·강화), ④ 연속적 주의집중행동 개선(완만한 연속과제에서 연속항목으로 제시, 군 단위화, 시연), ⑤ 부가전략(개별화 교수, 변별능력 내에서 학습의 지속이 필요, 인지적 수정, 약물복용, 식이요법 등)이 필요하다.

둘째, 생활지도는 한 개의 독립된 교육프로그램이 아니라, 제 영역과 통합을 이루는 전인적 발달을 강조해야 한다.

특히 발달지체아의 생활훈련은 의료, 교육, 심리, 사회, 직업적 재활을 위한 전인적 훈련이 되도록 기본적인 역할을 한다. 생활지도훈련은 타 학습영역의 발달을 높이는데 기본적인 조건이 되어야 하고, 조기교육으로부터 이루어진 생활훈련은 장애인들이 적절한 취업을 도와 사회생활통합에 필수적인 작용이 되어야 한다.

생활지도는 먼저 인성적응훈련, 생활훈련(직업전훈련), 장애보상기능훈련, 직업훈련 등이 반드시 포함되어야 한다.

지적장애 생활지도는 기능(활동) 중심의 지도과정으로 구조화되어야 한다.

1 의식화(제재확인, 준비) 혹은 과제 파악(중심과제 파악, 본질적인 요소의 확인)
2 목표확인(요소적인 활동의 결정, 구체적인 기능의 확인) 혹은 예상수립(구체적인 활동예상의 수립)
3 활동화(예비활동, 문제발견)
4 문제의 초점화(발견된 문제의 해결)
5 습숙화(문제의 실증적 해결, 기능의 발휘)
6 정리 및 발전(검토와 발전)

2. 생활지도의 방법

1) 일반적 방법

생활지도는 개별지도(individual guidance)와 집단지도(group guidance)의 방법으로 크게 구분되며 학교에서의 생활지도활동은 크게 나누어 ① 학생이해(조사)활동(student inventory service), ② 정보활동(information service), ③ 카운슬링활동(counseling service), ④ 정치활동(placement service), ⑤ 추후활동(follow-up service) 등으로 구분할 수 있다.

(1) 개별지도

발달지체아는 개인차가 심하기 때문에 철저한 개별지도가 필요하다. 각 지도자는 개개 아동을 잘 이해하는데 힘써야 한다. 그 아동의 특성, 장애정도, 능력, 환경, 욕구 등을 잘 이해하고 그에 알맞는 내용과 방법으로 실천적으로 지도되어야 한다.

개별지도의 유의 사항으로는 ① 애정으로 허용적 분위기에서 지도해야 한다. ② 교사에 대한 친밀감과 신뢰감 형성 ③ 개인별 관찰기록부의 누가적 활용 ④ 반복 연습지도 ⑤ 실천적이고 그들이 이해할 수 있는 방법이어야 한다.

(2) 집단지도

집단의 역동적 기능이 인간형성에 크게 작용한다. 발달지체아에 있어서 집단은 매우 좋은 지도자이며 치료자이기도 하다. 이들도 같은 또래의 발달지체아 집단에 들어가게 되면 평소에 말을 잘 듣지 않던 아이가 말을 잘 듣게 되고 난폭하고 공격적인 아이는 그 행동이 집단 내에서 잘 수용되지 않기 때문에 자연히 행동이 개선되고 매사에 소극적인 외톨이도 집단의 자극에 의하여 자발적인 의욕이 싹트게 된다. 그래서 새로운 행동양식을 몸에 배도록 하는 데는 가정에서의 개별지도 보다 학교나 시설에서의 집단적인 리더가 더 효과적이다.

인간은 사회적 접촉에 의해 그 성장이 촉진된다. 발달지체아는 사회적 접촉의 장애 때문에 그들의 성장은 더욱 늦어진다고 볼 수 있다. 발달지체아라도 어릴 때부터 광범위한 사회적 접촉의 기회만 많이 주어지면 상징적 모방이나 자극에 의하여 비교적 일찍부터 자립이 가능하게 된다는 사실을 잊어서는 안 된다.

집단지도란 장(場)의 분위기 조성이 매우 중요하므로 상황유인의 범주들을 충분히 고려해야 한다.

1 소집단을 통한 동질집단의 지도를 한다.
2 집단가운데에서 리더를 두는 게 좋다.
3 리더는 역할을 자주 바꾸어 주어야 한다.
4 심리적 안정과 이유를 빨리 시킨다.
5 부단한 촉진자극과 개인의 인격을 절대 존중해야 한다.
6 집단의 응집력을 높이기 위한 방법과 '우리'라는 생활감정을 길러야 한다.
7 집단놀이를 통한 자기표현의 기회를 신장시킨다.

2) 내용별 지도

(1) 신변자립 및 기본 생활습관의 지도

기본적 생활습관이란, 좁은 의미로서는 식사, 배설, 수면, 의복, 청결 등 생리적, 신체적인 것에 관한 생활습관을 말하며, 광의로는 사회생활에 필요한 기본적 생활습관까지 포함하는 것으로서 훈련적인 성격을 말한다.

중증장애아일수록 기본 생활습관의 지도에 더욱 치중해야 하며, 이를 학교교육으로 받아들여 계획적으로 반복, 훈련시켜야 한다.

이를 위해서는 필요감을 일으킬 수 있는 장의 설정에 유의해야 하고 꾸준히 지도하며 세분화된 단계적 지도가 필요하다. 그리고 실제적, 동작적 지도와 아울러 실천적 지도가 필요하며 가정의 협력이 절실하게 요구된다.

(2) 성격의 지도

발달지체아가 정상아와 다른 점은 지적 조건에도 상당히 차이가 있지만 보다 더 중요하게 다루어져야 하는 것은 발달지체아동 개인의 성격 및 정서에 대한 이차적 영향이 더욱 심각하며 모든 행동이나 표현의 동인이 되고 효과적인 적응 및 지도에 많은 문제거리를 제기한다.

발달지체아동의 성격은 정상아동의 성격과 다름을 보이는데 그 이유를 살펴보면, 첫째, 그들은 다른 사람이 적극적으로 거부하지는 않는다 하더라도 발달지체아는 사회적으로 고립되기 쉽고, 둘째, 발달지체아라는 호칭이 그들로 하여금 자신을 더욱 의식하게되고, 그로 인해 다른 이들이 그들을 다르게 취급하기 쉬우며, 셋째, 가정에 발달지체아의 존재가 스트레스와 긴장을 야기시켜 발달지체아의 정서불안을 초래하며, 넷째, 대부분 사람들에 비해 발달지체아는 더 많은 좌절과 실패를 경험한다는 점이며 다섯째, 많은 발달지체아에게서 발견되는 두뇌손상이 정서문제 및 이상행동을 야기시킬 가능성이 높고, 여섯째, 발달지체아는 자신의 성격, 동기에 대한 통찰력 결여로 스스로 변화를 위한 노력이 어렵고 일곱째, 문화실조로 많은 발달지체아가 정서불안을 일으키기 쉬운 불리한 환경에서 많이 발생한다는 점을 들 수 있다.

이러한 이유들로 정상아동보다 이들 사이에서 일반적으로 발견되는 많은 성격 특징이 있는데 다음과 같다.

① 지체아는 실패한 것을 기대하기 쉬워 성공을 위해 노력하기보다는 실패를 회피하며 자신의 생각, 결정보다는 타인에게 의존하기 쉽다.

② 이들은 전반적으로 무력감을 느끼기 쉬우며 자신이 운명의 주체가 아니란 감정을 갖고 있다.

③ 사회적 고립으로 인해 많은 사회적 상호작용을 하는 특별전략이 채택될 필요가 있다.

④ 프로이드 학파의 해석에 의하면 자아개념이 결핍되어 있어 그들은 근심을 줄이기 위해 억압, 부정같은 원시적 방어 메카니즘에 의존하기 쉽다고 한다.

⑤ 그들은 다른 사람에게 정상임을 증명하려 애쓴다.

발달지체아의 비뚤어진 성격은 일차적, 본질적 특성이라기 보다는 환경적 요인에 의한 이차적 영향이 크다는 사실을 주목하지 않을 수 없다. 부모 형제로부터 도외시되거나 거부, 소외되고 또래나 사회인으로부터 조소, 멸시당하고 교사로부터 무시, 소외되어 욕구불만, 열등감, 소외감으로 그 성격이 비뚤어지기 쉽기 때문이다.

발달지체아 성격의 바람직한 파악은 투사적인 방법으로 특성을 잘 파악해야 한다. 그리고 대인관계 확대에 힘쓰고 적극성을 길러야 한다. 또한 자유로운 집단활동의 기회를 자주 갖게 하고 지나친 동정과 허용은 삼가해야 한다.

(3) 건강안전 생활지도

신체적 발달에 있어서는 큰 지체가 없다하더라도 그 기능면에서는 열악한 것이 사실이다. 즉, 운동기능도 뒤떨어지고, 외부로부터의 자극과 영향에 대한 저항력도 열악하여 병에 걸리기 쉽고 한번 걸리면 회복도 늦기 때문에 이들의 건강 증진을 위해 매우 신경써야 한다.

발달지체아 건강위생지도를 위해서는 개별적 양호가 필요하고 체형 체벽의 교정에 힘써야 한다. 그리고 신체 각부의 기능훈련에 힘써야 하며 올바른 식사지도에 유의해야 한다.

발달지체아는 위험을 감지하는 힘이 약하여 어느 정도 위험한가, 사태에 대한 판단력이 열악하기 때문에 자기보호가 어렵다. 작업이나 놀이시 도구의 사용 등에 안전교육이 중시되어야 한다.

안전지도는 현장에서 행동적 지도이어야 하고 도구의 사용훈련이 필요하며, 경험적 지도와 지나친 불안이나 경계심을 피해야 한다.

(4) 행동이상아 지도

발달지체아의 뇌기능 저하는 다음에 2차, 3차의 다른 장애를 수반하게 된다. 그래서 신체성장이나 운동능력, 지적활동, 인격, 행동, 학습, 사회생활 등의 모든 영역에서 정상아와는 다른 특성을 가지고 있다.

이러한 발달지체아의 일반적 특성에 관한 지금까지의 많은 선행 연구 중 특히 Frankel은 충동성, 정서불안정, 무기력, 운동기능 열악, 주의산만, 과잉의존, 호기심 결핍, 감각결함, 지각장애, 개념형성장애, 언어장애, 사회적 무능으로 제시하며, 이들 특성 가운데 신경적 손상이나 적절한 훈련경험의 부적에 기인한 지능지체인 것도 발견된다고 시사했거니와, 이들의 행동이상을 가져올 수 있는 심리, 사회 정서적, 성격행동적 특성을 보면 다음과 같다.

□ 심리적 특성

① 지각의 미분화: 대상물의 형태 지각의 결함, 청각, 중량감각, 피부감각 및 평형감각 등의 이상

② 정신구조의 경직성: 임기응변으로 상황변화에 적응곤란 및 고정적 사고나 방법에 고집하는 경향
③ 추상화 일반화의 곤란성
④ 기억흔적의 불안정성
⑤ 통찰력의 편협성: 행위의 목표와 수단과의 관계상황을 냉정히 통찰하는 것이 곤란, 비암시성이 강하며, 생활공간과 시간적 넓이도 곤란하다.
⑥ 경험에의 내발적 충동의 희박성
⑦ 행동의 이상성(외인성 지적장애가 주로 해당됨): 언어 중추장애, 내분비 이상 또는 대사장애, 뇌병변으로 인한 성격행동

□ 사회 정서적인 특성

의사교환능력 부족, 집단참여능력 부족(대인관계), 이동능력, 자기 지향력, 자기일처리능력으로 작업능력이 제일 격차가 적음(Doll)

Dunn은 지능과 사회적응력간에 높은 상관관계에서 일반학급에 있는 발달지체아는 정상아로부터 거절되거나 무시당하고 「일반학급에 있는 IQ 50~75」의 아동은 특수학급에 있는 아동보다 실패에 대한 공포를 더 많이 보인다고 했다.

□ 성격 행동적 특성

지적 무능, 주의 집중력의 결여, 충동성, 공격성, 정서적 부적응, 정서적 혼란(정서적 불안정), 외부자극에 대한 지각의 불완전 '정서의 결여', '의존심' 등을 들 수 있다.

또한 발달지체아의 이상특성으로 규명되고 있는 경성(rigidity) 또는 행동성격상의 완고성(perseveration)에 관한 정의적 측면에서 Lewin, Kounin, Goldstin, Wener, Zigler 등 연구가 발표되었는데 특히 Lewin의 견해에 의하면 발달지체아는 내부적인 개별적 역학 부위가 두터운 경계로 구획되어 있어 정상아와 달리 지적 열약 뿐 아니라 성격구조 전체의 미분화 특성을 나타내는 결과라고 밝히고 있다.

발달지체아의 특이한 행동패턴을 두 가지로 요약하면, 우선 과거의 실패경험 장면에 처하면 욕구불만에 대한 참을성이 매우 부족하여 쉽게 좌절해 버리거나, 때로는 거부하고 공격적인 반응과 같은 양상을 띄게 된다. 그리고 심한 부적 자아개념을 갖고 있어 이들의 학습태도는 부정적이고 자신을 실패와 관련지워 지각해버리기 때문에 학습의 과정마저도 곤란하게 되는 경우가 많아 이들의 특이한 행동패턴을 교육과정구성에 반듯이 고려해야 한다는 점이다. 또한 발달지체아에 있어 지적장애, 뇌염후유증, 간질 등에 의한 성격의 이상성 또는 신경증적 불안, 공포, 흥분 등은 환경과의 관련을 통해 일차적으로 행동이나 정서에 나타나게 되며, 이런 이상성은 어릴 때부터 이차적인 행동 및 정서

적 특성으로 나타나게 된다.

Goldstein은 Lewin이나 Kouin이 발달지체아의 특성으로 들고 있는 경성(硬性)을 사람이 적당한 방식으로 환경에 적응해 갈 수 없을 때 생기는 것이라 하여 파국적 상태에 있어 자아방위의 수단이란 견해를 밝히며 이 경우 경성이 바로 이차적 행동기제에 해당되는 것이다.

이와 같은 심리적 기제에 의해 형성된 발달지체아의 이차적 심리특성에는 소극적 도피적 특성(비사회적 행동), 반항적 ,공격적 특성(반사회적 행동), 신경증적 사회생활 능력이나 사회적 적응성의 열등은 특히 성인기의 발달지체아를 판별하는 경우에 매우 중요한 요건이 된다.

Quay와 Werry(1979)의 분류에 의하면

- ㅁ 행동이상(Conduct Disorder): 싸움, 폭행, 신경질, 반항, 불복종, 자신과 타인의 자산파괴, 건방짐, 반항적, 비협동적, 분열방해, 부정적, 지시거절, 난폭하고 시끄러움, 과시, 과민성, 과동행동, 모독적, 입버릇 나쁨, 무책임한 행동, 절도, 희롱, 실수불인정, 타인비방, 이기적.
- ㅁ 사회화된 공격성(Socialized-Aggression): 나쁜 친구 사귐, 집단절도, 비행친구에의 충성심, 도당에 가입, 야간외출, 무단결석, 무단외박.
- ㅁ 불안위축(Anxiety-Withdrawal): 걱정, 공포, 초조, 수줍음, 소심증, 친구 못 사귐, 우울, 슬픔, 분열, 과민성, 쉽게 당황함, 열등의식, 무가치의식, 쉽게 좌절, 무관심, 함묵증, 자주울음.
- ㅁ 미성숙(Immaturity): 주의집중이 짧다. 집중력이 약함, 백일몽, 방심상태, 쉽게 추종, 수동적, 독창력 부족, 게으름, 흥미결여, 지루함, 완성전 실패, 인내부족, 지저분함, 단정치 못함 등의 4가지로 분류된다.

3) 교재교구 선택과 지도의 일예

(1) 신변생활지도

생활지도 방법에 있어 교재교구를 선택하고 활용하는데 유의해야 할 사항으로 몇 가지 구체적인 예를 들어 설명하고자 한다.

ㅁ 기능적인 훈련과 함께 태도 면에서의 습관형성이 필요하다.

일반적으로 신변생활에 대한 내용 특히 기본적인 생활의 버릇 길들이기는 매일 반복지도에 의해 그것이 습관화되어 간다고 보지만 여기서 중요한 것은 의식화의 문제이다.

예를 들어 의복을 입고 벗는 일에 있어서도 그것이 되는지 안 되는지의 기술적인 문제도 있지만 아동 자신의 의욕과 태도육성이 자립을 위해 무엇보다도 중요하다. 다시 말해서 처음에는 시키기 때문에 하는 단계에서 "무엇무엇 때문에 하자." 하는 의식의 이해가 수반되어 처음 태도로서 정착되어지는 것이다. 그리고 "아침에 세수를 하지 않으면 기분이 상쾌하지 못하다."라든지 "학교에 가려면 옷을 갈아입고 단정히 해야 한다."는 등의 의식을 할 수 있게 되어 자기 일은 자기 스스로 하는 자주적 자발적인 행동이 이루어짐으로써 신변생활에 대한 자립의 의미도 깊어지는 것이다. 그러기 위해서는 일과를 나누어서 하루 생활의 흐름속에서 순서에 따라 자기의 행동을 해나간다든지 기대를 가지고 생활해 나가도록 지도해야 한다. 또 "무엇무엇을 하고 싶다. 그러기 위해서는 ……."라는 등의 목적의식을 가지고 행동하게 하는 장면설정의 연구와 어린이들의 자발적인 행동을 유발시키는 재료의 준비가 필요하게 된다. 의복의 입고 벗기에서도 입고 벗는 것만을 목적으로 시간을 설정하는 것보다는 등교하면 학교에서 입는 옷으로 바꾸어 입는다든지 체육이나 작업을 하기 위해 옷을 갈아입는 장면을 설정하여 생활과 결부된 장에서의 지도훈련이 되도록 하는 것이 좋다.

어떤 특수학교에서는 중학생의 교복에 넥타이를 착용시키고 있는데 입학 초에는 전원이 집안 식구들에게 넥타이를 매어 달라고 하지만 빠르면 4~5일, 늦어도 3주 내에 혼자서 맬 수 있게 된다. 여기서 넥타이를 매는 것도 그들이 가지고 있는 "나는 중학생이다." 라고 하는 자랑스러운 마음가짐과 매일의 등교시에 거울 앞에서 열심히 넥타이와 씨름한 성과라고 하겠다. 또한 웃옷을 입고 있는 동안에 넥타이의 길이를 잘 조절하지 못한다든지 길고 짧은 것에 신경을 안 쓰던 것에 관해 익히게 된다. 어린이들 자신의 필요에 의해서 하고 싶은 마음을 가지게 되면 다소 복잡한 조작을 요하는 것도 비교적 단시일에 습득하게 되는 것이다. 이와 같이 태도화되고 습관화되어 가기 위해서는 필요감이 생기도록 활동의욕을 제시하면서 그것이 원활히 전개되어 갈 수 있도록 방법을 연구해 가는 것이 필요하다.

ㅁ 능력과 특성에 맞는 소재와 도구를 적용한다.

첫째, 취급하기 쉬운 것을 선택한다. 가능한 한 다른 사람의 손을 빌리지 않고도 자기 일을 자신이 할 수 있도록 하기 위해서는 큰마음 먹고 도와주지 않는 것이 필요하다. 어린이의 경우 그 발달이 늦어지는 것과 무슨 일이나 해도 잘 되지 않는다는 이유로 주위 사람들이 과잉간섭을 많이 하고 독립심을 너무 재촉함으로써 모르는 사이에 의존심을 키우는 결과가 되기도 한다. 그렇기 때문에 주위 사람들이 되도록 도와주지 않고 그들 자신의 힘으로 처리할 수 있도록 하는 것은 어린이의 자립습관을 길러 준다는 입장에서 볼 때 크게 도움이 된다고 할 수 있다.

그러나 자기의 일은 자기가 처리한다는 것도 능력적인 면이 충분하지 못한 경우가 있기 때문에 하려고만 하면 자기 스스로 할 수 있다는 마음부터 먼저 저항없이 받아들일 수 있도록 준비해 둠으로써 무리없이 자기에게 익숙해질 수 있도록 해 주는 것이 필요하다. 저학년의 한 예로서 작은 단추가 몇 개 달린 오버를 입도록 할 경우에 혼자서 입는 데 시간이 걸리므로, 일일이 도움을 구하고 또 입고 벗는 일이 언제나 느리게 이루어졌다. 그렇기 때문에 취급하기 쉬운 큰 단추로 바꾸어 주었더니 자기 혼자 처리하게 되었고 입는 시간이 단축되어 선생님과 집안 식구들에게 칭찬을 받게 되어 완전히 자신감을 갖게 되었다. 또 입고 벗는 지도에는 옷의 형태와 단추의 크기 위치 등을 고려해 줌으로써 그 단계의 어린이에게 가장 적합한 것을 주어 스스로의 손으로 쉽게 할 수 있도록 해야 한다. 단추 끼우기와 같은 적은 일이라도 스스로 해결하게 되면 의존하는 마음가짐에서 독립심이 싹트도록 변화시키는 중요한 계기가 되는 것이다.

둘째, 취급하기 쉽도록 연구해서 개조한다. 스스로 하려고 하는 시작단계를 다른 사람이 도와주지 않아도 될 수 있도록 하려면 기성품이라도 연구 개조해서 취급하기 쉽도록 해 주어야 한다. 예를 들면, 마비가 있든지 손가락의 힘이 약해서 스푼이 쉽게 쥐어지지 않기 때문에 음식물을 흘리는 어린이에게는 스푼의 손잡이를 굵게 해서 잡기 쉽게 한다든지 또, 주의가 충분히 가지 않는 어린이에게는 의복 안과 밖을 틀리지 않고 식별할 수 있도록 표를 해 주는 것이 좋겠다. 또 배설지도에서는 다음과 같은 사례도 있다. 학교의 수세식 화장실에서 사용 후 물을 흘려보내지 않는 어린이가 있어서 조사해 보니 수세장치가 버튼 식으로 되어 있기 때문에 그 어린이의 손가락 힘으로는 버튼을 누를 수 없다는 사실을 알았다. 그래서 나무판자를 이용한 장치로 작은 힘으로도 취급하기 쉽게 해 주었더니 용변 후 물로 씻지 않는 횟수가 줄어들었다. 그러나 이것도 가끔 판자가 빠져나가 없어질 때가 있기 때문에 이번에는 수도꼭지 식으로 바꾸어 주었더니 물을 흘려서 변기를 씻어 내리게 되었다.

일방적으로 시킨다 하더라도 되지 않을 일을 시키게 되면 오히려 좌절감을 맛보게 하는 것 외에 하려고 하는 마음마저도 감퇴시켜 버리게 되는 것이다. 자주성을 크게 북돋우려면 때로는 실패하면서도 그것을 넘어서서 성공감을 맛보게 하는 경험도 중요하다. 현존의 상태만 생각해서 언제나 취급하기 쉬운 것, 조작하기 쉬운 것에만 시종하지 말고 그것을 하나의 단계로 생각하고 요구수준을 높임으로써 경험을 넓혀 주는 것이 바람직하다.

셋째, 순서와 영역의 지도를 말한다. 신변자립을 위한 지도에서 어린이의 능력에 맞도록 도구와 재료를 선택하는 것도 중요하지만, 기술적인 방법을 중심으로 어린이 자신이 할 수 있도록 힘을 길러 주는 것이 필요하다. 따라서 도구와 소재의 순서를 정해주든지 요령을 가르쳐 주는 것이 바람직하다.

○ 처음에는 쉬운 방법으로 시키고 차츰 어려운 도구와 일반적인 방법으로 바꾸어 간다.

예를 들어 의복의 정리와 보자기 싸는 문제를 생각해 보자. 벗은 옷을 갠다든지 정돈해 둔다고 하는 것은 옷 입고 벗기의 중요한 버릇이 되겠지만, 그것이 갑자기 되지는 않는다. 그러므로, 다음과 같은 지도순서를 생각해 볼 수 있다.

- 상자를 마련해서 그곳에다 벗어둔 흐트러진 옷을 집어넣게 한다.
- 벗은 옷을 대충 정리해서 상자에 넣는다.
- 옷을 개어서 넣는다.
- 보자기에 싸는 것처럼 바르게 개어서 넣는다.

보자기에 싸는 문제에 대해서는,

- 처음에는 잡아매지 못하거나 어느쪽 끝을 잡아서 매면 좋은가를 모르는 경우가 있고, 또는 잡아맬 보조끈의 취급이 잘 안 되기 때문에 색깔이 다른 보조끈을 사방 구석쪽에 붙여서 사용한다.
- 보조끈 대신에 서로 잡아매는 것끼리 같은 표를 한 것을 사용한다.
- 보통의 보자기를 사용한다.

이와 같이 매는 것을 지도해 가는 중에 보자기를 쌀 수 있게 되며 이것이 끈을 매는 지도로 발전해 간다. 또 결식용의 작업복 취급에 있어서도

- 끈을 길게 해서 앞에서 묶도록 한다.
- 윗끈은 고무로 하고 아랫끈만 묶도록 한다.
- 위에도 끈으로 해서 먼저 묶어 덮어쓰고 아랫끈을 묶는다.

이러한 단계를 거쳐서 뒤쪽을 묶는 기술을 습득해 간다. 이처럼 쉬운 것에서 어려운 것으로 또 어린이의 능력을 고려해서 만들어진 지도단계를 밟아가면서 점차로 일반적인 방법을 몸에 붙여갈 수 있게 하는 교재·교구의 준비가 요구된다.

○ 요령을 가르친다.

예를 들어 옷을 개는 지도를 할 경우 블라우스 같은 것은 갤 수 있어도 점퍼, 스커트 같은 것이 되면 좁은 책상 위에서는 어렵다. 이럴 때에는 선 자세로 턱을 이용해서 하

라는 한마디의 요령을 가르쳐 주면 의외로 빨리 할 수 있게 되고, 어린이도 만족해한다. 또 스웨터를 벗을 때는 먼저 머리쪽을 벗고 다음에 한쪽 손으로 소매 끝을 잡고, 교대로 손을 빼 나가게 하는 방법을 가르치면 벗은 것이 뒤집어지지도 않고 어린이 자신의 옷 입고 벗기가 한층 쉬워지게 된다. 이와 같이 어린이가 어떤 일을 잘 처리하지 못할 때 어째서 그것을 할 수 없는가를 생각해 보게 되면 아주 간단한 요령이 머리속에 떠오르게 된다. 그러한 요령을 알려줌으로써 지금까지 되지 않았던 일을 할 수 있는 계기가 되고 또 어린이에게 난관이 없어짐으로써 자신이 하려고 하는 의욕을 가지게 되는 것이다.

ㅇ 처음부터 바른 순서로 바르게 취급하는 방법을 가르친다.

지능이 낮은 어린이는 고집이 세고 한 가지 형을 몸에 붙이면 다른 것으로 쉽게 이행되지 않고 또 도중에서 다른 방법을 사용하면 혼란을 일으키는 때가 가끔 있다. 따라서 교재를 제시하는 경우, 실제로 손발을 움직인다든가 행동화해 나가는 것 같은 취급법이 바람직하지만 이때는 반드시 처음부터 바른 취급과 순서로 나타내는 것이 중요하다. 식사하기 전에 손을 씻는 간단한 예를 보더라도 먼저 씻는다는 동작이 청결이라는 관념과 연관되어 있는지를 알아보고 다음에는 바르게 씻는 법이 익숙한가를 잘 관찰해 봐야 한다. 손을 잘 씻었는데, 또 더러워졌다고 부모나 교사는 어린이를 나무란다. 그러나 이때에 씻는다는 것이 아니고 단순히 손을 물에다 적시는 것이 더러운 것을 깨끗이 한다는 것을 어린이가 알도록 하지 않으면 의미가 없다. 그래서 손을 씻는다는 동작을 분석해서 손바닥, 손등, 손가락, 손가락 사이끝과 같은 순서를 명시하여 어디를 어떻게 씻어야 바르게 씻는 것인가의 방법에 대한 지도와 함께 청결의 관념을 기르지 않으면 안된다. 그리고, 그것을 항상 확인함으로써 그 의식을 강화하여 좋은 태도와 습관으로 몸에 붙여 나가도록 해야 한다.

(2) 집단행동의 지도

집단참가의 지도에서는 먼저 집단생활에 참가하기 위한 장을 마련해 주고 아동으로 하여금 여러 사람이 함께 생활하거나 놀이를 할 때의 즐거움과 재미를 느끼도록 해 주어야 한다. 그렇게 하는 가운데 자기와 타인과의 관계라든가 규칙과 약속을 이행하는 것, 다른 사람과 사귀는 법, 역할 분담 등이 형성되게끔 어린이를 다루는 것이 바람직하다. 이러한 지도를 위해서는 어린이들의 생활면에서 놀이와 게임이 그들의 흥미와 즐거움을 북돋우는 활동이기 때문에 의도적으로 활용해 보는 것이 좋겠다. 따라서 여기서는 주로 놀이에 대하여 생각해 보고자 한다.

어린이들이 놀이를 통하여 집단생활에 참가해 가는 과정을 보면 처음에는 혼자 놀면서 자기 곁에서 놀이를 하고 있는 다른 어린이가 있어도 별다른 관심없이 제멋대로 놀다가도 어느 때쯤 되어서는 관심을 가지고 만진다든지 물건을 뺏는다든지 하게 된다. 이러한 때에는 어른이나 자기보다 나이가 많은 어린이가 중개역할을 해서 놀아준다든가 또는 될 수 있는 대로 어린이들이 서로 접할 수 있는 기회를 많게 한다든지 해서 친구라는 의식을 가지도록 해 줄 필요가 있다. 친구라는 의식을 가지게 되면 차례를 정해서 놀이를 할 수 있게 되고, 한 단계 더 나아가 자기 역할을 다하고 있다는 것을 알게 되면 공동제작, 집단놀이 등의 여러 가지 형태로 발전해 나가게 된다. 한 가지 놀이법의 예를 들어보면 장난감 기차를 가지고 논다고 생각해 볼 때 처음에는 단순히 기차를 움직이기만 하던 것이 차츰 어떤 것을 가지고 선로를 만들거나 역을 만들기도 하며, 기차가 가는 것처럼 흉내를 내 보기도 한다. 이러한 때에 어떤 기차 모양의 완구를 주는가에 따라 교재·교구로서의 가치가 결정된다. 적목식의 기차가 좋은가 아니면 실물과 닮은 기차가 좋은가는 어린이의 상태와 노는 장소에 따라 틀리겠지만, 어린이의 의욕과 이해력에 가장 좋은 자극을 줄 수 있는 것이 적절한 교재라고 말할 수 있다. 그러면 놀이지도에 대해서 생각해 보기로 한다.

1 놀이의 기초

ㅇ 흩어진 두 사람 짝지우기

혼자 놀기는 하나 제멋대로 놀고 있어서 다른 아이들에게 관심을 나타내지 않는다거나 장난감이나 공을 혼자 움켜잡고 있어 어린이들끼리 놀도록 하려고 해도 잘 안될 때는 어른이 두 어린이의 교량역할을 해 주는 것이 필요하다. 이 때 어른이 먼저 한 어린이와 공을 주고받는 놀이를 하고 다음에 어른과 다른 어린이가 공을 주고받는 등의 놀이를 이해시킨 뒤에 차츰 어린이들끼리 놀이를 하도록 하면 된다. 이 밖에도 교사가 두 어린이와 함께 달리기를 한다든지 모래사장 같은 곳에서 준비된 통에 한 어린이는 공을 갖다 넣고 또한 어린이는 모래를 날라다 넣는 일을 하는 등 아주 단순한 놀이를 통해서 서로를 의식시키는 결과를 가져오도록 한다.

ㅇ 여러 아이가 같은 일을 함으로써 친구 의식을 갖도록 한다.

점토, 그림, 물놀이, 모래놀이 등 각자가 제멋대로 노는 경우에도 차츰 기분이 유쾌해지면 서로가 이름을 부르는 경우를 볼 수 있다. 내성적인 어린이도 분위기에 휩쓸려서 다른 아이들의 일에 응한다든지, 자기가 먼저 일을 하자고 말한다든지, 자기도 모르게 같이 있는 친구 중 누구와 손을 잡고 싶어하는 것, 누구하고 같이 일을 하자고 하는 등의 마음이 생기는 경우가 있다. 포크댄스, 행진, 체조, 유희, 노래, 리듬놀이 등의 지도도 이러한 목적에 부합되는 것이다.

o 여러 아이들이 차례에 따라서 하게 한다.

내가 먼저 하고싶다는 생각을 참으면서 기다린다고 하는 것은 자신을 통제하기 위한 훈련이 되기도 하고, 또 기다리고 있는 동안에 다른 아이들이 하는 것을 봄으로써 더욱 관심을 높이는 일도 된다. 그러나 차례를 기다리게 하는 시간이 어린이의 발달단계와 개인의 상태를 고려해 볼 때 너무 길어서 흥미를 잃게 하는 경우가 없도록 해야 하며, 기다리는 시간에도 역할과 동작을 부여한다든지 해서 싫증이 나지 않도록 해야 한다.

o 역 할

어린이가 차에 타는 일과 미는 일, 물을 긷는 일과 운반하는 일, 구멍을 파는 일과 진흙을 운반하는 일 등 역할에 따라 놀게 됨으로써 단순한 일로부터 놀이나 유희로 발전해 나가게 되면, 초기적인 단계에서는 차에 타는 일을 좋아하는 어린이와 미는 일을 좋아하는 어린이를 짝지워 주면 한쪽 어린이가 다른 어린이에게 할 일을 시키는 경우를 가끔 볼 수 있다. 그러나 이것이 역할이라는 것을 자각해서 하는 것은 아니므로 지도자가 지시하여 역할을 교체시킨다든가, 좀 더 빨리 싣고 오면 좋겠다. 좀 더 많이 가지고 오면 좋겠다는 등 각자가 일을 잘 설명하여 자기가 해야 할 일을 스스로 깨닫도록 하는 것이 중요하다. 어린이끼리 의논해서 역할을 정하는 것은 매우 어렵겠지만 차츰 그러한 방향으로 지도해 나가야 한다. 술래잡기, 줄넘기, 그 외의 여러 가지 놀이에 의해서 자기역할을 다하는 지도가 이루어질 수 있다.

2 놀이의 구조화

위와 같은 기초 위해서 우리는 어린이를 집단에 참가시키는 한 방볍으로 놀이를 통한 지도를 하고 있지만, 학급과 같은 규모가 조금 큰 집단에서는 공동제작, 리듬놀이, 집단놀이 등이 집단행동의 지도에 대단히 효과적이다.

o 공동제작

공동제작의 일 중에는 그 제재와 지도의 목표에 따라 이해하기 쉬운 것과 어려운 것이 있다. 예를 들면 각자가 마음대로 만든 것을 모아서 하나의 작품으로 구성하는 일은 비교적 쉬운 일이지만 서로 이야기하며 역할을 분담해서 진행시키는 것은 상당히 어려운 일이다. 한편 차츰 완성되어가는 작품을 통하여 한층 더 흥미가 깊어지고 서로의 교제도 강하게 할 수 있으며 또 누구는 색칠을 잘한다든가, 자르는 일을 잘한다든가 등의 기술을 통한 결과력도 생길 것이다.

각자가 만든 것을 모아 하나의 작품으로 구성하는 예를 들어보자.

• 각자가 꽃을 만들어 그것을 모아 꽃밭을 만든다. 작은 새나 벌레를 만들어 나무에 앉은 모양을 만든다. 포도를 만들어 포도넝쿨을 만든다.
• 각자가 부분적인 것을 만들어 하나의 완성된 것으로 구성한다. 나뭇잎을 만들어 나무에 붙인다. 잉어 비늘을 만들어 붙여 모아 큰 잉어를 만든다.
• 각자가 필요한 것을 분담해서 만든다. 동물원을 만들려고 하는 경우 각자가 동물을 만들어 모으는 것도 한 가지 방법이 되지만 또 한 걸음 나아간 단계에서는 여러 사람이 동물원을 만들려는 의도를 가지고 사전에 서로 이야기하고 역할을 정한다든지 해서 작업에 들어가게 하며, 제작과정에서도 논의해 가면서 만들어 가도록 지도해 나가는 것이 좋다.

각자가 만든 것과 이것을 모아 구성한 것 사이에는 상당히 틀린 점이 있다는 것을 처음부터 어느 정도 잘 아는 어린이도 있고, 이렇게 만드는 과정에서 알게 되는 어린이도 있으며, 여기서 이러한 것을 이해하는 단계와 흥미를 갖게 되는 방법 등의 변화도 볼 수 있다.

o 리듬놀이

리듬놀이는 리드미컬하게 몸을 움직인다든지 소리를 듣는다든지 해서 즐기는 가운데 감각적인 훈련을 하는 것이 본래의 목적이기 때문에 음악적인 요소가 많이 포함되어 있지만 친구와 같이 어울리는 일이 한층 더 즐거운 것이 된다. 이러한 분위기 속에서 간단한 약속을 지키는 것, 서로 협력하는 것, 순번을 기다리는 것, 자기의 역할과 자기의 그룹을 의식하는 것 등을 지도하는 일은 집단참가를 위해 대단히 효과적이다. 예를 들면, 합주에서 초기단계에는 여럿이 함께 같은 속도로 두들기던 것이 차츰 수준이 높아져 파트로 나눈다든지, 변화를 만든다든지 해서 보다 좋은 표현을 하려고 노력함으로써 친구끼리라는 의식도 높아져 가게 된다. 이 외에도 여러 사람이 행진곡에 맞춰 걷는다든지 손을 잡고 두 파트로 갈라져 노래하다가 지명당한 친구를 한 사람씩 끌어내 오는 놀이 등도 있다.

o 집단놀이

아주 단순한 놀이라도 어떤 규칙과 약속이 있지만, 집단놀이가 되면 여러 가지의 규칙이 따르게 되며 놀이가 고도화되면 규칙도 또한 복잡하게 된다. 우리가 별 것 아니라고 생각하는 일도 어린이에게는 의외로 어렵기도 하고 또 어떤 경우에는 어째서 이런 일도 모르는가 하고 이상하게 생각되는 일도 있다. 예를 들면, 달리기에서 정해진 코스로 달음박질한다는 것이 어린이에게는 어려우며, 고리던지기에서도 선이 그어진 곳에서 고리를 던진다는 것을 잘 모르며, 고리를 거는 막대기 가까이까지 가서 고리를 던지고 오는 일들이 가끔 있다. 이러한 경우 고리를 던지는 장소를 분명히 하기 위해서는 선을 굵게 한다든지 그래도 모를 때는 적목 등을 길게 늘어놓고 던지게 하는 등 조금만 연구해서 하게되면 쉽게도 되고 그렇지 않으면 어렵게도 되기 때문에 어린이의 능력과 흥미에 맞게 규칙과 방법을 연구해 나감으로써 어린이들은 즐기면서 집단의 일원으로서 활동을 높여가는 일이 되며 또 지능의 개발이라든가 사회에서의 규칙 이해에 관련지어갈 수 있다고 생각된다. 다음의 놀이를 예로 들어 생각해 본다.

"예"의 대답 : 어린이는 즐거운 음악에 맞추어 몸을 움직이는 것을 매우 유쾌하게 생각한다. 먼저 선생님과 어린이들이 손을 잡고 큰 원을 만들어 음악에 맞춰 걸어 본다. 적당한 곳에서 음악을 중지하고, 그에 따라서 걷는 것도 중시한다. 그 순간 "○○야!" 하고 어린이의 이름을 부른다. 부름을 받는 어린이는 "예"하고 대답을 하며 원의 중심방향으로 한 걸음 나오고 이 때, 여럿이 손뼉을 쳐준다. 여기서 음악이 멈추는 시간과 자기의 이름을 불러 주리라는 기대가 어린이에게 있어서는 놀이의 요소가 된다. 이 놀이는 "자기 이름을 안다(부름을 받으면 대답한다)." 와 같은 대인관계의 기본인 자타의 구별을 지도하는 기회도 된다. 또 "음악이 나오면 걷는다. 멈추면 선다." "이름이 불리운 어린이는 '예'하고 대답하고 한 걸음 나온다.", "다른 어린이는 손뼉을 친다."와 같이 아주 간단한 규칙에 따라 놀이를 계속해 간다. 이러한 경험은 한 걸음 나아가 물건과 결부시켜 의자빼기놀이로 발전해 간다든지 규칙을 복잡하게 하면서 규칙에 따라 놀이를 한다는 의식화의 초기적 단계가 싹트게 된다.

모래놀이 : 모래놀이는 촉감을 즐기면서 자유롭게 만들거나 흐트러지게 할 수도 있고, 혼자 놀이도 되는 즐거운 것이다. 또 모래를 쌓아올리는 일은 지능적으로도 별로 어려움이 없으므로 2~3명이 짝을 지워 협력하면서 산을 만드는 놀이도 할 수 있다. 그리고 이러한 소박한 협력에서 출발하여 점차 역할을 분담해서 노는 즐거움도 느끼게 된다. 또 삽, 물통 등을 도입함으로써 도구의 사용법이라든가 도구의 편리함을 알게되고, 도구를 빌리고 빌려주는 일을 통해서 의사교환의 학습장으로 될 수도 있다.

4) 지적장애인의 비행 및 문제행동

지적장애인의 심리적 일반특성은 ① 지각의 미분화, ② 정신구조의 경직성, ③ 추상화·일반화의 곤란성, ④ 기억, ⑤ 통찰력의 편협성, ⑥ 경험에서의 내발적 충동의 희박성, ⑦ 행동의 이상성 등을 들 수 있다. 성격행동적 특성을 요약하면, ① 지적 무능, ② 주의력의 결핍, ③ 충동성, ④ 반항적·공격적 특성, ⑤ 정서적 부적응과 혼란, ⑥ 정서적 불안정과 외부자극에 대한 지각의 불완전, ⑦ 정서의 결여, ⑧ 의존심, ⑨ 경성(rigidity) 또는 행동성격상의 완고성(perseveration) 등을 들 수 있다. 이들 특성으로 인해 과거의 실패경험 장면에 처하면 욕구불만에 대한 참을성이 매우 부족하여 쉽게 좌절해 버리거나, 때로는 거부하고 공격적인 반응양상을 많이 띄게 한다. 또한 이들은 심한 부적 자아개념을 갖고 있어 이들의 학습태도는 부정적이고 자신을 실패와 관련지어 지각해 버리게 됨으로 생활지도에 있어 이런 특성들에 따른 지도에 특히 유의해야 한다.

(1) 도벽과 방화

이것은 물품에 대한 자타의 소유의식이 분명치 않아 갖고 싶은 것이 있으면 유아적인 단순한 방법으로 가져오는 경우가 많다. 성인의 입장에서 도벽이라고 보지만 사실 따지고 보면 도둑질이 아니라 수집에 가까운 것, 주워 모으려는데 가까운 것, 단순한 생리적 소유력에 의한 것이 대부분이다. 정상아에게 보기 드문 이질적 행동을 도벽이라고 속단한다거나 그것으로 죄인시하여 아동을 지나치게 질책하는 것은 현명한 방법이 못된다.

생리적, 소유욕 충족을 위해 행해지는 행동들은 그들의 본능적 욕구를 감안하여 충분히 고려 지도되어야 한다. 정상아 같으면 자기억제가 될 것인데 자기통제가 잘 안되는 이들의 특수성을 고려한 지도가 연구되어야 할 것이다.

그리고 타인의 꾐에 빠져서 훔치거나, 지나친 부모의 억압으로 인해서 생기는 경우도 있다.

방화는 대개 절도 폭력, 공격에 따른 반 사회행동을 동반하는 일이 많은데, 방화사건 속에는 그들이 가족, 이웃, 사회로부터 버림을 당하게 되고 권태와 학대를 받고 욕구불만과 열등감이 생겨 가족과 이웃 사회에 대한 반항과 복수에 의해 저질러지는 경우가 많다.

(2) 성범죄와 비행

그 원인은 충동적이거나 성에 관한 지식의 결여, 정신발달의 미숙에서 오는 성적 욕구 처리의 서투름, 미분화에 의한 원시적인 반응이나, 대상적 기제에 의해서 일어난다고 볼 수 있으며, 지적장애인의 독특한 성행동은 아니지만, 이들 집단에서 자주 발견되는 성적 행동문제를 열거하면(Monat; 1982, Hurley & Souner, 1983) 과도한 마스터베이션, 동성 및 이성간의 마스터베이션, 동물과 성교, 동성애, 근친상간, 아동성적학대, 음란행동, 강간, 원하지 않은 임신, 노출, 대중 앞에서 옷 벗기와 공개적 마스터베이션 등이다. 학교현장에서 자주 발견되는 예는 성기만지기, 마스터베이션, 강간이 가장 많은 비율이고, 이성의 신체접촉, 냄새 맡기, 키스, 치마 들추기, 이성의 속옷에 흥미, 유방만지기, 포르노잡지 보기, 낙서, 훔쳐보기, 성기노출 등을 들 수 있다.

대상자로는 경도보다 중등도 발달지체아가 성적행동에 문제를 많이 나타낸다. 연령별로 보면, 나이 어린 소녀가 많고, 강간에 있어 거의 미수에 그치며, 윤간범보다 단독범이 대부분을 차지하며, 방법에 있어서는 단순하며 졸렬하다. 특히 성기만지기, 마스터베이션, 성기노출, 이성의 신체만지기 등은 특별한 지도가 필요하며, 아동교육시 부모의 협력을 통한 성교육을 함께 하는 것이 바람직하다. 지적장애인의 생활환경 유형검토와 더불어 성병, 매춘, 성적착취 및 악용의 위험성을 인식시켜야 한다. 중도지적장애인의 경우, 낮은 언어능력수준 때문에 그림, 슬라이드, 인공보조기 등을 사용해서 지도하는 것이 효과적이다. 또한 성에 대한 관심이나 표현이 시작될 때 자연스럽게 포착해서 성교육을 해야 한다. 성교육자 자신이 성에 대한 정보학습이 필요하고, 성에 대해 편안하게 받아들이되 개방하며, 보다 솔직하게 대응할 수 있어야 한다.

(3) 싸움과 울음

발달지체아는 싸움은 잦으나 난폭한 성격은 별로 없으므로, 원인을 잘 살펴 지나치게 문제시 하지 말고 자기억제의 생활태도를 기르는 지도가 필요하다.

잘 우는 아동의 지도는 무관심하게 내버려두거나 울어도 자신에게 별 이익이 없음을 체감시키도록 지도함이 필요하다.

(4) 고립과 함묵

고립아의 경우는 능력이 낮거나 흥미의 범위가 좁아 고립되는 경우 능력, 흥미를 고려한 요구수준으로 끌어들여야 하되 사회적 적응을 서둘러 무리하게 강요하면 역효과를 낼 우려가 있으므로 유의해야 한다.

함묵아의 경우 함묵은 발음기관의 이상이 있거나 심한 지적장애로 인해 말할 수 없거나 또는 열등감, 소심, 공포 등 정서장애로 인해 말하지 않는 경우인데, 기관고장의 경우 의료적 특수대책이 필요하나 정서장애의 경우는 적절한 심리요법으로 효과적인 치료교정이 가능하다. 이들에게 교사의 따뜻한 접촉과 정서안정이 필요하며 아동의 특성과 취미, 흥미 등을 고려한 학습, 작업, 놀이가 되게 하여 성취감을 맛보게 하고 자신감을 회복시키며 따뜻한 우정을 증진시키는 학습전체적 생활지도를 겸해야 한다.

(5) 분열증과 발작

분열증은 사회적 접촉, 정서적 표현이 없고, 흥미 관심의 범위가 좁으며 망상과 환각에 사로잡힌다. 발달지체아 가운데 분열증을 가지고 있는 아동이 더러 있는데, 이것은 지적장애와 더불어 분열증을 가지고 있는 것으로, 접지성(接枝性)분열증이라고 한다. 이것은 보통의 발달지체아 집단에 넣으면 상호 의사소통이 잘 안되기 때문에 이상경향이 증대하여 집단에 적응이 잘 안될 우려가 있다. 이들의 분열적 행동에 대해서 이를 억제하려는 것은 무리이며 역효과를 가져올 우려가 있으니 위험하지 않는 범위 내에서 자기의 세계에서 즐기도록 하면서 치료대책을 강구해야 한다.

발달지체아 가운데는 간질발작을 하는 아동이 더러 있다. 경한 것은 본인도 잘 모르게 발작을 하는 경우가 있는데 이러한 경한 증상을 가진 이는 비교적 많다고 한다. 이것은 선천성과 후천성으로 대별 되는데 후천성은 어떤 원인에 의하여 뇌에 상처를 입은 것이 주된 원인이 된다. 간질은 보통 사람보다 자극이 많을 뿐이지 큰 병이라고는 할 수 없다. 그러나 그 결과 성격상의 문제로서 폭발성, 고집성 때문에 생활지도가 어려워진다. 이들의 치료는 발작을 억제하는 약물요법이 있기는 하나, 근본적 치료는 어렵다.

아동을 반듯이 눕힌 다음 그 어깨를 발로 버티고 두 손을 깍지끼고 턱을 잡아당긴다. 그러면 즉시 경련이 진정된다. 혀를 잘못 깨물면 출혈할 수 있기 때문에 손수건을 입에 물리는 것이 안전하다.

이 때 주위 사람들의 소란스럽게 떠들면 자극이 커져 발작이 심해진다. 이러한 발작을 상기 구급방법으로 예방할 수 있으나 이들에게는 평소부터 자극을 줄이고 심신의 안정을 기하도록 해야 한다.

이 밖에도 가출의 문제 등 여러 가지 문제 행동이 있으나, 이러한 각양각색의 문제 행동들의 발생원인과 치료 지도요령에 대해서 대략 다음과 같이 요약할 수 있다.

첫째, 기질적, 생리적 원인이 주가 되는 것(간질을 겸한 충동적, 폭발적 행동 등).

둘째, 심리적, 인간관계적 원인이 주가 되는 것(가정에서의 과보호로 인한 의존적 영향, 학습 단체에서의 승인의 결여로 인한 비뚤어지거나 내향적 경향 등).

셋째, 이질적, 심리적 원인이 중복되는 것(간질의 발작적 행동, 주위 사람들에게 추종적 태도, 폭발적 행동의 증대 등).

치료에 있어서는 이질적, 생리적 요인에 의한 것은 의학적 치료에 맡기지 않을 수 없으며, 심리적 인간관계에 기인한 것은 심리치료를 해야 하고, 이질적, 심리적인 것은 의료와 심리치료를 병행해야 하는 것이 원칙이다.

3. 감정과 일치하는 대화로서 생활지도

발달지체아의 올바른 생활지도는 교사의 언행과 반응에서 싹트게 된다. 교사의 대화가 발달지체아동의 생활에 많은 촉진적 영향을 줄 수 있다. 교사의 반응과 느낌이 아이들에게 어떻게 전달되느냐 하는 문제는 어른들에게는 중요하지 않을 수도 있지만, 발달지체아들에게는 대단히 중요하다. 교사들은 부정적인 비촉진 언어자극을 피하고, 새로운 긍정적인 심화적 언어촉진 자극(행동, 느낌, 결과서술)을 익혀 아동의 심리에 쉽게 접근해야 한다.

올바른 대화로서 생활지도를 하기 위한 조건을 들면 다음과 같다.

- 경건한 말의 사용과 거추장스럽지 않은 목표설정
- 수용과 인정
- 낙인과 무능력
- 즉시성, 부드러움
- 적절한 정정과 지도방향 제시
- 일관성 있는 지도
- 대화의 간결성
- 교사의 질문과 발문의 중시
- 성급한 도움과 멸시는 금물
- 평가적인 칭찬은 바람직하지 않으며, 창조적인 칭찬이어야 한다.
- 감추어진 장점을 두둔해 주기
- 대화의 청사진을 마음에 두기
- 충동성 대화가 아닌 자발성 대화 등

감정과 일치하는 대화만이 생활지도교육을 변형시킬 수 있다. 이는 바로 가르침 장식이 될 뿐 아니라 진정한 변수이다. 아직까지 우리 장애아들을 위해서 인격을 풍부히 하고 생활을 고상하게 하기 위한 적절한 대화가 강력하게 시도되지 못한 것이 사실이다.

비행기 조종사나 건축가, 의사들과 같이 엄밀한 직업훈련을 받지 못했다. 어떻게 해서든지 복잡한 인간관계를 잘 알아 가지고 생활지도 교육에 임해야 한다. 이를 위해 발달지체아들에게 ① 부단한 동기를 주고, ② 자율성을 촉진하고, ③ 자존심을 북돋아 주고, ④ 자신을 갖게 하고, ⑤ 불안감과 공포심을 줄이며, 좌절감을 감소시키고, ⑥ 분노를 가라앉히고, ⑦ 갈등을 줄이도록 노력해야 할 것이다.

발달지체아 올바른 생활지도를 위해서는 대화의 고도능력을 필요로 한다. 유능한 교사는 의미론에서 민감해야 하고, 교과에 따라 교수법이 달라야 한다는 것을 알아야 하며, 발달지체아들의 감정을 이해하고, 사물을 설명하는 데는 적당한 언어적 촉진자극을 사용해야 함이 필수적이다.

지적장애교사는 어떤 경우라도 비난과 수치를 주는 언어는 피하고, 모욕과 협박을 말아야 하며, 바람직하지 못한 대화나 난폭한 수사를 쓰지 않아야 한다. 감정과 일치하는 대화는 노력의 결과이다. 지식의 연습과 자기수양이 있어야 되는 것이다. 따라서 감정과 일치하는 대화는 자연적으로 이루어지는 것이 아니고, 모든 기술과 같이 연습을 요하고, 모든 예술처럼 선택적이다. 무관한 사이에서는 아무말이라도 할 수 있다는 주장은 위로는 될 수 있을지언정 진실은 아니다. 그것은 마치 신체가 건강할 때 무엇이나 - 독약까지를 삼켜도 해롭지 않다고 믿는 것과 같다.

"교사는 인위적이면서도 효과적일 수는 없다. 과장만큼 자신을 실패시키는 것은 없다. 가면적인 존경이나 관심은 언젠가는 반드시 폭로되고 만다. 진실성이 없는 기술은 곧 정체가 드러난다." 교사와 지적장애간의 관계에는 감정의 일치, 느낌의 전달 외에는 아무런 대안이 없을 것이다.

2
주의집중 행동지도

이 장에서는 주의집중 행동개선 방략을 중심으로 살펴본다.

1. 주의집중 행동개선

1) 주의집중 장애의 분류

주의집중의 의미를 정의하는 것과 더불어 주의집중과정에서 여러 가지 다른 유형의 주의 결핍상태를 기술 할 수 있다. 뇌 손상 아동의 주의집중 장애는 ① 과잉행동, ② 무관자극에 초점을 맞춤으로써 주의집중을 지속하는데 어려움을 겪는 주의 산만(distractibility), ③ 억제 불능 (disinhibition)이나 내적 및 외적 주의산만에 반응하는 경향, ④ 고집(perseveration)이나 적합하지 않는 행동의 반복 등이다(Strauss & Lehtinen,1947).

(1) 정신의학적 분류

미국정신의학협회가 발간한 정신장애의 진단과 통계편람은 과잉행동을 수반하는 주의집중 장애와 과잉행동을 동반하지 않는 주의집중장애 등 두 가지 유형의 주의집중 장애를 들고 있다.

과잉행동을 수반하는 주의집중장애로 가장 중요한 특징은 부적절한 주의산만, 충동성 및 과잉행동 증상이다.

① 주의산만의 일반적 특징으로는 시작한 일을 끝내지 못한다거나 가끔 주의깊게 듣지 않는 것 같으며 쉽게 주의가 흐트러진다. 그리고 학교에서의 활동이나 지속된 주의집중을 요하는 과제에 주의를 집중시키는데 어려움이 있고 또한 놀이 활동을 계속하기가 어렵다.

② 충동성 : 한 가지 활동에서 다른 활동으로 지나칠 정도로 자주 바꾸며 가끔은 아

무런 생각 없이 순간적인 행동을 한다. 또한 인지손상에 기인된 것은 아니지만 작업활동 조직이 어렵고 모든 일에 감독을 해야 하며 수업 중 자주 불려 나오고 경기나 집단 상황에서 차례를 기다리지 못한다.

③ 과잉 행동 : 사물 주위를 뛰어다닌다든지 잘 기어오르고 의자에 조용히 앉아 있지 못하거나 지나치게 안절부절 못한다. 그리고 잠잘 동안 지나치게 움직이고 항상 쉴 사이 없이 활동하거나 마치 모터로 움직이는 것 같이 행동한다.

④ 7세 이전에 발생하며 적어도 6개월간은 행동이 지속된다.

⑤ 정신분열증, 정서장애가 심한 지적장애나 극심한 지적장애에 의해 기인되지는 않는다.

(2) 심리교육적 분류

어떤 아동들은 통제를 받지 않고 내적자극에 의하여 유인되는 반면(과잉행동) 어떤 아동들은 어떤 자극에 의해서도 움직이지 않는다(과소행동). 이런 현상은 신경적, 생화학적 및 정서적 조건에서 기인되는 것 같다. 과잉행동과 과소행동 같은 조건들이 주의집중 장애로 생각되는 학교 성취도를 위해 요구되는 선택적 주의집중을 방해하는 경향이 있다.

과잉행동은 주의집중 결함으로 인한 학습장애의 한 요인으로서 과잉행동과 학습장애는 가끔 동일인에게서 나타나기도 하지만 과잉행동 아동들이라고 하여 모두 발달지체아나 학습장애는 아니며 이들 모두가 과잉행동을 나타내는 것은 아니다.

과잉행동아는 세 가지 구성요소를 들 수 있는 데 쉴 사이 없이 활동하는 아동의 운동 요인으로는 출생부터 5세 사이에 두드러진 현상으로 나타나고 인지구성 요소는 초등학교 취학 기간에 나타나는 것으로서 아동들은 한가지 과제에 주의를 집중하는 시간이 짧아 학습 할 수가 없다. 사회적 구성요소는 청소년기에 절정을 이룬다.

Wender와 Wender(1979)는 과잉행동아를 다음과 같이 기술하고 있다.

"그는 끊임없이 움직이고 자동차처럼 돌진하며 언제나 안절부절 못하며 손가락을 두드리거나 발을 끌며 급히 걸어다닌다. 그는 장기적인 활동을 할 수 없다. 모든 장난감들을 선반에서 꺼내어 잠시 갖고 놀다가 버린다. 또한 오랫동안 색을 칠할 수 없다. 책을 읽으면 곧 흥미를 상실해 버린다. 학교에서 담임교사들이 지적하기를 아동은 안절부절 못하고 분열증적이며 자기 자리에 조용히 앉아 있지 못한다고 말한다. 가끔 과잉 행동아는 지나치게 활동적이고 지나치게 말이 많고 쉬지 않고 말을 한다."

주의집중 장애의 또다른 형태는 과소행동으로서 이는 과잉행동의 반대 증상이다. 이런 유형의 아동들은 자신의 환경에서 위축되는 것을 말하며 이런 행동의 특징은 환경자극에 대하여 반응이 부족하며 백일몽 증세를 갖거나 지정된 과업을 완수하지 못하고 다른 아동들과의 대화에 거의 참여하지 않는다. 그러므로 교사의 할 일이란 관련자극에 아동의 주의를 집중시키고 그 자극들을 모으는 것이다. 이것은 주의집중 결핍 형태는 다음 논의할 주의집중 고착과 관련되어 있는 경우가 많다.

주의집중 고착(fixation of attention)은 또 다른 특징이 되고 있다. 이런 아동들은 자기 주변의 과업과 관계가 없거나 중요하지 않은 자극에 고착되거나 주의를 집중하는 것이다(Bang, 1968). Ross(1976)는 과잉배타적 주의(overexclusive attention)처럼 자극의 일면에 주의를 집중하는 것이라고 한다. 어린 아동들은 다른 모든 특징과 자극중에서 배타적 자극의 단 한가지 특성에만 주의를 기울이는 경향이 있다. 어떤 뇌 손상 아동들은 특정 자극에 지나치게 고착되거나 고집하려는 경향이 있다(Strauss & Lehtinen, 1974). 주의산만 (ditractibility)이란 한 가지 과제에 주의를 지속시킬 수 없는 아동들에게 붙이는 명칭이다. 이런 경우 아동은 환경 내의 다른 자극에 반응하고 과제를 완성하기 위한 관련자극을 선택하거나 과업 행동을 지속할 수 있다. Strauss와 Lehtinen(1974)은 그들이 환경내의 무관자극에 의하여 정신혼란을 야기시키지 않도록 하기 위하여 격리실에 고립시켜야 하며 경우에 따라서는 또한 교사가 귀걸이나 다른 보석까지도 착용하지 않고 단조로운 의상을 착용해야 한다고 주장했다. 이것은 주의산만을 줄이기 위한 환경내의 불필요한 자극을 극소화시키기 위한 것이다.

충동성이나 억제불능은 아동들이 선택적 주의집중, 학업성취 및 대인관계를 방해하는 경향이 있는 또 다른 형태의 주의집중 결함이다. 이 경우에 아동들은 모든 내·외의 혼란에 신속한 반응을 나타냄으로써 완수해야 할 과업으로부터 주의집중을 분산시켜 버린다.

2) 학습과제와 주의집중

항상 교사는 완수해야 할 과제나 과제의 특성을 아동에게 제시하고 아동들의 요구를 결정하며(Krupski, 1981) 대부분의 과제는 아동들의 청각, 시각 및 촉각 자극으로 받아들여야 하고 언어적으로나 행동적으로 반응해야 한다. 학교에서 아동들을 읽기, 쓰기, 철자 응용, 산수, 운동 수행기능, 사회적 행동 밑 개념 학습 등의 과업들로 인하여 직면하게 되는 여러 가지 요구에 대처해야 한다.

모든 학습과제에 기본이 되는 것은 주의집중이다. 아동들이 학습을 하려면, 학습과제에 관련된 요구사항에 먼저 주의를 집중하고 초점을 맞추어야 한다. 여기서는 학교수업들이 학습자에게 요구하는 일반적인 주의집중의 필요사항에 대하여 기술해 보면 ① 자극의 선택, ② 주의집중 행동 지속시간, ③ 일련의 제시사항에 대한 주의집중, ④ 주의집중 변화 등 네 가지로 대별된다.

(1) 자극의 선택

새로운 과제를 학습할 때 필요한 한 가지 주요사항은 관련자극에 초점을 맞추고 무관한 자극을 선별해 내는 것이다(Bertyne, 1970). 지적장애 아동들은 정상적인 아동들보다 무관자극에 의하여 더욱 주의의 혼란을 일으키기 쉽다. 자극선택에는 외적 감각자극 선택, 내적 감각자극 선택 및 다감각 선택 등으로 나눌 수 있다.

외적 감각자극 선택은 무관한 자극을 선별해 내고 아동이 같은 통로를 통하여 과제를 완성할 때 관련자극에 초점을 맞추는 행동이다.

내적감각 자극선택은 동시에 두 가지 이상의 감각 통로를 통하여 받아들인 경쟁적인 감각 정보들 중 필요한 감각 정보를 선택하는 행동을 말한다(Senf, 1972). 다감각적 선택이란 서로 다른 감각 통로를 통하여 동시에 받아들인 두 가지 이상의 자극에 선택적 주의를 집중시키는 능력을 말한다. 예를 들면, 교사가 칠판에다 2위수 이상의 뺄셈을 설명할 때 아동은 교사의 설명을 듣고 뺄셈 절차를 지켜보아야 한다. 이런 류의 다감각 통합과제는 특히 주의집중이 시각 및 청각자극에 동시에 이루어져야 하기 때문에 어려움을 겪는다.

(2) 주의집중 행동 지속기간

특정 과제를 완수하기 위하여 학습자는 주어진 기간동안 주의집중을 지속시켜야 한다(Bryan & Bryan, 1975).

학습과제를 숙달하는 데 필요한 주의집중 지속기간은 ① 과제의 곤란성, ② 아동의 조건, ③ 아동의 수준과 관심에 수업을 적응시키는 교사의 능력 등 세 가지 요소에 달려 있다. 아동이나 성인이 자신에게 너무 어려운 과제에 직면하게 되면, 선택과제에서 주의집중을 철회시켜 버리는 경향이 있다. 따라서 학생이 학습내용을 즉시 이해하지 못하면 학생의 주위는 산만해지기 시작한다. 예를 들면, 읽기 자료가 대단히 이해하기 어렵고 흥미가 없을 때, 아동의 주의는 다른 흥미 있는 것으로 향하게 될 것이며 아동이 교사의 지도 내용에 흥미를 상실할 때, 주의집중을 철회해 버리게 되는 단서가 된다.

학습기간에 아동의 신체적 조건이 과제에 초점을 맞추는 능력과 학습에 필요한 주의집중 지속 능력에 영향을 미치는 경향이 있다.

안근육 불균형 증상이 두드러진 아동은 두 눈을 한동안 읽기자료에 집중시킬 것이다. 눈이 긴장될 때 눈 근육은 이완되고 시각표현을 흐리게 하는 경향이 있다. 아동이 학습과제나 자료에 적절히 반응하지 않는다면, 자료나 절차가 아동으로 하여금 실수 없이 반응하도록 적절히 계획되지 못했다는 단서가 된다. 이것은 특정 절차나 자료에 의한 것이

든 아동의 어떤 내적 조건에 의한 것이든, 아동이 지시 단서에 적절히 반응하려면 그 문제가 해결되어야 한다.

필요한 주의집중 지속기간을 유지하기 위해서는 과제의 곤란성을 통제하거나 교수절차를 아동조건에 맞도록 조정해야 한다.

(3) 주의집중 이동

세상이란 매우 분주한 장소이며 대부분의 교실 또한 그러하다. 학습자가 보고, 듣고, 접촉하고, 맛보는 모든 것들은 그들의 주의집중을 끊임없이 요구한다. 일어나는 모든 사건들을 충분히 지각하기 위하여 학습자들은 그들의 주의를 한 곳에서 다른 곳으로 이동시켜야 한다.

역시 학습과제는 아동들로 하여금 한 가지 과제에서 다른 과제로 그들의 주의집중을 이동시키도록 요구하고 있다. 시각적 과제는 주의집중에서 시각-공간이동을 필요로 한다. 예를 들면, 읽기에서 아동의 주의집중은 상(image)→단어→문단→페이지로 이동시켜야 한다. 또한 집단 토론에서 6학년 학생은 현재 토론중인 하와이의 천연자원보다 앞서 토론한 마젤란의 항해에 관한 학급토의를 생각할 수 있다. 주의집중 아동은 운동과제학습에도 역시 중요하다.

Dykman(1971) 등은 가끔 지적장애 아동과 학습장애 아동들은 한 가지 자극에서 다른 자극으로 주의를 이동시키는데 어려움이 있다고 지적했다.

Strauss와 Lehtinen(1974)은 주의집중 이동 불능을 고집(perseveration)이라고 말하고 그런 상태에서 아동은 새로운 자극에 따른 적절한 반응을 이동시키지 않고 같은 일을 반복하거나 지속한다.

(4) 연속적 제시에 따른 주의집중

여러 가지 학습과제는 연속적 제시의 단계적 방법, 즉 아동에게 연속적으로 질서정연한 과제를 제시함으로써 지도한다. 일부 학습장애아동, 발달지체아들은 일련의 연속적 제시에 주의를 기울이지 못한다. 아동은 처음 부분의 지시는 이해하나 지도내용의 마지막 부분은 거의 알아 듣지 못하여 그 자극을 보존하는 데 실패한다. 기억문제를 지닌 아동들은 그들이 듣고 본 것에 대한 최후의 것만 기억하거나 반응할 수 있다. 가끔 주의집중 기간이 제한된 아동들은 연속적 지시에 어려움을 겪는다. 지적 학습장애 아동을 주의집중에 곤란을 겪고 "73페이지의 첫 부분 다섯 문제를 풀어라" 아니면, "74페이지 17, 18, 19번 문제를 풀어라"와 같은 지시를 기억하는 데 어려움을 겪는다.

3) 주의집중 행동평가

주의집중 장애를 지닌 아동들을 위한 치료 프로그램을 개발하기 위하여 교사는 이에 대한 문제점을 주의하여 관찰하고 문제에 미치는 요인을 판별해야 한다. 이것은 가르칠 특정 주의집중 목표를 선정하는 데 필요한 정보를 제공해 준다.

다음에서 주의집중 문제 평가와 치료목표 선정의 5단계를 살펴본다.

□ 1단계, 관심있는 주의집중 행동기술 : 주의집중 행동을 평가하는 첫 단계는 관심을 가진 행동을 정확하고 상세하게 기술하는 것이다.

□ 2단계, 상황적 유인판별 : 주의산만 행동이 일어나는 정확한 조건을 판별한다.

① 부주의 행동을 나타내기 이전이나 부주의 행동을 나타내는 동안 혹은 그 후에 어떤 조건들이 있었는가?

② 어떠한 특정 상황이나 특정기간에 부주의 행동이 일어나는가?

③ 주의집중 행동이 나타내는 상황이 있는가 있다면 그 상황의 특징은 무엇인가?

④ 부주의 행동이 모든 학습과제나 그 과제의 특수성과 관련되어 있는가?

⑤ 과업이 아동에게 요구하는 것은 무엇인가? 너무 복잡한 과제들이 있는가? 아동들이 시도해 볼 만한 것인가? 과제가 일련의 주의집중 활동을 요하는가 아니면 동시성을 지닌 주의집중 활동을 필요로 하는가?

⑥ 과제가 쉬워지거나 어려워질 때 어느 것에 학습자가 주의를 갖는가?

□ 3단계, 지도교수 요소 판별 : 어떤 경우에는 주의집중 행동을 증가시키거나 감소시키는 수업기간 중 교사가 할 일들이 있다. 여기에는 몇 가지 질문이 들어있는데 교사는 주의집중과 관련하여 아동의 수행결과를 조사할 것이다.

□ 4단계, 신체적, 정서적 및 경험적 요인 판별 : 교육사, 건강기록, 심리보고 등 기타 여러 가지가 아동의 반응 실패에 어떻게 기여하는지의 여부를 결정하는 데 이용될 수 있다. 의사가 신체적 요인을 처리하고 치료한다.

□ 5단계, 주의집중 목표선정 : 주의집중 목표 선정시 주의집중이 지닌 문제나 그 상황에서 주의집중 행동을 개선하려는 특정 상황을 선택하는 것이 도움이 된다. 예를 들면, 교사는 산수같은 특정 수업을 선정하고 일련의 지시를 그 집단에게 할 수 있다. 그 수업 시간 동안 구두지시에 대한 아동의 주의집중 행동개선과 노력을 계속하여 아동들에게 주의집중 행동단서를 제시할 것이다.

교수목표 진술시 다음 세 가지 요인을 고려해야 한다.

① 아동이 해야 할 기대행동 선택(예: 구두로 과제를 줄 때 교사의 말을 듣기)

② 아동이 수행해야 할 조건선정(예: 산수시간)

③ 목표달성 표본선정(예: 정확한 페이지를 넘기고 정한 문제를 다섯 번 중 네 번은 풀기)

4) 주의집중 행동개선

다른 발달 기능처럼 주의집중 행동은 추상적으로 개선될 수 없다. 주의집중 행동을 개선시키기 위한 모든 교수 절차는 특정과제와 관련시켜 개발해야 한다. 우리는 주의집중 자체를 훈련시킬 수 없고 무엇에 관한 주의집중 행동을 훈련시킨다.

오래 전 Binet(1911)는 발달지체아 학급을 조직했는데, 그는 지능 구조요인에다 주의집중 영역이 포함되어 있기 때문에 발달지체아 교육시 주의집중 결핍을 완화시키려고 했다. 그의 방법은 학급에서 조상(statues)게임을 하는 것으로써 이 게임은 아동들에게 신체적 자세와 가능한 한 제시된 자세를 유지하게 하는 것으로 구성되어 있고 가장 오랫동안 자세를 취할 수 있는 아동이 승리자였다. 이 절차는 아동으로 하여금 자세를 유지하는 데 도움을 줄 수 있을지는 모르나 다른 과제를 위하여 주의집중을 옮길 수는 없을 것이다. 다시 말해서, 주의집중은 모든 상황에 일반화시키고 훈련시킬 수 있는 단일능력이 아니기 때문에 특정활동에서 주의집중 행동을 훈련시킬 필요가 있다.

지도할 주의집중 행동이 선정되었을 때, 교사는 특정 학습과제에 대한 동기유발과 주의집중을 증가시키기 위한 교수기술과 전략을 모색해야 한다. 그러므로 여기서 지적장애 아동의 선택적 주의집중을 개선시키는 데 도움을 줄 수 있는 교수기술과 전략들을 제시한다.

(1) 관련자극에 선택적 주의집중

모든 장애 아동들은 학습과제에 관련된 자극에 초점을 맞추는 일에 많은 문제를 지닌다. 예를 들면, 읽기 학습에서 아동은 문자의 연속성 보다 단어의 길이나 배열에 관하여 더 초점을 맞출 것이다. 아동이 관련 서비스를 선택하는 데 도움을 줄 몇 가지 전략들이 있다.

① 발달지체아들에게 특정 자극의 중요성 인식

교사는 과제분석을 통하여, 어느 자극이 중요한지 결정해야 하고 그 내용을 제시하기 이전에 이를 아동들에게 알려 주어야 하며 아동은 힌트를 받아야 한다고 Zeaman과 House는 말했다. 예를 들면, 좌우 방향은 '마차'와 '차마'를 구별하는 데 중요하다. 지적장애 아동들은 이 단어들을 정확히 읽기 위하여 문자의 순서와 형태를 보는 힌트는 받아야 한다. 가끔 간단한 "기억하렴! 여기서 시작하여 옆으로 읽어라"하며 페이지나 행의 왼편을 지적하거나 손가락으로 지적해 주는 것으로 충분할 것이다.

② 자극단서의 수나 복잡성을 줄임

여러 가지 많은 자극이 제시될 때, 아동들은 가끔 무관자극으로부터 관련 자극을 선택하는 데 어려움을 겪는다. 만약 교사가 제시물의 자극수를 줄인 다면 전체자극 수도 줄어들 것이다(Dykman et al., 1971). 예를 들면, 어떤 지적장애 아동들은 한 페이지에 한가지 이상의 덧셈 문제는 할 수 있으나 다른 유형의 문제들로 뒤섞여 있는 페이지나 복잡한 과제는 실패하게 된다. 이같은 경우, 교사는 아동의 어려움을 줄이기 위하여 산수 문제 수나 다양성을 줄여야 한다.

③ 관련자극의 강도 증가

갑작스런 소음, 움직임 및 색깔은 아동의 주의 집중을 시각적으로 이끌기 위해 사용될 수 있다. 예를 들면 발달지체아들이 간단한 모음을 인식하고 읽는데 어려움을 겪고 있다면, 교사는 아동의 주의를 끌기 위하여 간단한 모음을 붉은색으로 하고 시간이 지남에 따라 과제에서 색깔을 관련시키지 않을 수 있다.

④ 신기성과 친밀성

Scott(1966)는 아동들의 주의집중을 지시하기 위한 한 가지 효과적인 방법으로 신기성, 놀라움 및 유머 등을 들었다. Lewis(1975)는 학습 상황에 새롭고, 이상한 것을 소개함으로서 가끔 아동의 주의 집중을 끌 수 있고 그와 반대로 경우에 따라서는 친밀성 과제도 수업의 다양성에 따라지도하면 학습성과를 거둘 수 있다고 말했다. 예를 들면, 신기성은 아동들에게 쉽게 간파될 자극이나 실패하지 않았던 자극을 제시해 준다. 수판, 계산기 및 전자계산기는 계산 연습시 이용되는 신기성 좋은 예들이다.

⑤ 촉각과 운동지각의 적용

주의집중은 촉각과 운동지각을 이용하여 증가시킬 수 있다. 촉각은 고립된 관련 자극을 도와주고 관련 자극 크기에 집중시킬 가능성을 증가시켜 준다. Fernald(1943)의 읽기 지도법은 문자 이름을 말하거나 발음할 때 문자의 수를 헤아려 봄으로써 시각자극에 대한 아동의 주의집중을 도와줄 수 있는 촉각과 운동지각의 적용에 관한 훌륭한 사례가 된다.

⑥ 일상적인 상황 내의 자료 제시

Scott는 규모가 평범한 상황에서 정보를 제시할 수 있다고 했다. 읽기시의 단어군, 서로 다른 종류의 잎, 운송방법 등이 학습내용의 사례가 된다. 세트를 이용함으로서 아동으로 하여금 특정 자극에 대한 주의집중을 학습하게 하는데 이는, 이들 관련 개념에 대한 정신적 세트가 있기 때문이다. 예를 들면 읽기 치료시에 평범한 세트를 제시하므로 지적장애 아동의 주의집중은 그 세트 내에서 관련자극에 초점을 맞출 수 있게 된다.

⑦ 의미와 선행 경험 이용

자신 내의 감각적 단서와 선행 감각적 단서는 주의집중을 증진시키기에 충분할 정도로 강한 것이다. Greey와 Wedderburn(1960), Treisman은 의미와 선행 경험은 자극 선택에 있어 중요하다고 했으며, 선행경험과 상황에 대한 기대는 투입되는 정보에 주의를 집중시키고 분석하는 데 매우 유용하다.

(2) 주의집중 지속기간의 증대

어떤 장애아들은 관련자극을 선택하고 주의를 집중할 수 있으나 주의집중 행동 지속시간은 매우 제한되어 있다. 다음 기술은 그들의 주의집중 지속시간을 증대시키는데 도움을 주기 위하여 이용될 수 있는 것이다.

① 아동이 성취해야 할 행동목표 설명

과제를 성취하는 데 필요한 활동 범위의 구조를 조직하고 그 과제들은 다시 하위 과제들로 세분하는 것이 필요하다. 이는 아동들이 자신들한테서 기대하는 바를 정확히 알고 각 활동들이 어떻게 구성되어 있는지를 이해하게 되면 전체 과제를 완수하기 위하여 각 하위과제의 관계를 보다 잘 판단할 수 있기 때문이다. 이 절차는 일정기간 주의를 집중시키지 못하는 아동들에 특히 유용하다.

② 계시기 사용(timer사용)

주의집중 장애 아동들에게 자신의 활동시간을 스스로 측정하게 한다. 계시기는 각 아동이 약속한 시간동안 행동을 할 때, 이용될 수 있고 강화를 주게 된다.

③ 과제에 대한 지속시간의 증가

과제에 소비하는 시간을 증가시키기 위하여 아동을 격려하고 강화해야 한다. 우선, 처음에는 과제를 수행하는 데 필요한 시간은 아동의 주의집중 기간과 같아야 한다. 시간이 지남에 따라 과제의 길이를 점차 증가시켜 아동에게 주의집중 기간이 긴 과제를 주고 개선된 기록을 그들에게 제시함으로써 성취감과 성공감을 주는 것이 중요하다. 과제에 대한 전체 시간을 매일 도표로 그려 아동들의 주의집중 시간을 증가하도록 자극할 수가 있다.

④ 활동중단 빈도 조절

마음이 불안하고 주의집중이 곤란한 지적장애 아동은 자주 활동을 중단해야하기 때문에 주의집중이 안되는데 적절한 시간을 부여하고 아동이 주의산만한 상황과 주의집중 상황을 구별하도록 도와준다. 시간이 지남에 따라 활동중단 기간과 빈도를 줄일 수 있고 아동이 자신의 활동계획을 설정하도록 격려한다.

⑤ 주의집중 기간의 증대 강화

특정 과제에 주의집중 기간을 연장시킬 때 강화를 통하여 주의집중 행동을 증대시킬 수 있다. 교사는 아동이 주의를 기울일 수 있는 시간을 60초, 75초 등으로 그래프를 그릴 수 있다. 다음에 아동은 자신의 주의집중 행동 기간을 관찰하도록 기록할 수 있다.

(3) 통제된 주의집중 이동의 가변성 증대

학습은 가끔 한가지 과제에서 다음 과제로 연속적으로 주의집중 이동을 필요로 한다. (Bangs,1968). 주의집중 이동에는 눈의 초점, 선, 한 지점에서 다른 곳으로 신체의 이동 등이 포함된다. 주의집중 이동에는 시간내의 변화, 현재, 과거, 미래에 관한 사고(思考) 등이 포함된다. 예를 들면 교사가 수업 시간에 말을 하면서 칠판의 문제에 주의를 끌면, 아동들은 그들의 주의를 교사로부터 칠판으로, 청각자극으로부터 시각자극으로 이동 시켜야 한다. 교사가 말을 하며 칠판 위에 문제를 푼다면, 주의집중이 청각채널과 시각채널로 나누어져야 하기 때문에 그 과업은 혼합되어 있다. 어떤 지적장애 아동들은 한번에 한 가지 이상의 채널을 통하여 정보를 이동시키지 못한다. 또 아동들은 그들의 주의를 증가시키기 위하여 여러 가지 입력을 필요로 한다.

① 한번에 한 가지 채널만 요구

주의집중은 여러 가지 이용할 수 있는 가능성이 있는 자극 규모 중 단 한 가지 자극이나 몇 가지에 제한된다.(Zesman & House, 1963). 이런 이유 때문에, 한 번에 한 가지 채널만 요구하는 것이 도움이 된다. 예를 들면 교사는 시각 채널을 동시에 요하는 시각보조물 사용을 금해야 한다. 교사가 말을 끝냈을 때, 아동의 주의집중은 시각보조자료로 이용될 수 잇다.

② 주의집중 이동을 위한 시간 허용

주의집중 이동을 위한 시간 허용 주의집중 장애 아동들은 한 가지 자극에서 다음 자극으로 주의를 이동하는데 부가적 시간을 필요로 한다. 교사들은 다음 자극에 대한 주의를 끌어냄으로서 학생들로 하여금 주의집중 이동을 도와줄 수 있고 이동할 시간을 제고하게 된다. 한 가지 개념에서 다른 개념으로 이동시킬 때도 필요하다. 주의를 신속히 이동시킴으로써 아동들을 강화시키고 보상할 수가 있다.

③ 주의집중 이동시간 단축

주의 이동시간을 점차 단축시킬 수 있다. 이는 한가지 중요한 자극에서 다음 자극으로 주의를 이동시키는 속도와 가변성을 증대시키는데 도움을 줄 수 있다.

(4) 연속적 주의집중 행동의 개선

가끔 과제는 특정 순서에 따라 처리해야 할 일련의 활동을 포함하고 있다. 이것은 다양한 주의집중 요구 즉 지시에 대한 주의집중, 특정 결과에 대한 주의집중, 각 활동의 기능에 대한 주의집중과 같은 것들을 요구한다. 다음 지시항목은 연속적 주의집중을 발전시키는 데 도움을 줄 것이다.

① 항목수의 증가

연속적인 학습과제의 다양한 구성요소에 대한 주의집중은 처음에는 간단한 연속과제를 제시하고 점차 여러 가지 연속항목을 증가시킴으로 개선될 수 있다.

② 군단위화

연속과제의 구성 요소들을 그룹 지우는 것은 주의를 기울여할 단위를 조직하는 데 유용하다(Pick, Chriety, & Frankel, 1972). 예를 들면, 문자를 학습하기 쉽게 세 자씩 그룹을 지울 수 있다(예 : 가나다, 라마바, 사아자 등)

③ 시연

단기 기억이나 장기 기억에 저장된 항목들은 중요한 관계가 있는 것으로 인식되고 기억되기 쉽고 주의를 기울이는 데 도움이 된다. 예를 들면, 과정이 기억될 때까지 단계를 연습하면 빼기 문제의 계산과 같은 과제의 연속 단계에 주의를 기울이거나 반응하기가 더 쉽다.

(5) 주의집중 행동개선을 위한 부가전략

개별화 교수의 목적은 아동의 주의집중 기간을 증대시키는 것이고 아동이 학습할 수 있음을 보여 주는 것이다. 개별적으로 학습한 자료의 유사성을 집단상황에서 성공할 수 있도록 유도해 주는 학급 상황으로 프로그램을 점차 이동시킬 수 있다. 그 외 주의집중 행동을 고양시키기 위하여 이용할 수 있는 몇 가지 부가 전략의 제목만 기술한다.

① 아동의 개별지도
② 아동의 변별능력 내에서 학습지속
③ 성공감의 증진(Scott, 1966)
④ 관련자극에 대한 주의집중 강화(Zeaman와 House, 1963 ; Hewett, 1964)
⑤ 자기수정 기법지도(Kneedler & Hallahan, 1981; Broden, Hall & Mitts, 1971; Glynn, Thoman Shee, 1973)
⑥ 약물 치료(Barkley, 1977; Gadow, 1981 ; Pelham, Schnedler, Bologan & Contreras, 1980)
⑦ 식이 요법(Feingold, 1975 ; Holbrow, Elkins, & Berry, 1981)

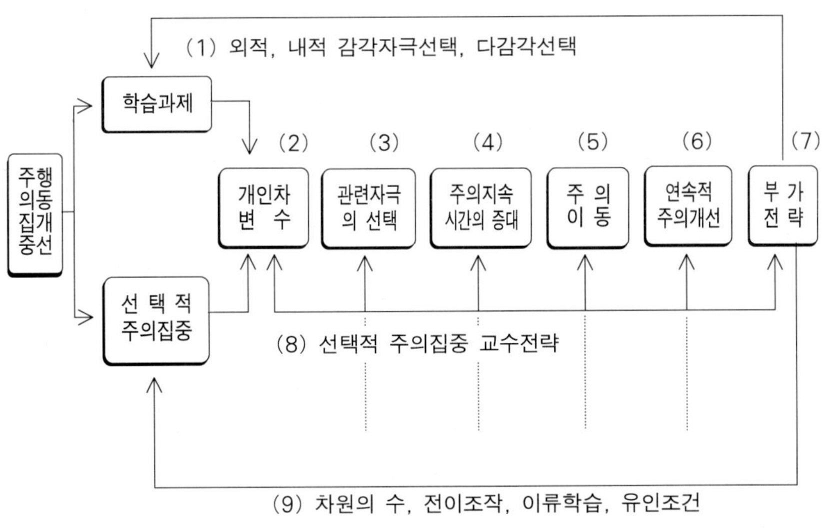

주의 집중 행동개선을 위한 모형

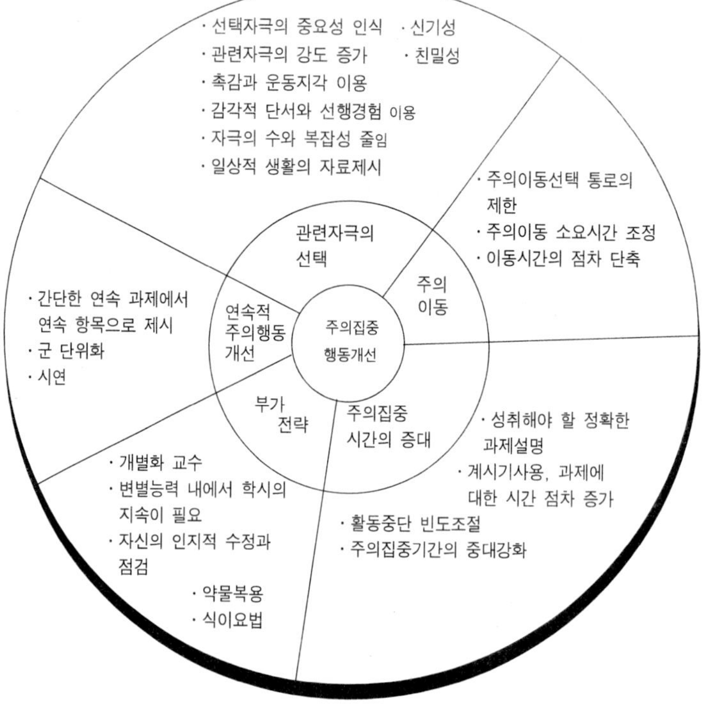

주의 집중 행동개선 지도영역과 하위요인

2. 문자 변별을 위한 단계적 지도

문자 변별을 위한 시각적 변별 과정을 제시하면 다음과 같다.

1) 구체적이고 입체적인 자료를 활용한 시각 변별 기능 강화

[1] 모형의 차이 변별

① 3개의 물체를 늘어놓는다. 그 중 2개는 같고 나머지는 그 형태가 크게 다르다. (예 : 똑같은 연필 2자루와 책 1권을 보여 준다.)

② 똑같은 것 중 하나를 지적하고 나서 "이것과 같은 것을 찾아라."라고 말한다.

③ 아동이 정확하게 찾은 다음에 "그래, 그 두 개가 똑같은 것이다."라고 말하면서 같은 모형이라는 말을 도입한다. 그 다음에 그것들은 똑같다는 것을 아동이 말하게 하고 똑같다는 말이 단지 듣는 용어로서보다는 말하는 용어의 일부가 되게 한다.

④ 모형에서 크게 차이가 나는 다른 물체를 사용해서 이러한 유형의 짝짓기 활동을 계속한다. 똑같은 것을 골라내는데 물체의 수를 증가시킴으로써 과제가 점차 어렵게 한다.

⑤ 짝짓기를 도와 주지 않음으로써 곤란도를 증가시킨다.

⑥ 여러 개의 똑같은 물체를 짝지어지지 않은 한 개의 물체와 함께 늘어놓음으로써 다르다는 말을 도입한다. "같지 않은 것을 하나 찾아라, 그리고 다른 것을 선생님에게 보여라."라고 아동들에게 말한다. 고르는 것을 마친 후에 "이것은 다르다."든가, "이것은 저것과 다르다."라고 말로 대답하게 한다.

⑦ 아동들이 모형에서 크게 차이가 나는 물체들을 변별할 수 있게 된 다음 유사한 모형의 물체를 변별하는 활동을 도입한다. 스푼, 꽃병, 빗 등과 같은 여러 가지 물체를 이용한다. 변별 과제가 어려워짐에 따라 물체를 변별하는 데 어려움이 있는 아동은 격려해 준다.

[2] 크기의 차이 변별

① 과제 1에 개관된 절차에 따르지만 크기에서만 다른 물체로 대처한다. 크기별로 자료 세트를 쉽게 이용할 수 있는 것은 상자, 솔, 접시, 사발, 양말, 장갑, 구슬 등이 있다.

② 제시된 물체 중에서 크기가 같은 것과 다른 것을 찾아내게 한다. 같다, 다르다는 용어의 개념을 강화하기 위해 구두로 대답하게 한다.

③ 제시된 물체 중에서 크기의 차이를 점차로 줄임으로써 과제의 곤란도를 증가시킨다.

[3] 방향의 차이(전도) 변별

① 대칭되어 있지 않은 똑같은 자료를 사용해서 전도된 형태의 개념을 이해한다. 한 줄에 같은 물체를, 그러나 그 중 하나는 반대로 되어 있도록 배열한다. (예 : 한 줄에 같은 쪽으로 똑바로 의자 4개를 두고 반대쪽으로 다섯 번째 의자를 놓는다.)

② 모든 의자가 똑같은 것이지만 하나는 다른 쪽으로 되어 있어서 차이가 난다는 것을 아동이 알도록 한다. 다른 하나를 골라내게 하고 그것이 어째서 다른가를 말하게 한다. 아마도 아동은 "이 의자가 다른 쪽으로 돌려져 있기 때문에 다르다."라고 말할 것이다. 아동이 반대 방향을 알아차리는 것을 나타내는 어떤 반응이라도 수용해 준다.

③ 반대라는 말을 도입하기 위해서 아동의 반응을 이용한다. "그래, 그 의자는 다른 쪽으로 돌려져 있다."라고 말한다. 그것이 반대다. "다른 의자와 똑같이 보이도록 반대로 된 의자를 누가 바꾸어 놓을 수 있는가?" 그 의자를 정확하게 바꾸는 것과 그렇

게 하는 이유를 진술하는 것이 시각 변별에 대한 근육 운동 감각의 강화를 시킨다.

④ 방향에 대해서 반대로 될 수 있는 여러 물체를 가지고 연습을 더 하게 한다. 반대라는 용어와 개념이 아동에게 의미를 가지게 될 때까지 이러한 활동을 계속한다. 가위, 연필, 숟가락, 손잡이 달린 컵 등의 집합 자료를 사용하도록 고려한다.

⑤ 근육 운동감각의 도움과 촉각적인 도움으로 자기의 시각기능을 강화하기 위해 반대로 된 형태를 인식하는 데 곤란을 가지고 있는 아동을 격려해 준다. 각 물체를 잡아보고 그것이 위치하고 있는 방향을 지적하게 한다. "이것은 저쪽을 가리키고 있다."라고 아동이 말하게 하며 차례로 각 물체를 잡을 때 이렇게 하는 것을 반복하게 한다. 방향이 바뀐다는 것은 물체가 반대로 됐다는 것임을 인식시킨다. 다른 것의 방향과 같이 되도록 반대로 된 물체를 아동이 바꾸게 한다.

⑥ 아동이 반대로 된 물체를 완전하게 변별하는 능력이 있게 된 다음에 어떤 집단내에서 물체의 반전된 위치를 변별하고 기능을 그에게 소개한다. 다른 물체의 같은 쌍의 배열을 아동에게 보여 준다. (예 : 물체의 세 쌍을 보여 주는데 각 쌍은 책과 칠판지우개로 구성한다. 두 쌍은 같은 순서로 배열한다. 지우개-가방의 형태 두 쌍, 셋째 쌍은 반대 순서로 배열한다 ; 가방-지우개의 형태 한 쌍. 같은 쌍이나 다른 쌍을 아동이 고르게 한다.)

⑦ 다른 물체의 쌍이나 세 개로 된 쌍으로 이런 활동을 계속한다. 이들 과제는 나중에 가서 문자는 같지만 위치가 반대로 된 '선생-생선'과 같은 낱말을 혼동하지 않도록 하는 데 필요한 변별의 유형을 도입하는 데 도움이 된다.

④ 방향에서의 차이(역전) 변별

① 물체가 가리키고 있는 위로, 아래로의 방향을 강조함으로써 거꾸로 된 위치를 인지시킨다.

② 반대로 된 형태를 취급한 과제 3에서 이용된 것과 똑같은 자료를 사용한다. 그러나 반대로 된 위치에다 물체를 놓는 것 대신에 똑같은 물체 중에 적어도 하나는 다른 것의 위치와 거꾸로 되는 방향으로 위치하도록 놓는다.(예 : 숟가락 손잡이가 아래로 오게 네 개를 놓고 위로 오게 한 개를 놓는다.)

③ 과제 3에서 사용한 것과 같은 방법을 따른다. 그러한 활동을 하는 동안에 거꾸로라는 용어와 개념을 이해한다. 거꾸로 된 물체를 인식할 수 있을 때까지 이러한 변별 활동을 계속한다.

④ 반대 위치와 거꾸로 된 위치를 결합한 모형 변별로 과제를 잘하는 아동에게 다소 부담을 준다. (예 : 손잡이가 달린 컵을 배열한다. 그 다음 컵 한 개를 거꾸로 하고 그 손잡이도 다른 것과 반대 방향으로 돌려놓아 위치를 반대로 한다. 위치가

틀린 것을 인식시킨 다음 다른 것과 같이 보이도록 바꾸게 한다. 이런 과제는 방향 특성 때문에 가끔 혼동을 일으키는 문자와 낱말 변별에 필요하다.)

5 색의 정도 차이 변별

① 같은 물체를 사용해서 색깔의 정도 차이를 인지시킨다.

② 색깔의 정도 차이를 강조한다. 색깔의 대비가 명확한 물체를 제시한다. (예 : 흰 분필 몇 개와 밝게 채색된 분필 한 개를 제시한다. 차이가 나는 분필을 찾아내라고 한다.)

③ 푸른색과 자줏빛 또는 노란색과 오렌지색 같은 더 적게 대비되는 과제를 제공해서 과제의 곤란도를 점차 증가시킨다. 그 다음 엷은 색과 명암과의 차이를 변별하도록 한다.

④ 정도를 달리하는 다른 유형의 특성을 다룬다. (예 : 밝고 어둠 사이의 여러 가지 정도를 변별하는 과제를 제시한다.)

6 내부 차이의 변별

① 위의 과제에서 제시된 모형, 크기, 방향, 정도에 대한 외부적인 차이를 충분히 인지한 후에 내부 차이의 변별을 도입한다.

② 내부의 차이를 강조하는 과제는 외부가 똑같은 물체만을 사용한다. 각 집합에는 눈으로 볼 수 있는 내부 차이가 있는 물체를 적어도 하나는 포함해야 한다.

③ 간단한 과제로 내부의 차이를 변별하는 활동을 시작한다. (예 : 칠판지우개 중 한 개의 뒤에 압정 한 개가 꽂힌 것 외에는 똑같은 4개의 분필지우개를 늘어놓는다. 모든 지우개가 똑같은가를 아동에게 먼저 말하게 한 다음 하나가 다른데 왜 다른가를 말하게 한다. 지우개의 내부에 단지 한 개의 압정이 첨가된 사소한 내부 차이라는 것을 아동이 확실하게 인식하게 한다.)

④ 각 과제에서 하나의 독특한 차이를 강조하는 이런 형태의 활동을 계속한다. 이런 유형의 차이를 제시하는 자료를 모은다. 자료를 쉽게 모으기가 어려우면 어떤 집합의 똑같은 물체 가운데서 하나를 고쳐서 쉽게 만들 수 있다. 고쳐서 할 수 있는 것들로는 내부의 세부 사항을 대치, 삭제, 첨가, 확대해서 만들어지는 것을 포함한다.

⑤ 이상의 변별을 잘할 때까지 방향의 내부 차이에 대한 변별을 포함하는 모든 활동을 유예한다. 그 다음 반대로, 거꾸로 될 수 있는 부분을 가진 물체들을 선정한다. (예 : 움직일 수 있는 바늘이 달린 똑같은 판지로 된 시계 문자판을 사용한다. 반대 또는 거꾸로 된 위치를 제시하기 위해 바늘을 고정시킨다. 똑같은 위치

에다 모든 시계의 바늘을 놓게 한다.)

2) 추상적인 자료에 의한 시각 변별 기능의 강화

7 그림에서의 차이 변별

① 아동이 잘 아는 사람, 동물, 물체 중 크게 다른 여러 가지 그림을 보여 준다. 한 개 이상의 똑같은 그림이 포함되어 있다. 구체적, 입체적 자료에서 변별에 제시된 절차처럼 같거나 다른 그림을 고르게 하고 그것을 고른 데 대한 이유를 말하게 한다.

② 잘 아는 개념들의 그림에 대한 변별을 포함한 다른 활동을 제시한다. 각 과제의 곤란도와 아동의 독특한 변별요구에 관련된 자료를 적용시킨다. 크게 차가 있는 그림을 구별하는 것으로부터 다소 유사한 그림을 구별하는 것, 그리고 마지막에는 거의 똑같은 그림을 구별하는 것으로 진행해 간다. 곤란도의 각 수준에서 구체·입체적 자료변별에 도입된 여러 가지 유형의 차이를 설명해 주는 그림을 제시한다. 다음은 곤란도의 순서에 따라 변별활동을 하도록 배열된 그림이다.

■ 크게 차이가 나는 그림 구별하기

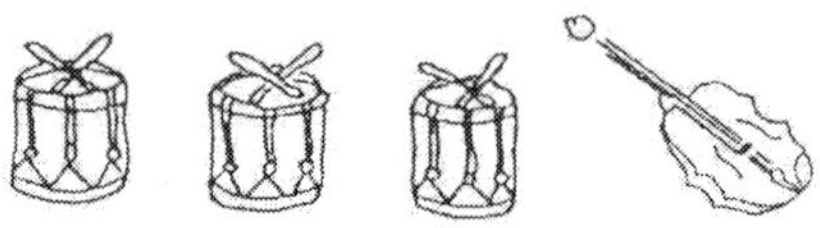

■ 다소 유사한 그림 구별하기

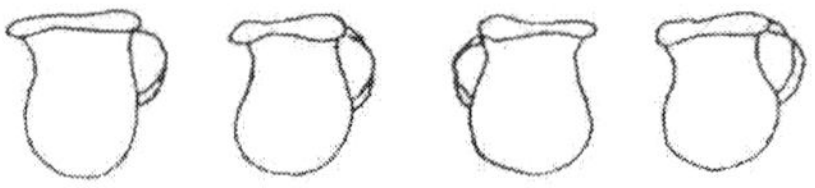

■ 거의 유사한 그림 구별하기

③ 각 아동의 특별한 변별능력을 알기 위해서는 아동의 기능을 개별로 평가한다. 이러한 평가는 교사의 아동 개인별 체크일 수도 있고 특별한 목적으로 계획할 수도 있다. 그것은 각 아동의 현재 교육적 요구가 규명될 수 있도록 계열적 곤란도의 순서에 따라 배열된 일련의 과제들로 구성되어야 한다.

④ 시각변별 프로그램은 그림에서의 차이를 변별하는 능력을 개발하고, 평가하는 데 도움을 준다. 프로그램 3~6과 같은 크게 차이가 나는 그림을 사용한 활동으로부터 시

작해서 점차로 상당한 어려움에 직면하게 되는 여러 가지 유형의 과제로 진전한다.

8 기하도형의 차이 변별

① 아동의 준비태세가 됐을 때, 추상적 모형을 구별하게 하는 시각변별 단계로 나아간다. 큰 차이가 나는 동그라미, 세모, 네모와 같은 간단한 기하도형을 아동에게 보여준다. 앞에서 제시한 일반적 교수절차에 따른다.

② 과제와 도형의 복잡성 때문에 곤란도가 증가하는 일련의 과제를 제시한다. 과제 자료를 선정할 때는 다음의 계열에 따른다.

- 큰 차이가 나는 도형 구별하기

또는

- 다소 유사한 도형 구별하기

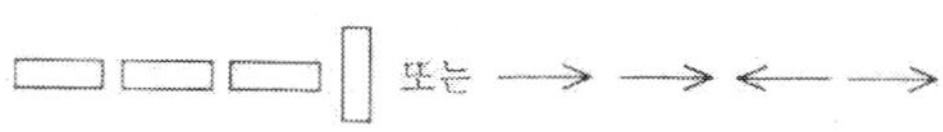

- 거의 똑같은 도형 구별하기

또는

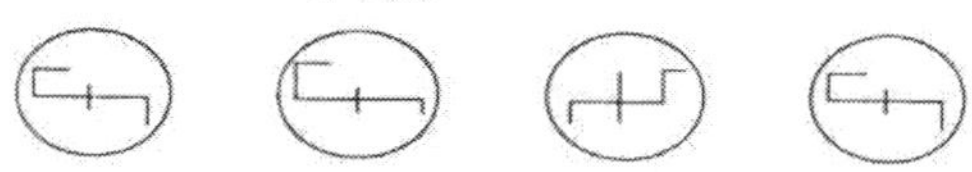

③ 기하 도형 변별에 대한 아동의 개별적인 능력을 평가한다.

9 문자에 대한 차이 변별

① 아동에게 문자변별을 제시하는 데 사용될 계열을 결정할 때는 먼저 큰 차가 나는 것, 다소 유사한 것, 거의 똑같은 것 등의 각각에 속하는 문자를 결정한다.

② 그 다음 이러한 세 가지 범주에 속하는 문자들로 된 문자검사를 준비한다. 아동의 능력을 평가할 때는 문자변별하는 것이 그 문자의 이름을 말하게 하는 것이 아니라 같거나 다르게 보이는 문자를 간단히 지적하게 해야 한다. 다음은 곤란도가 증가되는 검사에서 검사문항으로 사용될 수 있는 문자의 예이다.

■ 큰 차이가 나는 문자 구별하기

ㄱ ㄱ ㅎ ㄱ ㄱ 또는 ㅍ ㅍ ㅇ ㅍ

■ 다소 유사성이 있는 문자 구별하기

ㅁ ㅁ ㅇ ㅁ ㅁ 또는 ㅂ ㅂ ㅁ ㅂ ㅂ

■ 거의 똑같은 문자 구별하기

ㄱ ㄱ ㅋ ㄱ ㄱ 또는 ㄷ ㄷ ㄷ ㅌ ㄷ

③ 문자변별에 대한 아동의 요구가 규명된 다음 그 독특한 요구에 적절한 과제와 자료를 제시한다.

⑩ 낱말에 대한 차이 변별

① 낱말변별의 도입은 문자변별이 끝난 다음에 한다.

② 문자변별은 의미있는 낱말이나 의미없는 문자의 결합으로 이루어질 수 있다. 의미 없는 낱말도 아이들이 그것을 발음하는 것이 아니고 같거나 다르게 보이는 것을 가려내도록 하는 것이기 때문에 이용할 수 있다. 아이들이 읽기자료에서 부딪치게 될 차이 나는 유형의 낱말을 선정한다.

③ 앞의 과제에서 열거한 평가와 교수 절차에 따른다. 낱말변별 과제에다 이러한 평가와 교수절차를 적용한다.

④ 각 아동의 낱말변별 요구에 맞출 수 있고 특정한 과제와 자료를 제시한다.

다음 계열의 각 단계를 통해 아동을 지도한다.

■ 큰 차이가 나는 낱말 구별하기

누나 누나 사람 누나 또는 바지 바지 바지 하다

■ 다소 유사한 낱말 구별하기

학교 학교 하다 학교 또는 간다 간다 간다 가보

■ 거의 똑같은 낱말 구별하기

시간 시간 조간 시간 (첫 글자의 차이)

가자 가자 가라 가자 (끝 글자의 차이)

2부 생활자립훈련프로그램

1 프로그램 구성내용과 하위영역 목표

2 프로그램 과제 분석과 지도내용

3 프로그램 사용방법

11

프로그램 구성내용과 하위영역 목표

1. 프로그램 구성 내용과 하위영역 지도내용

생활자립훈련 프로그램 구성 내용과 영역별 지도내용을 소개하면 <표 1>과 같다.

<표 1> 생활자립훈련 프로그램 구성내용

생활자립훈련	I. 자립기능	II. 개인 · 대인 관계행동	III. 정보처리
내용	· 의복의 입고 벗기와 손질 · 용의단정	· 정서 · 타인지향행동 · 동기유발 · 사회지향행동	· 시각 · 청각 · 촉각 · 언어이해
생활자립훈련	IV. 학습 · 대안전략	V. 작업전 기능	VI. 직무관련 기능
내용	· 단기기억 · 교수기법 · 반응의 일반화와 대처행동	· 시각운동 협응 · 시각변별과 분류 · 수 기능 · 조립기능	· 바른 자세 · 형평기능 · 작은 근육운동 · 지각 · 운동 협응 · 근력기능
직업전 훈련	VII. 작업수행	VIII. 직업생활태도	IX. 취업 · 정보 기능
내용	· 학습속도습관 · 정확성 · 작업의 지속성 · 작업의 지속성 · 작업의 지속성 · 작업의 일관성 · 생산성 · 안정성	· 작업태도 · 시간엄수 · 신뢰성 · 지시 · 순종 · 관리자와의 관계 · 동료와의 관계	· 일반고용 · 취업신청과 면접 · 교통기관의 이용

1) 생활자립훈련 교육 하위영역별 지도내용

생활자립훈련 교육 하위영역은 자립기능, 개인 · 대인관계행동, 정보처리, 학습 · 대안 전략, 직업전 기능, 크게 다섯 영역으로 나누어지며 중심요소와 주체적 지도내용은 <표 2>와 같다.

<표 2> 생활자립훈련 하위영역별 지도내용

영 역	중심요소	하 위 영 역
I. 자립기능	A. 의복의 입고 벗기와 손질	A_1 혼자서 옷입기, A_2 적절한 의복입기 A_3 의복의 손질(세탁시 건조기사용, 의복 세탁, 옷개기, 다리미, 드라이 크리닝, 의복 수선)
	B. 용의단정	B_1 차림새 단정 B_2 손톱과 손청결 B_3 얼굴 청결 B_4 입 냄새 제거 B_5 치아의 청결 B_6 몸냄새의 통제 B_7 머리청결 B_8 보장구 사용 B_8 손수건 · 화장지 사용
II. 개인 · 대인 관계행동	A. 정서	A_1 언어나 행동으로 표현 A_2 감정의 조절 A_3 적당한 휴식
	B. 타인지향행동	B_1 다른 사람의 표정 읽기 B_2 여러 가지 목소리 이해 B_3 제스츄어 이해 B_4 사회적 예의범절 익히기 B_5 의존 ·요구 안하기
	C. 동기유발	C_1노력과 강화의 연결 C_2 좋아하는 강화재 말하기
	D. 사회지향행동	D_1 행동과 결과 알기 D_2 사회규범에 따른 성적행동 하기
III. 정보처리	A. 시각	A_1 시각적 주의 A_2 추시 A_3 도형과 소지의 변별 A_4 시각적 완성 A_5 비계열적 시각적 기억
	B. 청각	B_1청각적 주의 B_2 청각 변별 B_3 청각적 기억 B_4청각적 연합
	C. 촉각	C_1 촉각에 의한 사물의 구별 C_2 손의 촉감 느끼기 C_3 온도의 구별 C_4 여러 가지 냄새 맡기
	D. 언어이해	D_1 전치사의 이해 D_2 비교 형용사의 이해 D_3 견본과의 대응 D_4 물체 이류와 동류 이해 (그림, 도형의 변별, 문자의 변별, 던어의 변별)

IV. 학습대안 · 전략	A. 단기기억	A_1 시계열적 시간적 치환 $A_{2\sim4}$ 지시순종
	B. 교수기법	B_1 보고해 주면서 사물조립 B_2 모방을 통한 사물 조립 B_3 언어지시에 따른 사물조립
	C. 반응의 일반화와 대처행동	C_1 훈련대상자에게 반응 일반화 C_2 장면에 대한 반응 일반화 C_3 대처행동(과제, 문제정의, 해결법 이용, 대처행동)
V. 직업전 기능	A. 시각 · 운동 협응	A_1 눈과 손의 목표에 대한 추종 A_2 작은 근육운동의 협응(사물쥐기, 구슬, 구멍에 막대끼우기, 원붙이기, 연필 쥐고 사용하기, 가위질) A_3 그리기 A_4 견본의 묘사
	B. 시각변별과 분류	B_1 형태에 의한 분류 B_2 색상에 의한 분류 B_3 크기에 의한 분류
	C. 수기능	C_1 숫자의 이름 말하기 C_2 숫자 쓰기 C_3구체물의 개수 세기 C_4 숫자와 물건의 개수, 숫자와 그 읽는 법 연결 짓기
	D. 조립기능	$D_{1\sim4}$ 조립기능(조합, 접기,레벨 붙이기, 이음매 조립 언어지시로 물체조립)

2) 직업전 교육 하위영역별 지도내용

직업전 교육 영역은 직무관련기능, 작업수행, 직업생활태도, 취업 정보기능 이렇게 네 영역으로 나누어지며 중심 요소와 주체적 지도내용은 <표 3> 과 같다.

<표 3> 직업전 교육 하위영역별 지도내용

영 역	중심요소	하 위 영 역
I. 직무 · 관련 기능	A. 바른 자세	A_1 환경에 대한 바른 자세 A_2 좌우의 변별
	B. 평형기능	B_1 선자세 B_2 앉은 자세 B_3 한 발로 평형 유지 B_4 평형판 위에서 평형 유지 B_5 평균대 위 걷기 B_6 물건 들고 보행 B_7 민첩성과 평형능력 익히기

	C. 작은 근육운동	C_1 상자속의 구슬넣기 C_2 막대기에 구슬 끼우기
		C_3 손가락으로 두드리기 C_4 단순한 조립
	D. 지각 운동협응	D_1 눈과 손(한쪽 손)의 협응 D_2 양손의 협응
		D_3 손(양손)과 교치성 D_4 다른 기능의 협응
	E. 근력기능	E_1 손의 근력 E_2 기타 근력 증강 훈련
		E_3 사물 이동 E_4 지시에 따라 작업
Ⅱ. 직업 수행	A. 학습 속도 습관	A_1 내용이 변하더라도 수용
		A_2 시간 제한없는 단순한 과제의 학습
		A_3 시간 제한 없는 복잡한 과제의 학습
		A_4 허용되는 속도로 복잡한 과제 수행
	B. 정확성	B_1 잘못된 것의 인지(자극특성 변별)
		B_2 잘못이 생기면 고치기 B_3 불량률 2% 이하
	C. 작업의 지속성	$C_1 \sim {}_6$ 간편하게 앉아서 하기
	D. 작업의 지속성	$D_1 \sim {}_6$ 간편하게 서서하기
	E. 작업의 지속성	$E_1 \sim {}_6$ 가벼운 작업
	G. 작업의 일관성	$G_1 \sim {}_6$ 작업의 일관성
	H. 생산성	$H_1 \sim {}_6$ 생산성
	I. 안전성	I_1 위험한 상황의 인지
		I_2 언어의 이해와 반응
		I_3 독물주의 I_4 뾰족한 물체주의
		I_5 화재에 대한 대처법
Ⅲ. 직업생활 태도	A. 작업의 태도	A_1 동기유발 A_2 역할이나 요구에 적응 A_3 자기파악
	B. 시간 엄수	$B_1 \sim {}_3$ 시간엄수
	C. 신뢰성	C_1 쉬지 않고 100% 출근
		C_2 필요할 때 관리자에게 통치
	D. 지시순종	D_1 지시의 단시간 기억 D_2 지시의 장시간 기억
		D_3 타임·레코드와 카드의 바른 사용
		D_4 생산실적표의 사용 D_5 문서상의 지시에 순종
	E. 관리자와의 관계	E_1 관리자 요구에 대한 의지 표명 E_2 요구실행
		E_3 요구에 대한 수용적 태도
		E_4 주의에 대한 건설적인 반응 E_5 거짓말 안하기

	F. 동료와의 관계	F_1 협력적 F_2 재료를 보간 장소에 되돌려 놓기 F_3 남의 물건 훔치지 않기 F_4 남에게 방해행동 안하기
Ⅳ. 취업정보 기능	A. 일반고용	A_1 직무에 대해 흥미표출
	B. 취업신청과 면접	B_1 취직 응모용지 작성 B_2 면접 중 판별기준의 이해 B_3 취직의 희망 표명 B_4 취직의 면접
	C. 교통기관의 이용	C_1 혼자서 직장 혹은 훈련 센터에 통근

2. 생활자립훈련 영역별 목표행동과 훈련목표

생활자립훈련 하위영역별 지도내용에 따라 목표행동과 훈련목표를 구체적으로 제시해 보면 다음과 같다(조인수, 1992).

1) 자립기능 하위영역과 목표

<표 4> 자립기능영역과 목표

하위 영역	번호	목 표 행 동	훈 련 목 표
A. 의복의 입고 벗기와 손질	A_1	혼자서 옷을 입는다.	1. 팬티, 바지 혹은 속치마를 입는다. 2. 옷 혹은 속내의를 입는다. (이 기법은 브래지어에도 응용 가능) 3. 단추를 끼운다. 4. 양말을 신는다. 5. 구두를 신는다. 6. 구두끈을 맨다.
	A_2	적절한 의복을 입는다.	1. 유행하고 있는 의복과 악세사리를 구입한다. 2. 유행하고 있는 의복과 악세사리를 착용한다.
	A_3	의복의 손질	1. 세탁기를 정확하게 사용한다. · 양(量)색, 천의 종류에 의해 의류를 선택한다. · 세제, 표백제를 정확하게 계량한다. · 수위, 수온, 속도를 정확하게 선택한다. 2. 자동건조기의 올바른 사용 · 온도를 정확하게 선택한다.

			· 시간을 정확하게 설정한다. 3. 손으로 의복을 깨끗이 씻는다. · 깨끗해질 때까지 의복을 손으로 씻는다. · 깨끗한 물에 비누를 헹군다. · 세탁한 옷을 빨랫줄이나 건조대에 건다. 4. 의류를 갠다. · 의류나 셔츠 등을 깨끗 하게 갠다. · 의류나 셔츠 등을 정확 하게 정리해 넣는다. 5. 다리미를 정확하게 꽂는다. · 필요에 따라 의류에 습기를 뿜어 준다. · 다리미 온도를 정확하게 설정한다. · 다리미를 정확하게 작동시킨다. 6. 드라이 클리닝의 이용 · 드라이 클리닝의 필요성에 관해서 이해한다. · 의류 드라이 클리닝 가게로 가지고 간다. 7. 의복을 수선하다. · 살이 터진 곳이나 찢어진 곳을 꿰맨다. · 끝맺음을 한다. · 단추를 실로 꿰맨다.
B.용의 단정	B_1	차임새를 단정하게 한다.	1. 차림새를 단정하게 하기 위하여 화장품을 사용한다.(여성) 2. 정기적으로 면도를 한다.(남성)
	B_2	손톱과 손을 청결하게 한다.	1. 손톱의 손질을 한다. 2. 손을 청결하게 한다.
	B_3	얼굴을 청결하게 한다.	1. 얼굴을 청결하게 한다. 2. 필요에 따라, 약용비누와 손에 크림을 사용한다.
	B_4	입냄새 제거	1. 필요에 따라 구내 세정액을 사용한다. 2. 입냄새를 없애기 위하여 민트나 껌을 이용한다.
	B_5	치아의 청결	1. 깨끗하게 이를 닦는다. 2. 치아를 청결하게 유지한다.
	B_6	몸냄새의 통제	1. 목욕한다. 2. 매일 방취제를 사용한다. 3. 생리용품을 사용한다.(여성) · 생리용품을 이해하고 사용한다. 필요가 있으면 처치방법을 바꾼다.

			· 생리용품을 이용하기 위하여 사전에 계획을 세운다.
	B_7	머리를 청결하고 깔끔하게 한다.	1. 필요에 따라 머리를 감는다. 2. 하루 중 필요한 때에 빗이나 브러시로 머리를 빗는다. 3. 머리를 자르거나 단정하게 한다.(스스로 혹은 타인의 도움을 받는다.) 4. 필요에 따라서 몸에 있는 털을 깎는다. 5. 이발용품을 정확하게 사용한다.
	B_8	보장구의 올바른 사용	1. 보장구를 올바르게 사용하는 방법을 안다. 2. 보장구를 바르게 사용한다.
	B_9	손수건 혹은 화장지의 사용	1. 필요에 따라 손수건 혹은 화장지를 사용한다. 2. 화장지 혹은 손수건을 사용할 때에는 다른 사람의 눈에 띄지 않도록 한다.

2) 개인 · 대인관계 행동 하위영역과 목표

<표 5> 개인 · 대인관계 행동 하위 영역과 목표

하 위 영 역	번호	목 표 행 동	훈 련 목 표
A. 정서	A_1	언어나 행동으로 감정 표현	1. 자기의 감정을 억압하지 않고 있는 그대로 수용한다. 2. 마음속의 감정 상태를 적절한 감정 표출 채널과 연결짓는다. 3. 여러 상황에서 적절한 감정표출 방법을 배운다. 4. 적절하게 감정을 표현하다.
	A_2	감정의 조절	1. 틀어박힘, 분노, 우울, 질투, 변덕 등 일에 지장이 있는 감정 표현을 절제한다. 2. 욕구 불만을 잘 견딘다. 3. 다른 사람의 비판을 받아들인다.
	A_3	적당한 휴식	1. 휴식을 취하는 정확한 목적을 안다. 2. 휴식 중 난폭하게 하거나, 사람에게 방해를 하거나 불쾌감을 주지 않는다.

B. 타인 지향 행동	B_1	다른 사람의 표정으로부터 감정을 읽는다.	1. 기쁨, 슬픔, 성냄과 같은 감정을 정확하게 명명한다. 2. 다른 사람의 감정상태를 살핀다.
	B_2	여러 가지 목소리의 상태를 이해한다.	1. 여러 가지 목소리의 상태를 이해한다.
	B_3	사람의 여러 가지 제스츄어를 이해한다.	1. 사람의 여러 가지 제스츄어를 이해한다.
	B_4	적절한 사회적 예의범절을 익힌다.	1. 인사를 적절하게 한다. 2. 타인과 대화를 나눈다. 3. 좋은 예의를 익힌다.
	B_5	의존이나 요구를 지나치게 하지 않는다.	1. 의존이나 요구를 지나치게 하지 않는다.
C. 동기유발	C_1	기울인 노력과 강화를 연결 지을 수 있다.	1. 기울인 노력과 강화를 연결 지을 수 있다. 2. 여러 가지 오류의 관심을 충족시키거나 다양한 강화를 얻을 수 있는 기회를 안다. 3. 현재의 행동과 가까운 미래의 목표와의 관련을 안다.
	C_2	좋아하는 강화재를 말한다.	1. 훈련대상자가 좋아하는 강화재를 명백하게 한다.(훈련지도자) 2. 강화의 원리를 이해한다.(훈련지도자)
D. 사회적 지향 행동	D_1	어떤 행동이 어떤 결과를 가져오는가를 안다.	1. 적절한 행동, 수용할 수 있는 행동은 어떤 것인가를 안다. 2. 어떤 행동이 어떤 결과를 가져오는가를 한다.
	D_2	사회적 규범에 따른 성적행동을 한다.	1. 인가의 성행동에 관하여 이해한다. 2. 사회적으로 받아들여질 수 있는 적절한 성적행동이란 무엇인가를 이해한다. 3. 사회적 규범에 알맞은 성적행동을 취한다.

3) 정보처리 하위영역과 목표

<표 6> 정보처리영역과 목표

하 위 영 역	번호	목 표 행 동	훈 련 목 표
A. 시각	A_1	시각적 주의	1. 시각 자극의 방향에 눈을 돌린다. 2. 적당한 시간 동안 사물을 주시한다. 3. 적당한 시간 동안 시각 자극을 지닌 특정한 속성에 주의를 기울인다.
	A_2	추시(追諡)	1. 정지하고 있는 사물에 대해서 15초 동안 시선을 고정한다. 2. 대상의 움직임에 따라 추시한다. 3. 가까이 혹은 멀리 있는 사물을 눈으로 주시한다. 4. 공중을 이동하는 대상에 머리를 움직이지 않고 눈 혹은 손가락으로 대상을 쫓는다.
	A_3	도형의 소지의 변별	1. 배경으로부터 대상을 시각적으로 변별하고 대상의 특성에 주목한다. 2. 비슷한 형태, 크기, 색의 구체물을 대응시킨다. <주> 이하의 목표 행동이 달성되어 있는 것을 전제로 한다.
	A_4	시각적 완성	1. 시각적 주의 2. 시각적인 도형과 소지의 변별 3. 불완전한 시각 자극으로부터 잘 알려져 있는 대상을 살핀다.
	A_5	비계역적인 시각적 기억	1. 5초 동안 대상물이나 그림을 본 후 무엇이 빠져 있는가를 말한다. 2. 5초 동안 사물이나 그림을 본 후 이름을 말한다.
	A_6	계열적인 시각적 기억	1. 전에 본 계열적 시각적 자극을 지적한다. 2. 이전에 제시된 시각 자극의 계열에서 제외된 사물을 말한다. 3. 5초 동안 견본을 주시한 후 의미 있는 계열을 구성한다.
	A_7	시각적 연합	1. 사물과 일련의 동작을 연결시킨다. 2. 시각으로 사물을 관계 짓는다. 3. 시각으로 그림을 관계 짓는다.

B. 청각	B_1	청각적 주의	1. 소리의 방향을 정위 한다. 2. 소리의 주의를 기울인다. 3. 들린 소리에 반응한다.
	B_2	청각 변별	1. 의미를 지닌 소리와 말을 배경이 되어 있는 회화나 소리로부터 선택한다. 2. 큰소리의 변별
	B_3	청각적 기억	1. 무의미한 청각 자극 계열을 상기한다. 2. 계열적으로 들은 정보를 상기한다.
	B_4	청각적 연합	1. 들은 소리를 살핀다. 2. 들은 청각 정보에 대하여 동작을 실시한다. 3. 들은 단어와 그림 혹은 사물을 연결짓는다. 4. 들은 단어와 의미 있는 언어 개념을 연결짓는다.
C. 촉각	C_1	촉각에 의한 사물의 구별	1. 시각-촉각의 연합을 통해서 손의 감촉을 이해한다. 2. 촉각에 의한 손의 감촉을 느낀다.
	C_2	손의 촉감을 느낀다.	1. 시각-촉각의 연합을 통해서 손의 감촉을 이해한다. 2. 촉각에 의한 손의 감촉을 느낀다.
	C_3	온도의 구별	1. 다른 온도와 그것에 대응한 언어 표현을 연결시킨다. 2. 여러 가지 온도를 구별한다.
D. 언어이해	D_1	전치사의 이해	1. 전치사와 그림이나 사물을 대응시킨다. 2. 들은 전치사를 포함한 구에 대응한 동작을 바르게 실시한다.
	D_2	비교 형용사의 이해	1. 들은 비교형용사와 사물 또는 그림을 연결짓는다. 2. 들은 비교형용사에 대응한 동작을 바르게 실시한다.
	D_3	견본과의 대응	1. 들은 언어와 사물 또는 그림과 연결시킨다.
	D_4	물체의 이류와 동류의 이해	1. 물체가 유사한가 다른가를 말한다. 2. 그림이나 도형의 변별 3. 문자의 변별 4. 단어의 변별 5. 그림에 그려진 물체의 관계를 말로 할 수 있다.

4) 학습 · 대안전략 하위영역과 목표

<표 7> 학습 · 대안전략영역과 목표

하 위 영 역	번호	목 표 행 동	훈 련 목 표
A. 단기 기억	A_1	시계열적인 시각적 치환	1. 사물에 대한 영속성의 개념을 이해시킨다. (하나의 사물을 치환) 2. 사물에 대한 영속적인 개념을 이해시킨다. (2개의 가리개를 사용한 시계열적인 시각적 치환) <주> 이 훈련에 들어가기 전에 시각적, 혹은 청각적 정보처리의 훈련 목표를 달성하고 있어야 한다.
	A_2 ~ A_3	지시 순종	1. 하나의 지시에 따른다. 2. 2단계의 지시에 따른다. 3. 3단계의 지시에 따른다.
B. 교수 기법	B_1	보조를 해주면서 사물을 조립한다.	1. 신체적인 보조를 받아서 사물을 조립한다. 2. 최소한의 보조로 사물을 조립한다.
	B_2	모방을 통하여 사물을 조립한다.	1. 지도자를 보면서 사물을 조립한다. 2. 사물을 조립한다. 3. 조립된 견본을 보면서 사물을 조립한다.
	B_3	언어 지시에 따라서 사물을 조립한다.	1. 언어 지시의 이해 2. 언어로 제시된 과제를 완수한다. 3. 문자로 쓰여진 지시에 따름. 4. 문장을 통해서 주어진 과제를 완수한다.
C. 반응의 일반화와 대처행동	C_1	여러 훈련대상자에게 반응을 일반화시킨다.	1. 일정한 기준 이상으로 과제수행을 하는 것을 학습한다. 2. 다른 직원에 대해서 반응(행동)을 일반화시킨다.
	C_2	여러 장면에 대해서 반응을 일반화 시킨다.	1. 일정한 기준 이상으로 과제 수행하는 것을 학습한다. 2. 다른 직원에 대한 반응을 일반화시킨다.
	C_3	대처 행동을 가르친다.	1. 훈련 대상자에게 과제를 준다. 2. 훈련 대상자가 일반적인 언어를 사용해 문제를 정의한다. 3. 다른 문제의 해결법을 이용한다. 4. 제시된 문제를 해결하는 방법에는 여러 가지가 있음을 이해한다. 5. 대처 행동을 가르친다.

5) 직업전 기능의 하위영역과 목표

<표 8> 직업전 기능영역과 목표

하 위 영 역	번호	목 표 행 동	훈 련 목 표
A. 시각-운동의 협응	A_1	눈과 손의 목표	<주> 이 훈련에 들어가기 전에, 시각적 주의(Ⅲ-A_1)와 추시(Ⅲ-A_2)의 훈련을 완료해 둘 것. 1. 머리와 눈을 함께 움직여서 공중에 있는 움직이는 물체에 눈과 손가락을 고정시키고 추종한다. 2. 종이 위에서 움직이는 사물을 눈으로 주시하면서 손가락으로 추적한다. 3. 종이위에서 움직이는 사물을 눈으로 주시하면서 연필이나 크레용으로 추적한다.
	A_2	작은 근육운동의 협응	1. 엄지와 검지를 대응시켜서 작은 사물을 쥔다. 2. 구슬, 구멍에 막대기 끼우기, 그림 퍼즐 등의 사물을 조작한다. 3. 원을 붙인다. 4. 연필이나 크레파스를 손에 쥐고 사용한다. 5. 가위를 정확하게 잡는다. 6. 한손으로 자를 물건을 쥐고 정확하게 가위질하여서 물건을 자른다.
	A_3	그린다.	1. 아래에 제시한 통제판(그리기를 통제하기 위하여 형태를 파내어 놓은 판)으로 그린다. 2. 사물의 윤곽을 그리게 한다. 3. 견본을 그리게 한다.
	A_4	견본의 묘사	1. 단순한 무의미한 도형의 견본을 재생한다. 2. 복잡한 기하학 도형의 견본을 재생한다. 3. 검지손가락으로 견본을 묘사한다.
B. 시각변별과 분류	B_1	형태에 의한 분류	1. 형태에 의한 물건의 인지와 언어에 의한 표현 2. 형태에 의한 분류
	B_2	색상에 의한 분류	1. 색상에 의한 물건의 인지와 언어에 의한 표현 2. 색상에 의한 분류
	B_3	크기에 의한 분류	1. 크기에 의한 물건의 인지와 언어에 의한 표현 2. 크기에 의한 분류

C. 수기능	C_1	숫자의 이름을 말한다.	1. 숫자를 차례대로 배열한다. 2. 틀린 수열을 숫자를 말한다.
	C_2	숫자쓰기	1. 숫자를 쓴다. 2. 숫자를 수의 차례로 쓴다. 3. 무작위 순서의 숫자를 쓴다. <주> 시각적 처리(Ⅲ-A)의 훈련을 완료하고 나서 훈련에 들어간다.
	C_3	구체물의 개수를 센다	1. 물제의 공간적 위치가 다름을 구별한다. 2. 수를 외우며 큰소리로 읽는다. 3. 구체물이나 그림의 개수를 샌다.
	C_4	숫자와 물건의 개수, 숫자와 그 읽는 법을 연결짓는다.	1. 숫자와 물건의 개수를 일치시킨다. 2. 물건의 개수와 대응한 숫자를 쓴다. 3. 숫자와 구체물의 개수, 숫자와 그 읽는 법을 연결짓는다.
D. 조립기능	D_1 ~ D_4	조립기능	1. 조합한다. 2. 접다, 기구로 멈춘다. 레벨을 붙인다, 가득 채운다. 3. 파이프의 이음매를 조립한다. 4. 언어지시를 단서로 해서 물체를 조립한다.

3. 직업전 훈련 영역별 목표행동과 훈련목표

직업전 훈련 하위영역별 지도내용에 따른 목표행동과 훈련목표를 구체적으로 제시해 보면 다음과 같다.

1) 직무관련 기능의 하위영역과 목표

<표 9> 직무관련기능의 하위영역과 목표

하 위 영 역	번호	목 표 행 동	훈 련 목 표
A. 바른 자세 (仔細)	A_1	환경에 대한 바른 자세	1. 신체표면 및 신체부분과 공간에 있는 물체나 방향을 관련짓는다. 2. 전치사나 방향을 나타내는 지시어를 듣고 그림에 그려져 있는 물체의 위치를 지적하거나, 지적하는 물체의 전치사나 방향을 나타내는 말을 한다. 3. 신체를 공간이나 주의 환경과 관련지어 바른 자세를 정한다.
	A_2	좌우의 변별	1. 손이나 몸의 좌우를 구별한다. 2. 지시에 따라서 좌우를 구별한다.
B. 평형 기능	B_1	선 자세 평형유지	1. 자세의 평형을 유지한다.
	B_2	앉았을 때의 평형	1. 배를 굽힌 채로 웅크린 자세를 취한다.
	B_3	유지한 발로 평형유지	1. 무엇인가 지탱해서 평형을 유지한다. 2. 한 발로 평형을 유지한다.
	B_4	평형판 위에서 평형유지	1. 평형판 위에서 평형을 유지한다. 2. 형판에서 평형을 유지하면서 다른 활동을 한다.
	B_5	평형을 유지하고 평균대의 걷기	1. 마루 바닥의 선상에 평형을 유지하면서 걷는다. 2. 선 위에 발을 교대로 발 앞꿈치와 뒤꿈치가 접하도록 해서 평형을 유지하며 걷는다. 3. 선 위를 옆으로 걷거나 뒤로 걷는다. 4. 평균대 위를 평형을 유지하면서 걷는다. 1) 앞으로 걷기 2) 옆으로 걷기 3) 뒤로 걷기
	B_6	민첩성과 평형능력 익히기	1. 바닥의 선 위를 평형을 유지하면서 걷는다. 2. 선 위에 발을 교대로 발 앞꿈치와 뒤꿈치가 접하도록 해서 평형을 유지하면서 걷는다. 3. 선 위를 평형을 유지하면서 보행한다. 1) 앞으로 걷기 2) 옆으로 걷기 3) 물체의 평형을 유지하면서 옆으로 혹은 뒤로 걷기. 4. 물건을 들고 걷는다.

	B_7	민첩성과 평형능력 익히기	1. 경사진 면을 걸어서 오른다. 2. 경사진 명을 걸어서 내려온다. 3. 계단을 오른다. 4. 계단을 내려온다. 5. 눈을 뜨고 발끝으로 선다. 6. 눈을 감고 발끝으로 선다. 7. 밭끝으로 점프한다. 8. 무릎 높이의 막대기를 뛰어 넘는다.
C. 작은 근육 운동	C_1	상자 속에 구슬 넣기	1. 물체의 분류 2. 구슬을 상자 속에 넣는다.
	C_2	막대기로 구슬 끼우기	1. 큰 구슬을 막대기에 끼운다. 2. 작은 구슬을 막대기에 끼운다.
	C_3	손가락으로 두드리기	1. 집게손가락을 상하로 움직이게 한다. 2. 평평한 면을 손가락으로 두드리게 한다. 3. 작은 물건을 손가락으로 집거나 들게 한다.
	C_4	단순한 조립	1. 2개의 부품으로 물건을 조립한다. 2. 3개의 부품으로 물건을 조립한다.
D. 지각 · 운동협응	D_1	눈과 손(한쪽 손)의 협응	1. 손을 민첩하게 움직인다. 2. 눈과 손을 동시에 움직여서 유의미한 동작을 모방한다. 3. 눈과 손의 협응을 연습한다.
	D_2	양손의 협응	1. 양손을 협응시킨다.
	D_3	손(양손)과 교차성(交叉成)	1. 손에서 2.5~7.5cm 떨어져 있는 곳에 있는 물건에 손을 닿게 한다. 2. 손에서 7.5~15cm 떨어져 있는 곳에 있는 물건에 손을 닿게 한다. 3. 훈련대상자의 손에 물건을 놓는다. 4. 물건을 잡는다. 5. 잡은 물건을 조작한다.
	D_4	다른 기능의 협응	1. 눈과 손의 협응 동작 2. 눈과 손과 발의 협응동작
	D_5	움직이는 물건을 대상으로 한 눈과 손의 대응	1. 움직이는 물건을 대상으로 한 눈과 손의 협응과제를 연습한다.

E. 근력 기능	E_1	손의 근력	1. 팔과 손목의 근력 강화 2. 손 힘의 강화
	E_2	기타 근력 강화 훈련	1. 허리를 굽힌다. 2. 다리를 올린다. 3. 상체 일으키기 4. 팔을 들고 뛰어오른다. 5. 팔굽혀펴기 자세를 취한다. 6. 손을 붙이고 높게 뛰기.
	E_3	사물 이동	1. 무거운 물건을 상자에서 꺼낸다. 2. 물건을 들어올려 운반한다.
	E_4	지시에 따라 작업을 정확하게 한다.	1. 과제를 이해한다. 2. 열심히 노력하면 강화가 주어지는 것을 이해한다.

2) 작업수행의 하위영역과 목표

<표 10> 직업수행영역과 목표

하 위 영 역	번호	목 표 행 동	훈 련 목 표
A. 학습 속도와 습관	A_1	작업의 내용이 변화하더라도 그것을 수용한다.	1. 문제없이 한 일에 비슷한 다른 일로 바꿀 수 있다. 2. 직원의 최소한의 원조에 의해 유사하지 않은 직무라도 변경할 수 있다.
	A_2	시간제한 없는 단순한 과제의 학습	1. 작업에 열중한다. 2. 작업의 완수가 보상을 가져다주는 것을 안다. 3. 과제 학습을 시도한다. 4. 부여된 과제를 학습한다.
	A_3	시간제한 없는 복잡한 과제의 학습	1. 과제 학습을 시도한다. 2. 지시된 과제를 학습한다.
	A_4	허용되는 속도로 복잡한 과제를 수행한다.	1. 반응의 질을 향상시킨다. 2. 자극에 대한 통제력을 향상시킨다. 3. 바른 지도법을 받아들인다.(지도자의 목적)

B. 정확성	B_1	잘못된 것의 인지	1. 관련이 있는 자극 특성을 변별한다. 1) 색의 변별 2) 공구의 변별 3) 물건 표면의 촉감 변별 4) 물건의 크기 변별 5) 공간적 특징 변별 2. 부품을 정확하게 조립한 경우 혹은 직무를 정확하게 완수한 경우에 어떠한 결과가 오는가를 안다. 3. 틀린 것을 알아차린다.
	B_2	잘못이 생기면 그것을 고친다.	1. 잘못된 것을 고치는 법을 안다. 2. 잘못된 것을 고치는 연습을 한다.
	B_3	부품의 조립이나 과제의 수행에서 불량률을 2%이하로 할 것	1. 감독자의 관리에 의해 정확하게 부품을 조립하거나 과제를 수행한다. 2. 잘못된 것을 발견하고 고친다. 3. 불량률 2%이하로 부품을 조립하거나 과제를 완수한다.
C. 작업의 지속성・간편하게 앉아서 하는 작업	C_1 ~ C_6	작업의 지속성	1. 다음의 각 시간 동안 작업 할 수 있다.
D. 작업의 지속성・간편하게 서서 하는 작업	D_1 ~ D_6	작업의 지속성	1. 다음의 각 시간 동안 작업 할 수 있다.
E. 작업의 지속성・가벼운 작업	E_1 ~ E_6	작업의 지속성	1. 다음의 각 시간 동안 작업 할 수 있다.
F. 작업의 지속성・무거운 근력을 요구하는 작업	F_1 ~ F_6	작업의 지속성	1. 다음의 각 시간 동안 작업할 수 있다.
G. 작업의 일관성	G_1 ~ G_6	작업의 일관성	1. 감독을 받으면서 과제를 완수한다. 2. 약간의 감독을 받으면서 과제를 완수 할 수 있다. 3. 전혀 감독을 받지 않더라도 과제를 완수할 수가 있다.

H. 생산성	H_1 ~ H_6	생산성	1. 다음의 비율로 생산성을 나타낸다.
I. 안정성	I_1	위험한 상황의 인지	1. 전기, 화력, 무거운 물건, 폭발물 등이 위험하다는 것을 안다. 2. 위험한 상황을 안다.
	I_2	위험을 의미하는 언어의 이해와 반응	1. 위험을 나타내는 표지나 말을 이해한다. 2. 위험을 나타내는 표지에 적절하게 반응한다.
	I_3	독물에 관한 주의 따르기	1. 독물의 의미와 그 말을 안다. 2. 독물을 마시지 않도록 한다. 3. 사고로 중독된 경우의 대처 방법을 안다.
	I_4	끝이 뾰족한 물체의 주의 깊은 취급	1. 두려움 없이 끝이 뾰족한 물건을 주의 깊게 다룬다.
	I_5	화제에 대한 대처법의 이해	1. 화재의 유형을 이해할 수 있다. 2. 각종의 화재에 대한 대처법을 안다.

3) 직업생활 태도의 하위영역과 목표

<표 11> 직업생활 태도영역과 목표

하 위 영 역	번호	목 표 행 동	훈 련 목 표
A. 작업태도	A_1	작업에 대한 동기유발	1. 지불한 노력과 강화를 연결짓는다. 2. 강화재의 기호를 표명한다. 3. 의의 있는 작업 수행에 대해서는 보상이 주어지는 것을 안다.
	A_2	작업장에서의 역할이나 요구하는 작업에 적응	1. 작업장에서의 규칙이나 무슨 일을 요구하고 있는가를 안다. 2. 작업장에서의 규칙이나 요구하는 작업에 대해서 적응한다.

	A_3	자기를 현실적으로 파악	1. 자타의 구별을 할 수 있다. 2. 호명되었을때나 문자로 적혀진 자신의 이름을 보았을 때 반응한다. 3. 자기를 표현한다.「 '나는 누구?' 」 4. 자기의 가치에 관해 현실적인 감상을 개발한다.
B. 시간의 엄수	B_1 ~ B_2	시간의 엄수	1. 아침에 정시에 훈련 센터로 온다. 2. 휴식 시간이 끝나면 1분 이내에 일터로 되돌아간다. 3. 점심시간이 끝나면 1분 이내에 일터로 되돌아간다.
C. 신뢰성	C_1	쉬지않고 100% 출근	1. 작업에 종사하는 것의 중요성을 안다. 2. 쉴 경우는 사전에 결근계를 제출할줄 안다. 3. 휴가를 낸 경우와 아픈 경우를 제외 하고 100% 출근한다.(C_2와 관련시켜서 훈련할 것)
	C_2	필요한 때나 관리자에게 통지	1. 쉬고 싶을 때나, 병이 낫을 때 등의 사업주에게 통지하는 법을 안다. 2. 사업주에게 전화 거는 법을 훈련한다.
D. 지시・순종	D_1	지시의 단시간 기억	1. 언어에 의한 지시를 이해한다. 2. 언어에 의한 지시를 단시간(1~3시간)기억
	D_2	지시의 장시간 기억	1. 언어에 의한 지시를 이해한다. 2. 지시를 장시간(6~24시간) 기억한다.
	D_3	타임・레코드와 카드의 바른 사용	1. 타임・레코드와 카드의 의리를 이해하고 사용할 수 있다. 2. 지적하지 않아도 출퇴근 시간을 스스로 체크한다.
	D_4	생산 실적표의 사용	1. 구체물을 이용해서, 10까지의 수를 가감산 할 수 있다. 2. 받아올림, 받아 내림이 없는 한 자리 수와 두 자리 수의 가감산 풀기 3. 제품을 기록한다.
	D_5	문서상의 지시에 순종	1. 하나 하나의 문자언어를 이해한다. 2. 낱말을 구나 문장 속에서 읽는다. 3. 구나 문장을 이해한다. 4. 문장으로 쓰여진 지시에 따른다.
E. 관리자와의 관계	E_1	관리자 개개인의 요구에 대한 의지 표명	1. 구두의 지시를 이해한다. 2. 요구에 따라서 어떠한 의사 표현을 하면 좋을까를 연습한다.

	E_2	관리자의 요구를 즉시 실행	1. 요구를 이해한다. 2. 요구에 따르면 강화가 주어진다.
	E_3	관리자의 요구에 대한 수용적 태도의 유지	1. 관리자의 요구에 대해서 수용적 태도를 나타낸다. 2. 관리자의 요구에 대해서 수용적인 태도를 유지한다.
	E_4	주의에 대한 건설적인 반응	1. 건설적인 주의에 대해서는 기분나빠하거나 일정한 장소를 이탈하거나, 짜증을 내지 않고 그것을 받아들인다.
	E_5	거짓말을 하지 않음.(관리자와의 관계에 있어서)	1. 직무에 관한 질문에 대해서는 정직하게 대답한다.
F. 동료와의 관계	F_1	협력적일 것	1. 동료와 언쟁하거나, 싸움하지 않는다. 2. 필요에 따라서 동료에게 협력한다. 3. 동료의 물건을 빌릴 경우에는 허가를 받는다. 4. 빌린 물건을 함부로 취급하거나 잘못 사용하지 않는다.
	F_2	재료를 보관장소에 정확하게 되돌려 놓는다.	1. 재료를 보관 장소에 정확하게 되돌려 놓는다.
	F_3	타인의 물건을 훔치지 않음.	1. 타인의 물건을 훔치지 않는다.
	F_4	취업 중, 타인에게 방해 행동을 하지않는다.	1. 게으름 피우거나, 타인에게 방해 행동을 하지 않고, 일상적인 스케줄을 수용한다. 2. 타인을 방해하는 것 같은 잡음. 언동, 행동을 하지 않고 부여된 일을 한다. 3. 금전, 사회생활, 대인관계나 가족 관계에 관련된 개인적 문제로 인하여 지나친 불만을 나타내지 않는다.

4) 취업정보 · 기능의 하위영역과 목표

<표 12> 취업정보 기능영역과 목표

하 위 영 역	번호	목 표 행 동	훈 련 목 표
A. 일반고용	A_1	직무에 대해 흥미 표출	1. 자립작업장 이외에도 취직의 장소가 있는 것을 안다. 2. 일반 사업장에서의 취직의 이로운 점을 안다. 3. 자신의 직업에 대한 흥미를 안다. 4. 자신의 능력을 안다. 5. 직무의 기호를 표출한다.
B. 취업의 신청과 면접	B_1	취직응모용지를 정확하게 작성	1. 응모 용지의 질문을 이해 한다. 2. 응모 용지에 익숙하게 한다. 3. 2종류 이상의 응모 용지를 정확하게 작성한다.
	B_2	면접 중 판별 기준의 이해	1. 어떤 차림새가 좋은 인상을 주는 가를 안다. 2. 면접 중에 어떻게 행동해야 하는 지를 안다. 3. 사람이 어떻게 판단되어지는 가를 안다.
	B_3	고용자에게 접근하여 취직의 희망을 표명	1. 누구에게 취직을 의뢰하면 좋은 가를 안다. 2. 처음에 어떤 말을 하면 좋은가를 안다.
	B_4	취직의 면접	1. 면접시의 적절한 대응 방법을 안다. 2. 취직을 위한 면접을 연습한다. 3. 모의 면접 장면에서 연습을 한다. 4. 취직을 위한 면접 통지.
C. 교통기관의 이용	C_1	혼자서 직장 혹은 훈련 센타에 통근	1. 직장과의 통근 방법을 안다. 2. 일반적인 · 교통기관을 이용할 수 없는 경우의 대체 수단을 안다. 3. 교통안전법에 따라서 통근한다.

2

프로그램 과제 분석과 지도내용

1. 자립기능

<표 1> 자립기능 하위영역과 목표

하위 영역	번호	목 표 행 동	훈 련 목 표
A. 의복의 입고 벗기와 손질	A_1	혼자서 옷을 입는다.	1. 팬티, 바지 혹은 속치마를 입는다. 2. 옷 혹은 속내의를 입는다. (이 기법은 브래지어에도 응용 가능) 3. 단추를 끼운다. 4. 양말을 신는다. 5. 구두를 신는다. 6. 구두끈을 맨다.
	A_2	적절한 의복을 입는다.	1. 유행하고 있는 의복과 악세사리를 구입한다. 2. 유행하고 있는 의복과 악세사리를 착용한다.
	A_3	의복의 손질	1. 세탁기를 정확하게 사용한다. 가) 양(量)색, 천의 종류에 의해 의류를 선택한다. 나) 세제, 표백제를 정확하게 계량한다. 다) 수위, 수온, 속도를 정확하게 선택한다. 2. 자동건조기의 올바른 사용 가) 온도를 정확하게 선택한다. 나) 시간을 정확하게 설정한다. 3. 손으로 의복을 깨끗이 씻는다. 가) 깨끗해질 때까지 의복을 손으로 씻는다. 나) 깨끗한 물에 비누를 헹군다. 다) 세탁한 옷을 빨랫줄이나 건조대에 건다. 4. 의류를 갠다. 가) 의류나 셔츠 등을 깨끗 하게 갠다. 나) 의류나 셔츠 등을 정확 하게 정리해 넣는다.

			5. 다리미를 정확하게 꽂는다. 가) 필요에 따라 의류에 습기를 뿜어 준다. 나) 다리미 온도를 정확하게 설정한다. 다) 다리미를 정확하게 작동시킨다. 6. 드라이 클리닝의 이용 · 드라이 클리닝의 필요성에 관해서 이해한다. · 의류 드라이 클리닝 가게로 가지고 간다. 7. 의복을 수선하다. · 살이 터진 곳이나 찢어진 곳을 꿰맨다. · 끝맺음을 한다. · 단추를 실로 꿰맨다.
B.용의 단정	B_1	차임새를 단정하게 한다.	1. 차림새를 단정하게 하기 위하여 화장품을 사용한다.(여성) 2. 정기적으로 면도를 한다.(남성)
	B_2	손톱과 손을 청결하게 한다.	1. 손톱의 손질을 한다. 2. 손을 청결하게 한다.
	B_3	얼굴을 청결하게 한다.	1. 얼굴을 청결하게 한다. 2. 필요에 따라, 약용비누와 손에 크림을 사용한다.
	B_4	입냄새 제거	1. 필요에 따라 구내 세정액을 사용한다. 2. 입냄새를 없애기 위하여 민트나 껌을 이용한다.
	B_5	치아의 청결	1. 깨끗하게 이를 닦는다. 2. 치아를 청결하게 유지한다.
	B_6	몸냄새의 통제	1. 목욕한다. 2. 매일 방취제를 사용한다. 3. 생리용품을 사용한다.(여성) · 생리용품을 이해하고 사용한다. 필요가 있으면 처치방법을 바꾼다. · 생리용품을 이용하기 위하여 사전에 계획을 세운다.
	B_7	머리를 청결하고 깔끔하게 한다.	1. 필요에 따라 머리를 감는다. 2. 하루 중 필요한 때에 빗이나 브러시로 머리를 빗는다. 3. 머리를 자르거나 단정하게 한다.(스스로 혹은 타인의 도움을 받는다.) 4. 필요에 따라서 몸에 있는 털을 깎는다. 5. 이발용품을 정확하게 사용한다.

B_8	보장구의 올바른 사용	1. 보장구를 올바르게 사용하는 방법을 안다. 2. 보장구를 바르게 사용한다.
B_9	손수건 혹은 화장지의 사용	1. 필요에 따라 손수건 혹은 화장지를 사용한다. 2. 화장지 혹은 손수건을 사용할 때에는 다른 사람의 눈에 띄지 않도록 한다.

A. 의복의 입고 벗기와 손질(하위 영역)

(A1) 혼자서 옷을 입는다(목표 행동)

훈련 목표

1. 팬티, 바지 혹은 속치마를 입는다.

〈교재〉 의복(팬티, 바지, 속치마)

1) 훈련대상자에게 바지를 입혀서 허리 아래 10cm정도까지 올려준다.
   (지시: 「바지를 올리세요」)
2) 훈련 대상자에게 바지를 입혀서, 엉덩이 부분까지 올려 둔다.
3) 훈련 대상자에게 바지를 입혀서, 무릎부분까지 올려 둔다.
4) 훈련 대상자에게 바지를 입혀서, 복사뼈 부분까지 올려 둔다.
5) 바지를 훈련대상자의 발에 끼워 준다.
6) 훈련 대상자 앞에 바지를 둔다. (지시: 「바지를 입으세요」)

2. 옷 혹은 속내의를 입는다. (브래지어에도 응용)

〈교재〉의복 (웃옷, 속내의)

1) 훈련대상자에게 가슴 밑부분까지 옷을 입는다.
   (「옷을 내리시오」 혹은 「속내의를 내리시오」라는 지시를 하면서, 옷이 저절로 흘러 내리 않도록 옷자락을 반으로 접어둔다.)
2) 훈련대상자에게 옷을 가슴 위까지 입힌다.
3) 훈련대상자의 머리 꼭대기에 옷을 걸쳐둔다.(훈련대상자의 옷을 머리에 끼우고 나서 옷을 밑으로 내린다.)
4) 훈련대상자의 팔꿈치까지 옷을 끼워 둔다.
5) 훈련대상자의 손목까지 옷을 끼워 둔다.
6) 훈련대상자에게 옷을 준다.

3. 단추를 끼운다.

〈교재〉 크고 작은 단추가 있는 옷 : 1)~4)에 관해서는 코드용의 큰 단추를 사용한다.

1) 단추를 엄지손가락과 검지손가락 사이에 쥐게 한다.
2) 셔츠(혹은 블라우스)의 다른 한 쪽 단을, 반대쪽 손의 엄지손가락과 검지 손가락으로 쥐게 한다.
3) 단추의 한 쪽을 구멍으로 나오게 하여, 단추를 끄집어내게 한다.
4) 1)~3)의 단계에 의하여 5개의 단추를 완전히 끼울 수 있게 한다.
5) 중간 크기의 단추에 있어서도 1)~4)의 단계를 달성할 수 있도록 한다.
6) 표준 크기의 단추에 있어서도 1)~4)의 단계를 달성할 수 있도록 한다.

4. 양말을 신는다.

〈교재〉 큰 색깔 있는 양말

1) 양말을 위에서 2.5cm정도 되는 곳까지 신겨 준다.(지시 :「양말을 신으세요」)
2) 양말을 복사뼈 있는 곳까지 신겨 준다.
3) 양말을 발뒤꿈치 있는 곳까지 신겨 준다.
4) 양말을 발의 반 정도만 신겨 준다.
5) 양말을 발 끝에 끼워 준다.
6) 양말을 발 옆에 둔다.

5. 구두를 신는다.

〈교재〉 구두

1) 구두를 신겨서 발뒤꿈치를 끼우지 않은 상태로 둔다.(지시 :「구두를 신으세요」)
2) 발바닥 중간까지 구두를 신겨 준다.
3) 엄지발가락의 관절 부분까지 구두를 신겨 준다.
4) 발끝까지 구두를 신겨 준다.
5) 구두를 훈련대상자의 발 옆에 두고. 언어적 지시를 한다.

6. 구두끈을 꿴다.

〈교재〉 구두와 구두끈

1) 구멍으로부터 교대로 댄다. 이것을 모두 구멍을 통해서 나가게 한다.
2) 제일 위의 양측의 구멍부터 끈을 꿰게 한다.
3) 나아가서, 끈을 양끝을 잘 펴서 나비 모양으로 묶게 한다.

(A2) 적절한 의복을 입는다(목표 행동)

훈련 목표

1. 유행하고 있는 옷과 액세서리를 구입한다.

〈교재〉 카탈로그, 구두와 반지를 크기표, 줄자, 카탈로그 속의 표기법

1) 형태, 색의 조화, 몸에 적합도를 보기 위하여 카탈로그를 사용하게 한다.
2) 배색, 옷의 조화, 디자인에 관한 포스터를 그리게 한다.
3) 카탈로그의 의복 사건을 잘라 내어서 훈련대상자에게 여러 가지로 조화시켜 보게 한다.
4) 어떤 의복이 필요한지 가르치기 위하여 훈련대상자에게 의복의 목록을 작성시켜서 각각에 관한 예산을 세우게 한다.
5) 상점으로 가서 몸에 어울리고 알맞은 것을 발견하기 위하여 입혀본다. 만약 가능하다면 그 곳에서 구입한다.

2. 유행하고 있는 의복과 액세서리를 착용한다.

〈교재〉 의복, 액세서리

1) 위에서 기술한 훈련을 계속한다.
2) 필요하다면, 훈련대상자가 유행하는 의복과 액세서리를 구입하는 것을 도와준다.
3) 훈련대상자가 입고 있는 의복과 액세서리가 어울리고, 몸에 알맞은 경우는 강화를 한다. 필요하다면 고쳐 준다. 그러나 점차 주의를 감소해 나간다.

(A3) 의복의 손질(목표 행동)

훈련 목표

1. 세탁기를 정확하게 사용한다.

가) 양색, 천의 종류에 따라서 의류를 선택한다.

〈교재〉 표, 그림, 견본, 세탁물 넣는 바구니.

1) 훈련대상자의 의복으로 실제로 세탁물을 선택하는 방법을 실시해 보인다.
2) 훈련대상자에게 세탁물을 분류시킨다. 큰 카드(그림이나 문자가 쓰여져 있는)를 마루 위에 두고 그것들을 세 종류의 세탁물로 나누게 하여서 세탁물이 각각의 더미에 놓여지는지를 제시하여 분류시킨다. 예를 들면 색의 경우에는 흰색, 색깔있는 것, 검은색의 3종류로 분류한다.

나) 세제, 표백제를 정확하게 계량한다.

〈교재〉 계량컵 혹은 용기, 세재, 정전지 방지, 세탁제, 계량표

1) 쌀, 물을 사용하여 계량컵의 연습을 한다. 세탁물을 넣는 곳에 제시된 세탁물의 량을 측정한다. 대야 등을 사용하여 실제로 세제를 너무 많이 넣은 경우 어떻게 되는가를 확인시킨다. 세탁기의 경우에는 어떤지를 서로 이야기한다.
2) 구멍이 넓은 병과 대야를 사용하여 세탁의 과정을 모의적으로 시도해 본다. 빨고, 헹굼, 회전, 헹굼, 회전의 순서로,
3) 세탁의 각 과정에 따른 물 속의 세탁물의 상태를 이해시킨다.
4) 세탁의 각 과정에 따른 세탁물의 그림과 세탁 과정을 나타내는 그림과의 대응을 연습시킨다.
5) 천이나 의류를 사용하여 표백제를 부적절하게 사용한 때의 결과를 확인해 본다.

다) 수위, 수온, 속도를 정확하게 선택한다.

〈교재〉 수위를 맞출 수 있는 다이얼이 붙어 있는 세탁기, 여러 가지 유형과 크기의 세탁물과 여러 가지 다이얼의 눈금이 그려져 있는 그림, 카세트와 카드, 자동 세탁기

1) 뜨겁다. 따뜻하다. 차다(수온). 높다. 중간. 낮다(수위), 통상회전, 부드러운 회전등의 용어를 카세트를 사용하여 가르친다.
2) 여러 가지 의류와 적절한 다이얼과의 관계를 나타내는 표를 사용한다.
3) 자동 세탁소에 가서 훈련 대상자에게 의류의 타입과 양을 나타낸 카드를 주어서 적절한 수위, 수온, 회전수를 선택시키고 물에 담글 때까지 실제로 시켜본다.
4) 천, 색, 양을 나타내는 카드를 사용하여 게임을 한다. 수온, 수위, 천에 적합한 회전수에 관하여 말로 답하게 한다. 정확한 반응에 대해서는 강화한다.
5) 주1회, 자동 세탁소를 데려가서 세탁 방법을 실제로 연습시킨다. 주의를 주는 것을 조금씩 감소시켜 나간다.

2. 자동 건조기의 올바른 사용

가) 온도를 정확하게 선택한다.

〈교재〉 온도, 시간, 천의 선택, 다이얼이 붙어 있는 건조기, 여러 가지 의류와 건조 조건의 반응을 나타낸 그림

1) 뜨겁다. 따뜻하다. 보통 등의 언어를 가르치기 위하여 카세트를 이용한다.
2) 의류에 붙어 있는 재질이나 건조법의 표시에 따라서 의복을 분류하는 것을 연습시킨다. 건조법의 제시를 적은 카드와 카탈로그로부터 잘라 낸 의복의 그림을 조합하여 분류시킨다.
3) 건조법에 관한 정보를 정리한 큰 카드를 작성시킨다. 예를 들면, 차다, 따뜻하다.

뜨겁다 등

나) 시간을 정확하게 설정한다.

1) 다른 종류의 의복과 건조 시간을 시각적으로 결부시킨다.(시계)

2) 주2회, 자동 세탁소로 데리고 간다. 그때, 손을 잡고 가르치거나 언어로 가르친다.

3) 훈련대상자를 위하여 각종의 상태에 맞는 표나 체크리스트를 작성한다. 그것은 모든 건조기능을 명부에 올린 것으로서 학생들에게 알기 쉽도록 항목을 그림으로 나타낸 것이다. 필요에 따라서 훈련대상자 자신이 체크할 수 있도록 한다. 필요한 때에는 강화한다.

3. 손으로 의복을 깨끗이 빤다.

가) 깨끗해 질 때까지 의복을 손으로 빤다.

〈교재〉 빨래줄, 양복걸이, 액체서재, 냉수용 세제, 스프레이와 세제

1) 손으로 빠는 연습을 시킨다. 필요하다면 훈련대상자의 손을 직접 잡고 가르친다.

2) 훈련대상자가 헹군 옷을 체크한다. 필요하다면, 다시 헹구게 한다.

나) 수건을 비눗물이 없도록 잘 헹군다.

〈교재〉 연습용 수건

다) 세탁한 의류를 빨랫줄이나 건조대에 건다.

〈교재〉 빨래줄, 건조대, 의류를 넣는 바구니, 빨래 집게, 옷걸이

1) 빨래 집게의 정확한 사용 방법을 실제로 해 보인다.

2) 하나의 사물에 하나의 빨래 집게를 사용하도록 (예를 들면, 양말과 손수건) 실제로 실시해 보이고 연습시킨다.

3) 집게를 두 개 사용하여 의류품의 단을 잘 펴서 잘 말릴 수 있도록 시범을 보이고 연습시킨다.

4) 빨래 집게를 사용해서 의류를 옆으로 가지런히 너는 방법을 보여주고, 빨래줄을 가장 효과적으로 사용하는 방법을 이해시킨다.

5) 각종의 옷걸이 사용 방법을 실제로 시범을 보이고 연습시킨다.(셔츠와 바지)

4. 의류를 갠다.

가) 의류와 시트 등을 말끔하게 갠다.

〈교재〉의류, 시트, 시범용의 그림

1) 어디를 접어야 할지를 가르친다.

2) 실제로 접어 보인다.

3) 종이를 사용하여 접는 방법을 연습시킨다.

4) 훈련대상자에게 의복이나 시트를 사용하여 개는 방법을 연습시킨다. 필요하다면, 보조하여도 좋다. 단 주의를 주는 것을 점차 감소시키도록 한다.

5) 정기적으로는 개는 방법을 체크한다. 필요한 경우에는 강화한다. 의류를 정리해 놓을 경우에는 클리닝이 필요한 점을 강조한다.

나) 의류나 시트 등을 보관 장소에 잘 정리해 넣는다.

〈교재〉 서랍장, 보관상자, 의류상자, 높이를 조절할 수 있는 선반

1) 보관 장소, 보관 용구, 보관 방법을 실제로 제시해 보인다.

2) 보관 방법을 훈련대상자에게 연습시킨다. 필요에 따라 보조하거나 강화한다.

3) 학습의 지도를 보기 위한 체크를 하여 필요에 따라서 강화를 한다.

4) 불필요한 것을 채워 넣지 않도록 한다.

5. 다리미질을 정확하게 한다.

가) 필요에 따라 의류에 습기를 뿜어 준다.

〈교재〉 천, 분무기

1) 분무기를 사용하여 천을 습하게 하는 것을 알린다.

2) 훈련 대상자에게 연습시킨다.

나) 다리미의 온도를 정확하게 설정한다.

〈교재〉 다리미, 큰 연습용 다이얼, 색으로 구분한 온도표

1) 다리미의 온도 조절에 대응한 색에 의한 온도표를 작성한다.

2) 무명천을 사용하여, 다리미가 가열한 경우나 한곳에 그대로 둔 경우에 어떻게 되는지를 실제로 해 보인다.

3) 여러 가지 천의 소재를 사용하여 훈련대상자에게 연습시킨다. 필요에 따라서 교정한다.

다) 다리미를 정확하게 작동시킨다.

〈교재〉 다리미, 다리미대, 연습 재료

1) 다리미에 물을 넣는 방법, 빼내는 방법을 가르치고 실제로 해 보인다.

2) 실제로 다리미로 다리는 방법을 실시해 보이고 연습시킨다. 간단한 것에서부터 서서히 크고 복잡한 것으로 대상을 넓혀서 다리는 방법을 연습시킨다.

3) 다리는 순서를 카드에 적어 두거나 표를 해 둔다.

4) 세탁한 후 훈련대상자에게 자신의 의복을 다림질하게 시킨다.

5) 다리미의 남은 열을 식히는 방법, 마지막 손질에 관하여 서로 이야기하고 실제로 실시해 보인다.

6) 다리미에 무엇이 눌러 붙거나 나일론 등에 붙어 버린 경우의 처리에 대해 제거방

법을 시험해 보인다.

6. 드라이 클리닝의 이용

가) 드라이 클리닝의 필요성에 관하여 이해한다.

〈교재〉 이름표, 여러 가지 타입의 의류그림, 여러 가지 타입의 의류견본

1) 어떠한 의복에 드라이 클리닝이 필요한가를 이야기하고 확실하게 한다.
2) 드라이 클리닝 이라는 말을 안다. (예를 들면, 드라이 클리닝이 필요한 의복에 이름표를 붙인다.)
3) 세탁소에 드라이 클리닝을 부탁한 의복을 찾으러 간다.
4) 상기의 내용을 반복한다. 가능한 주의시키는 말을 줄인다.

7. 의복을 수선한다.

가) 터진 곳이나 찢어진 곳을 꿰맨다.

나) 끝맺음을 한다.

다) 단추를 단다.

〈교재〉 재봉 용구, 재봉틀, 헝겊 조각, 여러 가지 재봉 방법을 제시한 책(테두리 감기, 천 잇기, 단추 달기 등의) 끝맺음에 필요한 다리미

1) 왜 수선이 필요한가에 관하여 이야기한다. 수선이 필요한 사물의 예를 보여준다.
2) 훈련대상자에게 옷을 건네주어서 수선이 필요한 곳을 찾게 한다.
3) 훈련대상자에게 재봉용구를 제시하고 그것들의 사용법에 관하여 이야기한다. 그 다음에 그들에게 필요한 용구를 고르게 하여 그 사용법을 설명하고 실제로 실시해 보인다.
4) 찢어진 곳을 깁거나, 단추를 달거나, 끝맺음을 해 보인다. 재봉연습카드(아동용의 바늘과 실을 팔고 있는 수예점에서 입수할 수 있다.)를 사용하여 연습시킨다. 이 경우, 바늘을 위아래로 움직인다는 개념을 인식시킨다.
5) 먼저, 큰 사각천이나 큰 단추 등으로 연습시키고 난 뒤 작은 것으로 연습 시킨다.
6) 끝맺음에 다림질을 해 보이고 훈련대상자들에게 그렇게 하도록 시킨다.
7) 학생에게 자신의 의복을 가져오게 하여 수선을 시킨다.

B. 용의단정(하위 영역)

(B1) 차림새를 단정하게 한다.(목표 행동)

훈련 목표

1. 차림새를 단정하게 하기 위하여 화장품을 사용한다(여성).

〈교재〉 화장품 세트, 미용사, 거울

1) 적당한 화장품을 구입하도록 훈련대상자를 도와준다.
2) 얇은 판으로 가공된 종이를 사용하여 화장법을 연습시킨다. 우선 얼굴을 그리고, 그 다음에 환자에게 펠트펜(felt pen)으로 화장을 시켜서 색의 조화를 확인시킨다.
3) 화장하기 전의 그림과 후의 그림을 비교시켜서 화장이 옅은지 진한지를 확인시킨다.
4) 집단에서 화장법을 연습시킨다.
5) 화장을 잘 하였는지를 거울을 사용하여 확인시킨다.
6) 매일의 화장에 관하여 칭찬하거나 강화물을 부여한다.
7) 화장을 잘 한 경우, 강화로서 사진 촬영을 한다.
8) 여러 화장법과 그 효과를 알기 위하여 여성 잡지를 보여준다.

2. 정기적으로 면도를 한다.

〈교재〉면도기, 면도용 크림, 전기면도기

1) 훈련대상자 혹은 다른 사람을 사용하여 정확하게 면도하는 것을 보여준다.
2) 필요하다면, 보조하면서(주의를 주거나, 모델을 보인다.) 훈련대상자에게 면도하는 것을 연습시킨다. 단지, 주의를 주는 것은 점차 감소해 나간다.
3) 정기적으로 면도하도록 촉진시키고, 방법을 지도하며 강화하기 위하여 행동 변용 프로그램을 실시한다.

(B2) 손톱과 손을 청결하게 한다. (목표 행동)

훈련 목표

1. 손톱의 손질을 한다.

〈교재〉 줄, 손톱 손질용 가위, 손톱용 줄, 매니큐어, 아세톤

1) 환자는 적어도 줄과 손톱깎이를 가지고 있어야 한다.
2) 줄, 손톱 손질용 가위, 매니큐어용 손톱 줄의 사용에 관하여 집단으로 서로 이야기

하게 한다.

3) 집단 장면에서 하나하나의 용구를 보이고 나서 훈련대상자에게 자신의 손톱으로 연습시킨다. 필요에 따라서 지도한다. 이 절차를 모든 용구에 관하여 실시한다.

4) 집단장면에서 필요한 용구를 모두 사용하여 훈련대상자에게 자신의 손톱을 손질한다.

5) 손톱의 청결함과 손질을 오전 중 용의 단정 항목에 넣는다.

6) 훈련대상자가 기능을 습득한 후에도 수개월에 걸쳐서 주1회 집단에게 손톱 손질을 시키고 강화한다.

7) 훈련대상자에게 「집에서 손톱 손질을 하도록」 가르친다.

8) 손톱을 손질하고 청결하게 유지하는 것, 조리와 식사, 의류의 보호(특히 나일론 스타킹), 응급 처치와의 관계에 관하여 이해시킨다.

2. 손을 청결하게 한다.

〈교재〉 비누, 타월

1) 훈련대상자 앞에서 시범을 보이고 그들에게 해보게 한다. 필요에 따라 교정한다.

2) 훈련대상자가 모방할 수 없는 경우에는 각 단계를 다음과 같은 순서로 보조하면서 가르친다.

① 물에 손을 넣는다.

② 손으로 비누를 잡는다.

③ 비누를 양손에 비비어 칠한다.

④ 물 속에 양손을 담그고 서로 문질러서 비누 끼를 없앤다.

⑤ 손을 타월로 닦는다.

아동의 손을 잡고 가르친 후, 학생 스스로 해 보도록 말한다. 만약 아직 불가능한 때에는 한번 더 시범을 보여주고 재차 실시하도록 말한다. 목표를 달성할 때까지 이 순서로 반복한다.

3) 훈련대상자를 관리 프로그램 하에 두고, 그 곳에서 손의 청결함을 지적 관리하여 필요에 따라 강화한다.

4) 때때로 훈련대상자들에게 화장실 사용 후 등의 필요한 때에는 반드시 손을 씻도록 상기시킨다.

(B3) 얼굴을 청결한다. (목표 행동)

훈련 목표

1. 얼굴을 청결하게 한다.

〈교재〉 비누, 타월

1) 필요에 따라 훈련대상자에게 얼굴을 씻는 방법을 다음의 순서로 가르친다.
 ① 각 단계를 실시해 보인다.
 ② 그들에게 각 단계를 실시해 보인다.
 ③ 각 단계에 관하여 훈련대상자의 손을 잡고 가르친다.
2) 얼굴의 청결상태를 항상 체크하여 그 결과에 따라서 강화한다.

2. 필요에 따라서 약용비누와 손에 크림을 사용한다.

〈교재〉 약용비누, 샴푸, 핸드로션, 스킨, 컨디셔너

1) 피부에는 여러 가지 유형이 있다는 사실을 가르친다. 유성, 건성, 보통 피부의 학생을 각기 1명씩 골라서 피부 유형에 의한 이견이나 손으로 만져보았을 때의 차이를 제시한다.
2) 훈련대상자 한사람 한사람에 관하여, 그들과 함께 그 사람의 피부보호에 필요한 것을 정한다. 피부보호에 필요한 적절한 용품을 구입하는 것을 도와준다.
3) 한사람 한사람, 혹은 「동일한 욕구」의 그룹에 피부보호 용품의 사용 방법을 가르친다.
4) 피부와 두피 손질에 의약품이 필요하여 처방되어 있는 사람의 경우에는 그러한 의약품과 필요한 재료의 선택을 돕는다.

(B4) 입냄새의 통제(목표행동)

훈련 목표

1. 필요에 따라 구내세정액을 사용한다.

〈교재〉 구내세정액

1) 구내세정액을 언제, 어떻게 사용할지 실제로 사용해 보인다.
2) 환자에게 연습시킨다.
3) 필요에 따라 매일 체크하여서 그 결과에 따라 강화를 한다.

2. 입 냄새를 없애기 위하여 민트나 껌을 이용한다.

〈교재〉 민트, 껌

1) 민트와 껌을 언제, 어떻게 사용할 지 실제로 실시해 보인다.
2) 훈련대상자에게 연습시킨다.
3) 필요에 따라 매일 체크하여 그 결과에 따라 강화한다.

(B5) 치아의 청결(목표 행동)

훈련 목표

1. 깨끗하게 이를 닦는다.

〈교재〉 양치질 지도용의 영화, 칫솔, 치약

1) 시범을 보이고 나서 학생에게 이를 닦게 한다. 필요에 따라 보조를 한다.
2) 영화나 사진으로 깨끗하게 닦은 치아와 그렇지 않은 더러운 치아를 보여준다.
3) 양치질 체크를 위한 계획표를 작성, 체크를 한다. 그 결과에 따라 강화를 해준다.

2. 치아를 청결하게 유지한다.

1) 아침에 방문하였을 때 이가 깨끗한지 체크한다. 깨끗한 경우에는 강화하고 그렇지 않은 경우에는 한번 더 이를 닦게 한다.
2) 학생들에게 관리 프로그램 하에 두고, 여러 환경에서 이를 청결을 지도관리 하며, 그 결과에 따라 강화해 준다.

(B6) 몸 냄새의 통제(목표 행동)

훈련 목표

1. 목욕을 한다.

〈교재〉 욕조, 비누, 타월, 몸 씻는 타월

1) 필요에 따라 훈련대상자에게 다음의 순서대로 목욕하는 방법을 가르친다.
① 비누를 손으로 잡는다.
② 몸 씻는 타월을 손으로 잡는다.
③ 몸 씻는 타월에 비누를 칠한다.
④ 얼굴과 목을 씻는다.

⑤ 배, 등, 가슴 부분을 씻는다.
⑥ 팔을 씻는다.
⑦ 항문, 성기를 씻는다.
⑧ 다리, 발, 발바닥을 씻는다.
⑨ 비누끼없이 몸을 헹군다.
⑩ 몸을 닦는다.

2) 몸 냄새가 있을 때에는 더 주의하여 정기적으로 목욕하도록 말한다.
3) 훈련대상자를 관리 프로그램 하에 두고, 몸 냄새의 유무를 관리하여 몸 냄새가 나지 않으면 강화를 해준다.

2. 매일 방취제를 사용한다.

〈교재〉 방취제

1) 실제로 사용해 보인다.
2) 학생들에게 사용 방법을 연습시킨다.
3) 매일 적절하게 방취제를 사용하고 있는가를 체크하여 그 결과에 따라 교정하거나 강화를 해준다.

3. 생리 용품을 사용한다(여성).

가) 생리 용품을 이해하여 사용한다. 필요가 있으면 처치 방법을 바꾼다.

〈교재〉 보건원, 팜플렛, 생리 용품

1) 집단으로(필요하면 개인적으로) 여성 위생에 관한 영화, 팜플렛, 책을 보인다.
2) 집단으로 의논하는 도중에 생리 용품의 유형을 제시하고 그 차이에 관하여 서로 이야기하게 한다.
3) 개인적으로 대응이 필요한 사람의 경우에는 개별적으로 실시하거나, 양친이나 보모와 협력하여 지도하기도 한다.
4) 개인적으로 생리 용품의 착용과 교환 방법을 실시해 보인다.

나) 생리 용품을 이용하기 위하여 사전에 계획을 세운다.

〈교재〉 보건원, 팜플렛, 생리용품

1) 달력을 사용하여 월경 주기의 설명을 한다.
2) 생리의 개시 시기를 달력에 기입시킨다.
3) 어떠한 준비가 필요한지를 집단으로 서로 이야기하게 한다.

(B7) 머리를 청결하고 깔끔하게 한다.(목표 행동)

훈련 목표

1. 필요에 따라 머리를 감는다.

〈교재〉 샴푸, 린스

1) 머리를 감는 습관을 확립시킨다. 머리가 더러워진 징후와 머리를 감는 것을 관련지우게 한다.

2) 다음의 순서에 따라 단계적으로 가르친다.

(1) 머리 감는데 필요한 용품(브러시, 샴푸, 타월, 여성의 경우 린스)을 준비해둔다.
(2) 세면대 옆에 머리감는데 필요한 용품을 전부 나열해 둔다.
(3) 오른손으로 브러시를 집어들게 한다.
(4) 두부 전체를 브러시로 빗는다.
(5) 브러시를 세면대 옆에 두게 한다.
(6) 더운물과 찬물의 수도꼭지를 돌려서 튼다.
(7) 손가락으로 더운물의 온도가 적당한지 알아보게 한다.
(8) 세면대 위에 머리를 숙인다.
(9) 샤워로 머리 전체를 적신다(바가지로 더운물을 퍼서 머리에 붙거나 직접 수도꼭지 밑에 머리를 대어서 적셔도 좋다.)
(10) 냉·온 양쪽 수도꼭지를 잠근다.
(11) 세면대 위에 머리를 숙인 채로 샴푸 뚜껑을 열게 한다.
(12) 뚜껑에 샴푸를 붓게 한다.
(13) 뚜껑에 부운 샴푸를 손바닥에 옮겨 붓게 한다.
(14) 샴푸병 옆에 뚜껑을 두게 한다.
(15) 양손으로 머리 전체에 샴푸를 비비면서 바르게 한다.
(16) 냉·온 양쪽 수도꼭지를 틀게 한다.
(17) 손가락으로 더운물의 온도가 적당한지 확인시킨다.
(18) 세면대 위에 머리를 숙이게 한다.
(19) 샤워로 머리 전체에 더운물을 부리게 한다.
(20) 샴푸가 머리에 남아 있지 않도록 깨끗이 씻게 한다.
(21) 냉·온 양쪽 수도꼭지를 잠그게 한다.
(22) 샴푸의 뚜껑을 잡게 한다.
(23) 뚜껑에 부어 둔 샴푸를 손바닥에 옮겨 붓게 한다.
(24) 샴푸의 뚜껑을 닫게 한다.

(25) 양손으로 머리 전체에 샴푸를 비비면서 바르게 한다.
(26) 양손으로 머리 전체에 거품이 나게 한다.
(27) 냉·온 양쪽 수도꼭지를 틀게 한다.
(28) 손가락으로 더운 물의 온도가 적당한지 확인하게 한다.
(29) 세면대 위에 머리를 숙이게 한다.
(30) 샤워로 머리 전체에 더운 물을 뿌리게 한다.
(31) 샴푸가 남아 있지 않도록 깨끗이 씻게 한다.
(32) 냉·온 양쪽 수도꼭지를 잠그게 한다(여성의 경우는 린스를 사용하기 때문에 단계 (33)-(35)을 제외한다.)
(33) 양손을 사용하여 머리카락에 잇는 물을 떨어지게 한다.
(34) 타월을 잡게 한다.
(35) 타월로 머리의 남은 물기를 닦게 한다.
※ 다음의 (33)~(45)은 여성이 린스를 사용하는 경우에 적용한다.
(33)a 린스의 뚜껑을 열게 한다.
(34)a 손바닥에 적당한 양의 린스를 붓게 한다.
(35)a 양손으로 머리 전체에 린스를 비벼서 바르게 한다.
(36) 린스의 뚜껑을 닫게 한다.
(37) 냉·온 양쪽 수도꼭지를 틀게 한다.
(38) 손가락으로 더운물의 온도가 적당한가를 확인시킨다.
(39) 세면대 위에 머리를 숙이게 한다.
(40) 샤워로 머리 전체에 더운물을 뿌리게 한다.
(41) 린스를 바른 머리카락을 깨끗이 헹구게 한다.
(42) 냉·온 양쪽 수도꼭지를 잠그게 한다.
(43) 양손으로 머리카락의 물기를 떨어지게 한다.
(44) 타월을 잡게 한다.
(45) 타월로 머리카락의 남은 물기를 닦게 한다.

3) 처음에는 시범을 보이고, 아동의 손을 보조하면서 가르친다. 점차 보조는 줄인다.

2. 하루 중 필요에 때에 빗이나 브러시로 머리를 빗는다.

〈교재〉 휴대용 빗, 거울

1) 모든 훈련대상자가 휴대용의 빗이나 브러시를 가지고 있는지를 확인한다.
2) 매일 아침 훈련대상자 한사람 한사람에 대하여 「용의단정」의 체크를 한다(머리, 복장, 위생을 포함). 필요에 따라서, 행동변용의 기법을 적용하여 학생들의 흩어진 머

리에 주의하고 적절하게 대처할 수 있게 한다.

3) 거울을 지니게 하여 하루에 여러 번 머리가 흩어져 있는가를 체크시킨다. 필요하다면 강화를 준다.

4) 어느 정도의 빈도로 언제 머리를 빗어야 하는지에 관한 모든 것을 집단으로 의논하게 한다. 예를 들면, 운동, 외출, 머리감은 후 등.

5) 훈련대상자 자신이 하루 중에서 정기적으로 머리를 빗는다. 즉, 모델로서 행동한다.

3. 머리를 자르거나 단정하게 한다(스스로 혹은 타인으로부터 손질을 받는다). 필요에 따라 체모를 깍는다.

〈교재〉 브러시, 드라이기, 면도기, 전기면도기

1) 남성

① 이발하는 간격에 관한 개인표를 작성한다.

② 지역사회에 관한 학습 중에 근처 이발소의 장소를 확인시킨다.

③ 학급활동 중에서 남성의 경우 머리 가르마를 타게 하거나 정리하는 것을 본다.

④ 그들을 거울 앞에 서게 하여 머리를 여러 가지 스타일로 빗겨서 좋아하는 머리 형태를 자각시킨다.

⑤ 다른 훈련대상자의 의견을 묻게한다.

⑥ 머리 형태가 적절한 경우에는 반드시 그들을 칭찬한다.

⑦ 이발소로 가든지, 이용사를 불러서 유행하는 머리형에 관하여 이야기를 듣고 서로 이야기한다.

2) 여성

① 매주 학급 활동 중에 머리감기와 머리 손질을 시킨다.

② 지역사회에 관한 학습중에 근처 미용실이 잇는 장소를 확인시킨다.

③ 최저 주 1회는 미용실로 가게 한다.

④ 헤어스타일 잡지를 학급 내에 상비한다.

⑤ 여러 가지 머리형을 해보게 하여 어울릴 경우에는 칭찬한다.

⑥ 훈련대상자에게 머리 컷의 예약을 시킨다.

⑦ 며칠만의 머리를 다듬으며, 컷을 해야 좋을지 개인표를 작성한다.

4. 이발용품을 정확하게 사용한다.

〈교재〉 가위, 빗, 머리깍기, 머리 정리 용품 일체

1) 학생들이 적당한 이발용품을 구입하도록 조언한다.

2) 머리 스타일에 관한 학급활동에 이발용품을 실제로 가져온다.

3) 이발용품의 일반적인 사용방법에 관하여 서로 이야기하게 한다.
4) 행동변용의 기법을 사용하여 이발용품의 적절한 사용을 촉진하거나 부적절한 사용을 억제한다.
5) 적어도 주 1회 머리를 다듬어 보이고 그 후에 훈련대상자에게 그렇게 하도록 시킨다.

(B8) 보장구의 올바른 사용(목표 행동)

훈련 목표

1. 보장구를 올바르게 사용하는 사용을 안다.

〈교재〉 작업요법사와 물리치료사, 그들이 만든 그림책

1) 보장구의 정확한 사용에 관하여 시범을 보이거나 손을 보조하여 가르친다.
2) 학생들에게 실제로 해보게 하여 필요에 따라 교정한다.

2. 보장구를 정확하게 사용한다.

〈교재〉작업요법사와 물리치료사, 그들이 만든 그림책

1) 사용을 계속하게 하여 필요에 따라 강화를 해준다.
2) 필요하다면 적절한 사용을 촉진하기 위하여 훈련대상자, 스텝, 가족이 전문가에게 지도를 받는다.
3) 필요한데도 불구하고 학생들이 보장구의 사용을 거부할 때에는 강화에 의해 행동을 변용 시킨다.

(B9) 손수건 혹은 화장지의 사용(목표 행동)

훈련 목표

1. 필요에 따라 손수건 혹은 화장지를 사용한다.

〈교재〉화장지의 견본, 손수건, 영화, 집단 활동

1) 화장지의 혹은 손수건의 적절한 사용법의 시범을 보이고 따라하게 한다.
2) 학생에게 연습시키고 필요에 따라서 교정한다.
3) 필요에 따라 훈련대상자를 체크하고 정확한 사용법을 강화해 준다.

2. 화장지 혹은 손수건을 사용할 때에는 다른 사람의 눈에 띄지 않도록 한다.

〈교재〉화장지의 견본, 손수건, 영화, 집단 활동

1) 타인의 눈에 띄지 않도록 화장지 혹은 손수건의 사용방법을 실시해 보인다.
2) 학생들에게 정확한 방법을 연습시킨다. 잘하지 못할 때에는 손을 잡고 보조해서 가르치거나 정확한 실시 방법을 따라하게 한다.
3) 화장지 혹은 손수건을 다른 사람의 눈에 띄도록 사용하는 경우에는 언어로 주의를 준다.

2. 개인 · 대인관계

<표 2> 개인 · 개인관계행동 하위 영역과 목표

하 위 영 역	번호	목 표 행 동	훈 련 목 표
A. 정서	A_1	언어나 행동으로 감정 표현	1. 자기의 감정을 억압하지 않고 있는 그대로 수용한다. 2. 마음속의 감정 상태를 적절한 감정 표출 채널과 연결짓는다. 3. 여러 상황에서 적절한 감정표출 방법을 배운다. 4. 적절하게 감정을 표현하다.
	A_2	감정의 조절	1. 틀어박힘, 분노, 우울, 질투, 변덕 등 일에 지장이 있는 감정 표현을 절제한다. 2. 욕구 불만을 잘 견딘다. 3. 다른 사람의 비판을 받아들인다.
	A_3	적당한 휴식	1. 휴식을 취하는 정확한 목적을 안다. 2. 휴식 중 난폭하게 하거나, 사람에게 방해를 하거나 불쾌감을 주지 않는다.
B. 타인 지향 행동	B_1	다른 사람의 표정으로부터 감정을 읽는다.	1. 김뻠, 슬픔, 성냄과 같은 감정을 정확하게 명명한다. 2. 다른 사람의 감정상태를 살핀다.
	B_2	여러 가지 목소리의 상태를 이해한다.	1. 여러 가지 목소리의 상태를 이해한다.
	B_3	사람의 여러 가지 제스츄어를 이해한다.	1. 사람의 여러 가지 제스츄어를 이해한다.

	B_4	적절한 사회적 예의범절을 익힌다.	1. 인사를 적절하게 한다. 2. 타인과 대화를 나눈다. 3. 좋은 예의를 익힌다.
	B_5	의존이나 요구를 지나치게 하지 않는다.	1. 의존이나 요구를 지나치게 하지 않는다.
C. 동기유발	C_1	기울인 노력과 강화를 연결 지을 수 있다.	1. 기울인 노력과 강화를 연결 지을 수 있다. 2. 여러 가지 오류의 관심을 충족시키거나 다양한 강화를 얻을 수 있는 기회를 안다. 3. 현재의 행동과 가까운 미래의 목표와의 관련을 안다.
	C_2	좋아하는 강화재를 말한다.	1. 훈련대상자가 좋아하는 강화재를 명백하게 한다.(훈련지도자) 2. 강화의 원리를 이해한다.(훈련지도자)
D. 사회적 지향 행동	D_1	어떤 행동이 어떤 결과를 가져오는가를 안다.	1. 적절한 행동, 수용할 수 있는 행동은 어떤 것인가를 안다. 2. 어떤 행동이 어떤 결과를 가져오는가를 한다.
	D_2	사회적 규범에 따른 성적행동을 한다.	1. 인가의 성행동에 관하여 이해한다. 2. 사회적으로 받아들여질 수 있는 적절한 성적행동이란 무엇인가를 이해한다. 3. 사회적 규범에 알맞은 성적행동을 취한다.

A. 정 서(하위 영역)

(A1) 언어와 행동으로 감정 표현(목표 행동)

훈련 목표

1. 자기의 감정을 억압하지 않고 있는 그대로 수용한다.

〈교재〉 심리 치료, 집단 및 개별 치료, 교류 분석의 교재, 비디오 테이프

1) 「어떻게 생각해도 좋다.」고 하는 주제로 훈련 대상자와 서로 이야기한다. 토의의 주안점은 정서와 감정의 표현은 나쁜 것이 아니라는 사실을 그들에게 이해시킨다.
2) 사람이 행하는 여러 가지 역할(양친, 어른, 아동을 포함한다.)에 관하여 서로 이야기한다. 훈련 대상자의 현재 역할과 혹은 장래의 역할과 감정을 연결시킨다.

3) 행동과 감정 사이에는 밀접한 관련이 있는 것을 이해시킨다. 그 경우, 정서에는 다음의 세 측면이 있다는 사실을 강조한다.

① 인지적·평가적 측면

②「동기부여와 분발시키는」 측면

③ 행동적·외견적 측면

4) 기쁠 때, 슬플 때, 어떻게 행동하는 가를 훈련 대상자에게 나타내게 한다. 감정과 행동이 불일치한 경우는 교정하지만, 감정을 자기 수용하는 것의 중요함을 강조한다.

2. 마음속의 감정 상태를 적절한 표출 채널과 연결시킨다.

〈교재〉 그림, 역할 놀이, 비디오 테이프, 테이프 레코드, 집단 및 개별 훈련 장면

1) 위에 제시한 각 감정에 관하여, 학생에게 동작으로 표현해 보인다. 예를 들면.

① 기쁨 : 미소를 짓는다, 웃는다, 낄낄거리며 웃는다, 만진다 등

② 슬픔 : 얼굴을 찡그린다, 운다, 침울하게 배회한다 등

③ 분노 : 소리를 지른다, 욕을 하며 소리를 지른다, 욕을 한다, 떠난다.

④ 사랑 : 함께 시간을 보낸다, 손을 잡는다, 이야기를 한다, 함께 걷는다, 서로 접촉한다 등

⑤ 혐오 : 떠난다, 도피한다 등

2) 이러한 감정을 그림이나 색으로 표현시킨다.

3. 여러 가지 상황에서 적절한 감정 표출 방법을 배운다.

〈교재〉모의적인 사회적 사태, 영화, 비디오 테이프

1) 테이프, 생활관, 직장, 훈련센타, 행사, 사회적 장면, 장례식 등의 각각 다른 장소나 상황에서 어떻게 행동해야 하는지를 보여주고 모방시키거나 역할 놀이를 시킨다.

2) 각종의 장면에서 감정을 표현하고 있는 사람의 영화나 비디오 테이프를 보여준다. 그때, 감정과 표출 행동과의 대응을 지적시킨다. 역할 놀이를 하여 감정 표출의 연습을 시켜서 그 결과에 관하여 생각하게 한다.

4. 적절하게 감정을 표현한다.

〈교재〉 역할 놀이, 집단에서의 게임, 집단 및 개별 상담 장면

1) 가능한 한 많은 장면에서 훈련 대상자의 표정을 비디오로 촬영한다. 그 비디오를 그들과 보면서 어떤 감정 표출이 적당하고 부적당한가에 관하여 생각하게 한다.

2) 훈련 대상자들을 가능한 많은 사회적 장면에 참가시킨다. 그들을 관찰한 직후 장면에 따른 행동이 적합하였는지에 관하여 생각하게 한다. 여기에서 중요한 점은 곧

바로 교정하거나, 적절한 행동을 제시하는 것이 아니라 그들에게 학습의 기회를 주는 일이다.

3) 적절한 감정 표출 행동을 형상하기 위하여 「과잉 훈련(over correction)의 절차를 사용해야 할 필요가 있는 경우가 있다. 언어에 의한 비난, 언어에 의한 지시, 학생들의 손을 잡고 보조하는 등의 방법을 조합하여 제시함으로서 훈련대상자 스스로 부적절하고 혼란한 행동을 과도하게 교정시키는」 방법이다. 구체적으로는 훈련대상자가 부적절하고 혼란한 행동을 타나낸 경우, 훈련대상자에게 정확한 행동을 표현하는 연습을 시킨다.

(A2) 감정의 조절(목표 행동)

훈련 목표

1. 틀어박힘, 분노, 우울, 질투, 변덕 등 일에 지장이 있는 감정 표현을 절제한다.

〈교재〉 집단 카운슬링, 개인 카운슬링, 카세트 테이프, 집단 과제 해결 장면, 지도성의 훈련, 모델링, 역할놀이

1) 적절한 동시에 다른 사람에게 받아들여질 수 있는 정서적 반응을 훈련 대상자들에게 명백하게 제시해 주기 위하여 집단 개인의 카운슬링, 행동 변용의 기법을 사용하여 피드백 과정을 형성한다.
2) 이 과정을 이용해서 적절한 반응에는 강화를 주거나 수용해 주며, 부적절한 반응을 촉진시킨다.
3) 집단 카운슬링이나 집단 활동을 할 때에는 다음과 같은 절차를 실시한다.
① 강제 착취에 복종하는 경향을 감소시킨다.
② 무력성, 의존성 혹은 독점욕을 감소시킨다.
③ 저강한 감정의 조절 방법을 강화하고 반성시켜서 서로 의논한다.
④ 이성에 대한 관심을 증대시킨다. 구체적으로는
· 주위의 이성에 대한 불안을 감소시킨다.
· 사회적 관심을 증대시킨다.
· 이성이 있는 환경 속에서 필요한 대처 기능을 습득한다.

2. 욕구불만을 잘 견딘다.

〈교재〉 행동 관리 프로그램, 사회적, 집단적 피이드백, 집단 훈련 장면, 비디오, 카세트 테이프

1) 이 훈련의 목적은 훈련 대상자가 짜증을 내거나, 화를 내거나, 화가 나서 뾰로통해지거나 혹은 밖의 폭발적 행동을 나타내는 일없이 욕구불만을 견디는 것이다.

2) 욕구불만의 내성을 높이기 위하여 강화 프로그램을 사용한다. 처음에는 고정비율강화(FR)에서 변동 비율 강화(AR),변동 간격 강화(VI), 스케줄로 강화하고 최종적으로는 변동 간격(VI)의 사회적 강화 스케줄로 이행해 나간다. 만약 성공하지 못할 경우에는,

① 고정 간격 스케줄로 되돌아가서 극히 짧은 간격을 사용한다. 그 후 보다 긴 고정간격 강화 스케줄로 옮겨서 점차 변동 간격 스케줄로 이행해 나간다.

② 기다리는 것에 대한 보상가를 증대시킨다.

③ 자신의 행동을 그래프에 기입시킨다.

3) 욕구불만 사태를 견딘 경우에는 사회적 혹은 물리적 강화를 준다.

4) 집단 훈련 장면에서 욕구불만에 관하여 서로 이야기한다. 그 때 욕구불만 장면과 그것에 대한 적절, 부적절한 반응을 관계 지우게 한다.

5) 욕구불만을 해소하기 위하여 보다 복잡하고 즉시 행할 수 있는 질 높은 활동을 제공한다.

3. 다른 사람의 비판을 받아들인다.

〈교재〉 집단 훈련 장면, 슬라이드, 비디오 테이프

1) 집단에서 훈련 대상자에게 그림을 그리게 하거나 이야기를 시킨다. 거기서 언어적 반응, 전반적인 행동을 기록한다. 다른 사람의 비판을 받아들인 경우에는 칭찬과 함께 보상을 준다. 받아들이지 않은 경우에는 그것을 잘 이해시킨다.

2) 훈련 대상자의 용의 단정, 행동, 목소리 상태에 관하여 느낀 점을 말해 준다. 비판을 적극적으로 받아들인 경우에는 칭찬과 함께 보상을 주고, 그렇지 않은 경우에는 잘 생각시킨다.

3) 다른 사람의 비판을 받아들이려고 하는 훈련 대상자의 경우 어떠한 시도에 대해서도 칭찬을 해 준다. 그들에게 간단한 규칙을 세우게 하여, 자기의 노력을 자각시키기 위하여 기록을 하게 한다. 다른 사람의 비판을 받아들이려는 노력에 대해서는 예를 들어 그것이 아무리 적은 변화라고 하더라도 긍정할 수 있는 것이라면, 칭찬과 지시를 하는 것이 중요하다(Blanco, 1972).

(A3) 적당한 휴식(목표 행동)

훈련 목표

1. 휴식을 취하는 정확한 목적을 안다.

〈교재〉 슬라이드, 영화, 집단 훈련 장면, 관찰

1) 지도자와 훈련 대상자가 휴식에 관련이 있는 아래의 사항에 관하여 서로 이야기한다.

① 휴식의 중요성은 무엇인가?

② 휴식 때에는 무엇을 해야 하는가? 그 활동에 관하여 묻는다.

③ 휴식 시간은 어느 정도가 좋은가?

④ 훈련 대상자는 다른 사람의 방해가 되지 않도록 조용히 앉아서 활동하는가, 금지된 구역 이외의 장소에서 휴식할 것.

⑤ 식사 후 냅킨과 남은 음식물을 오물통에 넣을 것, 접시를 소정의 장소에 둘 것, 훈련 대상자가 근무 장소로 되돌아 갈 때에는 주위를 깨끗이 치울 것.

2) 휴식 중의 적절한 행동과 부적절한 행동을 찍은 슬라이드를 보여준다. 슬라이드는 직장(훈련 대상자가 고용되어 있는), 레스토랑 등에서의 행동을 찍은 것을 사용한다.

① 훈련 대상자는 휴식을 적절하게 취하는 방법과 부적절한 방법을 확실하게 구별해야 한다.

② 슬라이드를 보일 때에는 다음에 제시한 것과 같은 개개의 휴식 장면에서의 행동을 잡아서 학생도 그러한 행동에 관하여 적절한가 부적절한 가를 판단해야 한다.

· 손 씻으러 간다. 점심 식사를 받는다. 커피를 마신다.

· 집으로 돌아간다. · 다른 훈련 대상자와 담화를 한다.

· 음식을 던진다. · 싸움을 한다.

③ 휴식 시간에 무엇을 하면 좋을지 시범을 보인다.

2. 휴식중 난폭하게 하거나, 사람에게 방해를 하거나 불쾌감을 주지 않는다.

〈교재〉 영화, 슬라이드, 행동 변용 프로그램

1) 휴식 중에 훈련 대상자가 적절한 행동을 하지 않은 경우에는 위에 제시한 훈련절차의 ①~③을 한번 더 실시한다.

2) 한번 더 실시해도 부적응 행동이 나타날 경우에는 부적절한 휴식 행동을 제거하고 적절한 행동을 획득시키기 위하여 행동 변용의 기법을 사용한다. 이 경우 적절하고 부적절한 기준을 명확하게 해 둘 필요가 있다.

B. 타인 지향 행동(하위 영역)

(B1) 다른 사람의 표정으로부터 감정을 읽는다.(목표 행동)

훈련 목표

1. 기쁨, 슬픔, 성냄과 같은 감정을 정확하게 명명(命名)한다.

〈교재〉 표정의 그림

1) 훈련 대상자를 그들이 기쁨, 슬픔, 열광, 분노를 확실히 느낄 수 있는 장면에 두고 다음의 사항에 관하여 생각하게 한다.

① 감정이란 무엇인가?

② 왜 그와 같이 느껴지는가?

③ 어느 감정에 의해 곧바로 발생되는 반응에는 어떤 것이 있는가.

④ 특정의 감정에 관하여 어떤 반응이 적절하고 부적절한가?

2) 훈련 대상자에게 자신의 감정 상태를 명명시킨다. 만약 명명할 수 있다면,

① 훈련 대상자에게 표정이 있는 그림을 보여주고 그 표정이 기쁜 표정인지 슬픈 표정인지를 말하게 한다(Lerner, 1971).

② 이야기를 들려주고 그 이야기의 내용에 알맞은 표정을 그들에게 짓게 한다.

③ 감정에 관하여 자상하게 반복하여 설명한다.

④ 단순한 감정에서 보다 고차적인 감정으로 대상을 조금씩 넓혀 나간다.

⑤ 다른 감정 표출법을 시도하게 하여 그 결과에 관하여 생각하게 한다.

2. 다른 사람의 감정 상태를 살핀다.

〈교재〉 그림, 비디오 테이프, 영화, 역할 놀이, 집단 팬터마임.

1) 인물 그림을 보이고, 그 사람의 표정(기쁨, 슬픔, 놀람 등)을 말하게 한다(Lerner, 1971).

2) 훈련 대상자에게 이야기를 들려주고 그 이야기 내용에 알맞은 표정을 짓게 한다.

3) 그림으로 얼굴 표정을 그려서 그들에게 그 얼굴이 어떤 감정(기쁨, 슬픔, 분노, 놀람, 고통, 사랑 등)을 표현하고 있는 가를 가리키게 한다.

4) 감정을 살피는데 관한 훈련이 잘 실시되지 않은 경우는

① 감정 표출을 보다 과장되게 한다.

② 여러 가지 감정의 차이에 관하여, 보다 명확하게, 보다 세심하게 지도한다.

③ 사포와 벨벳을 사용하여, 그것들을 피부에 문질러 보게 하여 「기쁨과 슬픔」을 가르친다.

④ 큰 종이를 마루에 깔아 놓고, 여러 종류의 감정(기쁨, 슬픔, 즐거움 등)을 그림으로 표현시킨다.

(B2) 여러 가지 목소리의 상태를 이해한다.(목표 행동)

훈련 목표

1. 여러 가지 목소리의 상태를 이해한다.

〈교재〉 테이프·레코드, 라디오

1) 여러 가지 상태(분노, 기쁨, 냉담)의 목소리를 테이프 혹은 자신의 목소리로 들려주고 그 목소리의 상태가 어떠한가를 보고하게 한다.
2) 여러 가지 인간, 감정, 목소리의 상태에 관한 역할 놀이를 집단으로 실시한다. 그리고 목소리의 상태를 어떻게 파악하는 것이 좋은가? 또는 목소리의 상태가 무엇을 표현하고 있는가에 관하여 질문하고 서로 이야기한다.
3) 테이프·레코드로 각각의 감정을 나타내고 있는 목소리를 듣게 한다. 재생 직후에 그 목소리가 나타내는 감정을 살피게 한다. 여러 가지 감정에 대응한 목소리를 내게 하고 그 결과를 훈련 대상자에게 생각하게 한다.
4) 서로 보이는 장소에서 전화를 하게 하여 이야기의 내용과 표정을 연결짓게 한다.

(B3) 사람의 여러 가지 제스츄어를 이해한다.(목표 행동)

훈련 목표

1. 사람의 여러 가지 제스츄어를 이해한다.

〈교재〉 그림, TV, 집단 훈련 장면, 역할 놀이

1) 사람의 손으로 「안녕하세요」, 「잘가」「저기로 가자」. 「아니요」. 「예」 등의 제스츄어를 나타내고 있는 그림을 보인다. 집단의 각자에게 이러한 제스츄어를 흉내내게 하고 그 결과에 따라 필요하다면 교정한다.
2) 학생들에게 여러 종류의 제스츄어를 실시해 보이고 난 뒤, 어떠한 제스츄어로서 어떠한 의미를 나타내고 있는가에 관해서 설명시킨다. 잘하지 못할 경우에는,

① 그림과 제스츄어의 표현을 과장되게 한다.
② 보다 번번하게, 보다 의도적으로 흉내내게 한다.
③ 제스츄어를 정확하게 파악할 수 있으면 보상을 준다.

④ 구체적인 단서와 주의를 주는 일에 의해 제스츄어와 그 의미를 결부 지을 수 있도록 시킨다.

(B4) 적절한 사회적 예의범절을 익힌다.(목표 행동)

훈련 목표

1. 인사를 적절하게 한다.

〈교재〉 비디오 테이프, 시내를 걷는다, 역할놀이, 집단 활동, 집단 훈련 장면, 개별 훈련 장면, 슬라이드

1) 손을 흔든다. 악수를 한다. 어깨를 움츠린다. 손가락으로 가리킨다. 외면한다. 등의 제스츄어가 그려져 있는 그림을 보이고 상황을 설명해 준다(Lerner, 1972).
2) 미소짓는다. 손을 뻗는다, 악수한다. 「오늘도 안녕하세요?」 등의 말을 거는 등을 포함한 적절한 인사의 견본을 보이고 학생에게 모방시킨다.
3) 상기의 인사를 다른 훈련 대상자, 내방자, 스텝 등 훈련 대상자가 만난 사람에게 시킨다. 그들에게는 반드시 적절한 피이드백을 줄 것. 필요하다면 곧 바로 교정 절차를 적용한다.

2. 타인과의 대화를 나눈다.

〈교재〉 집단 및 개별 훈련 장면, 사회적 활동 및 외출, 게임

1) 타인과 이야기하는 것을 연습시킨다. 필요하다면 교정하거나 보다 적절한 회화방법을 모방시킨다.
2) 말을 거는 것과 대답을 하는 회화 게임을 시킨다.

3. 좋은 예의를 익힌다.

〈교재〉 친구와의 할동

1) 집단 및 개별 훈련 장면을 사용하여 다음에 제시하는 예의를 익히게 한다.

① 서로 나누어 가진다: 나눌 수 있는 물건(적목, 연필, 볼펜, 퍼즐 등), 공구, 가위, 기타 이용할 수 있는 물건. 예: 훈련 대상자에게 사탕 4개를 가지고 있을 때 3사람이 왔을 경우, 어떻게 해야 하는가를 묻는다. 사탕을 나누어 가지는 행동이 일어나는 것을 기다린다.

② 교대한다: 그룹원에게 일의 순서를 정하게 한다. 각자가 그 순서에 따라서 일을 진행하는가를 기록한다.

③ 지시에 따른다: 훈련 대상자에게 지시를 한다. 예를 들면 그림을 그리게 하거나, 물건을 교환시키거나, 문을 닫게 하거나, 의자를 바꾸게 하는 등 지시한다.

④ 부탁한다: 필요한 상황에 따른 부탁이나 감사의 말을 들려주거나, 그러한 상황을 설정하여 훈련 대상자에게 어떠한 말을 사용하는 것이 좋은가에 대하여 묻는다. 예: 「영수야! 만약 네가 나의 연필을 빌리고 싶다면, 나에게 뭐라고 말할래?」「영희야! 만약 네가 슈퍼에 가서 설탕을 사고 싶은데 어디에 있는지 잘 모를 경우에 점원에게 어떻게 물을 거니?」. 대답 중에 훈련 대상자가 「미안하지만」「감사합니다」를 말하는지에 대하여 기록해 둔다. 이 프로그램에는어떤 원하는 것이 있을 경우에 「미안하지만 나에게 ……를 주십시오」라고 말하게 하는 것도 포함된다. 또한 「감사합니다」를 말하지 않는 경우에는 물품을 빼앗는다.

2) 집단 훈련 장면, 개별 훈련 장면, 행동 변용 프로그램을 사용하여 다음에 제시하는 사항에 관한 예의를 익히게 한다.

① 「미안합니다.」를 말한다.

② 킁킁거린다.

③ 침을 뱉는다.

④ 비집고 끼어든다.

(B5) 의존이나 요구를 지나치게 하지 않는다.(목표 행동)

훈련 목표

1. 의존이나 요구를 지나치게 하지 않는다.

1) 제활동을 통한 자립성의 획득과 「자립적 행동」의 강화에 의해 「의존성」을 감소시킨다.

2) 「과도한 요구」에 관해서는 다음과 같은 절차로 감소시켜 나간다.

① 요구된 행동은 가능한 한 스스로 해야 한다는 사실을 가르친다.

② 스스로 행동은 가능한 한 스스로 해야 한다는 사실을 가르친다.

③ 훈련 대상자 스스로 해야 할 일에 대해서는 부탁을 해도 들어주어서는 안된다.

④ 자립 생활을 영위해 나가기 위해서는 자립한 행동을 해야 한다는 점을 생각하게 한다.

⑤ 훈련 대상자가 스스로 해야 할 일 (예를 들면 물건을 옮긴다.)을 이해시키거나 행동을 모방하게 한다.

C. 동기 유발(하위 영역)

(C1) 기울인 노력과 강화를 연결 지울 수 있다.(목표 행동)

훈련 목표

1. 기울인 노력과 강화를 연결 지울 수 있다.

〈교재〉 수반성 관리 프로그램, 돈을 벌고, 그것을 사용하는 기회

1) 훈련 대상자가 나타낸 동기 유발에 대해서 고정 비율(FR 1:1) 강화를 하도록 프로그램을 작성, 실시한다.
2) 서서히 강화 스케줄을 변동 비율 강화로 나아가서는 변동 간격 강화로 이행시켜 나간다.

2. 여러 가지 종류의 관심을 충족시키거나 다양한 강화를 얻을 수 있는 기회를 안다.

〈교재〉 레크리에이션 활동(프로그램에 관계없이), 우정(남녀 쌍방), 지역 사회와의 접촉과 이용, 자립 생활을 시도하는 기회, 수표의 사용 과 저축

1) 즐거움을 얻기 위한 방법을 훈련 대상자에게 많이 소개한다.
2) 그것들을 그들의 실제 관심에 따라 체험시킨다.
3) 다음에 제시하는 일반적인 주제를 중심으로 서로 이야기하게 한다.
 ① 즐거운 일은 주위에 많이 있음.
 ② 누구라도 그것을 즐길 수가 있음.
 ③ 관심을 가지면 가질수록 재미있게 됨.

3. 현재의 행동과 가까운 미래의 목표와의 관련을 안다.

〈교재〉 계획표, 제활동, 그림

1) 다소의 금전이나 준비 혹은 결과가 나올 때까지의 약간의 시간을 필요로 하는 어떤 행동을 실시하도록 결정해서 판단시킨다.
2) 문장, 그림이나 필요한 스텝을 그리게 한다.(예를 들면 돈을 번다)
3) 프로그램을 실행하면서 항상 훈련 대상자와 현재의 행동과 목표와의 관계에 대하여 이야기한다.

(C2) 좋아하는 강화재를 말한다. (목표 행동)

훈련 목표

1. 훈련 대상자가 좋아하는 강화재를 명백하게 한다.

1) 훈련 지도자 : 훈련 대상자가 좋아하는 강화재를 파악하기 위하여 다음의 기법을 사용한다(Snell, 1978).

① 훈련 대상자에게 싫고 좋은 것에 관하여 질문을 한다.

② 훈련 대상자의 기호에 관하여 잘 알고 있는 사람에게 묻는다.

③ 훈련 대상자에게 어느 정도의 기간 동안 자연 장면에서 관찰하고 그 관찰 결과에 의해 강화재의 리스트를 작성한다.

④ 각종의 강화재를 부여한 장면을 조직적으로 설정하고 거기에서 훈련 대상자의 반응으로부터 강화재의 기호를 안다.

2. 강화의 원리를 이해한다.

1) 훈련 지도자 : 반응에 영향을 미치는 여러 가지 장면의 제시 , 소거 혹은 유지 등의 조작적 조건 형성의 제원리를 통해서 이해한다.

D. 사회 지향 행동(하위 영역)

(D1) 어떤 행동이 어떤 결과를 가져오는가를 안다. (목표 행동)

훈련 목표

1. 적절한 행동, 수용할 수 있는 행동은 어떤 것인가를 안다.

〈교재〉 영화, 비디오테이프, 그림, 역할 놀이, 집단 토론

1) 범죄, 마약, 거짓말, 돈을 빌림, 정직하지 못함, 속이기 등의 천한 사회적 행동의 부적절한 행동의 결과를 다루고 있는 영화나 비디오테이프 그림을 보여준다.

2) 바람직하고 사회적으로 받아들여질 수 있는 행동과 부적절하고 받아들여질 수 없는 행동의 구체적인 예를 대조하여 제시하고 그것에 관하여 서로 이야기하게 한다.

3) 훈련 대상자에게 자신의 행동을 기록시키고 그 결과에 관하여 의논한다.

2. 어떤 행동이 어떤 결과를 가져오는가를 안다.

〈교재〉 영화, 비디오테이프, 그림, 역할 놀이, 집단 토론

1) 원조적일 것, 우호적일 것, 정직할 것, 규칙을 지키는 것 등의 사회적으로 받아들여질 수 있는 행동의 시범을 보이고 모방시킨다. 이러한 행동의 변용, 강화를 연결시키는 일이 중요하다.
2) 지역의 안보를 제기관을 방문시켜서 직원(경찰관, 안보관)으로부터 이야기를 듣게 한다.
3) 아래에 제시하는 사항에 관하여 적절한 행동과 부적절한 행동의 각각에 대한 결말을 보이고 모방시켜서 역할 놀이를 하게 한다.
 ① 다른 훈련 대상자가 듣고 있는 물건을 뺏는다.
 ② 가게에서 물건을 훔친다.
 ③ 주문한 물건에 대한 대금을 지불하지 않는다.
 ④ 물건을 강탈한다.
 ⑤ 속도 위반을 하였다.
 ⑥ 군중 앞에서 바지를 내린다. (혹은 스커트를 올린다.)
 ⑦ 버스 정류소를 잘못 내려 버렸다.
 ⑧ 약을 복용하는 것을 잊어버렸다.
 ⑨ 빌린 물건을 돌려주지 않았다.
 ⑩ 밤늦게 길을 걸었다.
4) 위에 제시한 훈련 절차를 잘 실시하지 않은 경우에는,
 ① 적절하고 부적절한 행동의 각각의 결연을 학습시키기 위하여 행동 관리 프로그램을 적용한다.
 ② 개별 프로그램으로 적절한 사회적 행동의 중요성에 관하여 서로 이야기하고 그 중요성을 강조한다.
 ③ 훈련 대상자에게 자신의 행동을 기록시켜서 그것을 근거로 서로 이야기 한다.

(D2) 사회적 규범에 따른 성적 행동을 한다.(목표 행동)

훈련 목표

1. 인간의 성 행동에 관하여 이해한다.

〈교재〉 교과서, 그림

1) 인간의 성 행동에 관한 오리엔테이션 내용에는 다음과 같은 것을 포함한다.

① 생식 구조에 관하여 그림을 사용하여 설명하고 이야기를 한다.

② 오르가즘에 관하여 이야기 한다. 내용으로서는 자위행위, 성교, 몽정 등이 포함된다.

· 자위행위에 대한 태도 : 수용적일 것(죄가 무거운 것이 아니라, 정상적인 성의 배출구이며 그것들에 관한 사생활은 지켜져야 할 것)

· 성교에 대한 태도 : 결혼과 관련지어서 생각할 것, 그리고 남녀간에 서로 상호적인 존경이 전제가 될 것

· 몽정에 대한 태도 : 자연 현상이며, 예상할 수 있는 것으로서 성적인 배출구의 하나다. 몽정에 관해서는 죄를 짓는 것이 아니라 수용적이어야 하는 점을 강조할것.

③ 피임 용구, 방법에 관하여 상세하게 이야기한다. 이야기 중에 피임 용구의 원리, 그 사용법의 실례를 들어서 설명하는 것이 바람직하다. 만약 개인이 원하고 그 필요가 확실하다면 피임 용구를 이용하게 하여야 한다.

④ 성병에 관하여 이야기한다. 원인, 증상, 결과와 임질과 매독의 구별을 이야기 중에 포함하는 것이 바람직하다.

· 태도 : 성병은 바람직한 것이 아니며, 성병에 걸리는 것은 나쁜 일이다. 아울러 그 이유를 강조한다.

⑤ 임신에 관한 사항, 즉 그 이유, 신체적 징후, 출산 등에 관하여 이야기 한다.

· 태도 : 최근 화제가 되고 있는 미혼모에 대한 사회의 태도와 부모가 됨으로써 발생하는 책임에 관해서도 이야기한다.

⑥ 동성애에 관하여 이야기한다. 내용으로서 그것이 어떤 행동인가를 설명하고 현재의 사회적 상황으로는 부적절한 것이라는 시사를 포함한다.

· 태도 : 태도로서는 그 현실의 자세를 방지하는 것이지만, 현재 사회적으로 받아들여지고 있지 않은 상황을 감지하고 그것을 단념시키도록 한다.

2) 가정생활에 관한 프로그램을 실시한다. 그 중에서 다음에 제시하는 것과 같은 화제를 다룬다(Bigge & O`Donnell, 1976),

① 개성 ② 갈등 ③ 아름다움 ④ 우정 ⑤ 능력과 성공

⑥ 성적인 생각과 행동 ⑦ 임신 ⑧ 아동의 양육

2. 사회적으로 받아들여 질 수 있는 적절한 성적 행동이란 무엇인가를 이해한다.

〈교재〉 교과서, 영화

1) 사회적으로 받아들여 질 수 있는 적절한 성행동이란 무엇인가를 이야기한다. 이야기에서는 다음의 사항을 다루는 것이 바람직하다(Kemoton, 1975).

① 성에 대한 태도-그것이 어떻게 형성되어 어떻게 생활에 영향을 주며, 직업생활에 영향을 미치는가?

② 성교육 - 그 목적, 특히 고려해야 하는 사항과 그 제시 방법
③ 정신지체자의 성문제에 직면해 있는 부모에 대한 원조
④ 데이트, 결혼, 부모가 되는 일
⑤ 산아 제한을 위한 적절한 방법
⑥ 시설 거주자의 성에 관하여 특히 고려해야 할 일
⑦ 특수한 화제 예를 들면 동성애, 사회화, 종교와 도덕의 영향 등

2) 부적절한 행동은 서로 의논하여 단념시켜야 한다. 그와 같은 행동에는 성기의 노출, 이성으로의 부적절한 접촉, 편지나 전화 등으로 성적인 표현을 사용하는 일 등이 포함된다.

3. 사회적 규범에 알맞은 성적 행동을 취한다.

〈교재〉 교과서, 영화

1) 훈련 대상자의 행동을 수정 관리한다.
2) 만약 부적절한 행동이 발생하고 있는 경우에는 훈련 목표 1. 2. 로 되돌아가 다시 훈련을 실시한다.

3. 정보 처리

<표 3> 정보 처리 하위 영역과 목표

하 위 영 역	번호	목 표 행 동	훈 련 목 표
A. 시각	A_1	시각적 주의	1. 시각 자극의 방향에 눈을 돌린다. 2. 적당한 시간 동안 사물을 주시한다. 3. 적당한 시간 동안 시각 자극을 지닌 특정한 속성에 주의를 기울인다.
	A_2	추시(追謚)	1. 정지하고 있는 사물에 대해서 15초 동안 시선을 고정한다. 2. 대상의 움직임에 따라 추시한다. 3. 가까이 혹은 멀리 있는 사물을 눈으로 주시한다. 4. 공중을 이동하는 대상에 머리를 움직이지 않고 눈 혹은 손가락으로 대상을 쫓는다.

	A_3	도형의 소지의 변별	1. 배경으로부터 대상을 시각적으로 변별하고 대상의 특성에 주목한다. 2. 비슷한 형태, 크기, 색의 구체물을 대응시킨다. <주> 이하의 목표 행동이 달성되어 있는 것을 전제로 한다.
	A_4	시각적 완성	1. 시각적 주의 2. 시각적인 도형과 소지의 변별 3. 불완전한 시각 자극으로부터 잘 알려져 있는 대상을 살핀다.
	A_5	비계역적인 시각적 기억	1. 5초 동안 대상물이나 그림을 본 후 무엇이 빠져 있는가를 말한다. 2. 5초 동안 사물이나 그림을 본 후 이름을 말한다.
	A_6	계열적인 시각적 기억	1. 전에 본 계열적 시각적 자극을 지적한다. 2. 이전에 제시된 시각 자극의 계열에서 제외된 사물을 말한다. 3. 5초 동안 견본을 주시한 후 의미 있는 계열을 구성한다.
	A_7	시각적 연합	1. 사물과 일련의 동작을 연결시킨다. 2. 시각으로 사물을 관계 짓는다. 3. 시각으로 그림을 관계 짓는다.
B. 청각	B_1	청각적 주의	1. 소리의 방향을 정위 한다. 2. 소리의 주의를 기울인다. 3. 들린 소리에 반응한다.
	B_2	청각 변별	1. 의미를 지닌 소리와 말을 배경이 되어 있는 회화나 소리로부터 선택한다. 2. 큰소리의 변별
	B_3	청각적 기억	1. 무의미한 청각 자극 계열을 상기한다. 2. 계열적으로 들은 정보를 상기한다.
	B_4	청각적 연합	1. 들은 소리를 살핀다. 2. 들은 청각 정보에 대하여 동작을 실시한다. 3. 들은 단어와 그림 혹은 사물을 연결짓는다. 4. 들은 단어와 의미 잇는 언어 개념을 연결짓는다.

C. 촉각	C_1	촉각에 의한 사물의 구별	1. 시각-촉각의 연합을 통해서 손의 감촉을 이해한다. 2. 촉각에 의한 손의 감촉을 느낀다.
	C_2	손의 촉감을 느낀다.	1. 시각-촉각의 연합을 통해서 손의 감촉을 이해한다. 2. 촉각에 의한 손의 감촉을 느낀다.
	C_3	온도의 구별	1. 다른 온도와 그것에 대응한 언어 표현을 연결시킨다. 2. 여러 가지 온도를 구별한다.
D. 언어이해	D_1	전치사의 이해	1. 전치사와 그림이나 사물을 대응시킨다. 2. 들은 전치사를 포함한 구에 대응한 동작을 바르게 실시한다.
	D_2	비교 형용사의 이해	1. 들은 비교형용사와 사물 또는 그림을 연결짓는다. 2. 들은 비교형용사에 대응한 동작을 바르게 실시한다.
	D_3	견본과의 대응	1. 들은 언어와 사물 또는 그림과 연결시킨다.
	D_4	물체의 이류와 동류의 이해	1. 물체가 유사한가 다른가를 말한다. 2. 그림이나 도형의 변별 3. 문자의 변별 4. 단어의 변별 5. 그림에 그려진 물체의 관계를 말로 할 수 있다.

A. 시 각(하위 영역)

(A1) 시각적 주의(목표 행동)

〈주〉 시각 장애가 있을 경우 시각 정보 처리 활동에 영향을 미치기 때문에 시각 장애 현상을 미리 체크해 둘 필요가 있다.

훈련 목표

1. 시각 자극의 방향에 눈을 돌린다.

〈교재〉 선명한 색채의 사물, 후레시 라이트, 강한 자극의 사물 혹은 그림

1) 훈련 대상자에게 선명한 색체의 사물이나 후레시 라이트를 제시한다. 사물, 혹은 광원을 정확히 본 경우에는 강화를 준다.

2) 훈련 대상자의 앞의 탁자 위에 강한 자극의 사물 혹은 그림을 두어 대상자가 그것

들은 보면 강화를 준다.

2. 적당한 시간 동안 사물을 주시한다.

〈교재〉 선명한 색을 지닌 모양이 다른 그림, 구체물, 슬라이드와 영화, 분류하기 위한 사물

1) 구체물과 그림을 사용한다. 훈련 대상자 앞에 그것들은 두고 주시하도록 말한다. 훈련 대상자가 구체물과 그림에 관심을 가지도록 몇 가지의 질문을 하고 사물과 그림에 대한 주의 시간이 증대한 경우에는 강화를 준다.
2) 슬라이드와 영화를 3분간 보여준다. 의자에서 일어선다거나 부적절한 동작을 하지 않고 시각 자극을 주시한 경우에는 강화를 준다.
3) 사물의 분류와 단순한 과제를 주어서 도중에 포기하는 일없이 완수한 경우에는 훈련대상자에게 강화를 준다.

3. 적당한 시간 동안 시각 자극을 지닌 특정한 속성에 주의를 기울인다.

〈교재〉 도서 관람용 방, 숨은 그림 찾기, 잡지, 실을 단 그림 카드

1) 이 절차는 훈련 대상자가 어떤 활동에 주의를 기울이며 과제를 수행하는 능률에 따라 강화를 한다. 만약, 그 활동을 완수하는데 필요한 만큼의 주의를 지속하지 않는 경우에는 서서히 그 시간을 연장해야 한다. 시각적 주의가 방해되지 않도록 도서 관람용 방이 필요하게 되는 경우도 있다.
2) 숨은 그림 찾기를 사용하여 숨겨진 대상을 찾게 한다. 훈련 대상자가 숨겨져있는 대상을 찾는 것이 곤란하다면 「자~가~에 있는가 가르쳐 주셔요」라고 말한다.
3) 낯익은 대상을 사용한다. 대상의 여러 부분을 지적하여 훈련 대상자가 똑같이 지적할 수 있도록 모방시킨다. 예를 들면 「이것은 컵입니다.(손가락으로 가리키면) 여기에 손잡이가 있습니다. 손잡이를 가리켜 보세요」라고 말한다. 대상자가 시각적 주의를 기울여서 모방이 가능하게 되면 강화를 준다.
4) 실을 단 그림 카드를 훈련 대상자의 왼쪽에 나열한다. 오른쪽에는 왼쪽 것과 대응시키기 위한 동일한 그림 카드를 둔다. 오른쪽 카드는 왼쪽 것과 순서가 같지 않도록 잘 섞어 둔다. 그리하여 왼쪽 카드와 같은 카드를 오른쪽에서 골라 중앙에 연결되어 있는 실에 닿도록 놓게 한다.

(A2) 추시(追視)(목표 행동)

훈련 목표

1. 정지 하고 있는 사물에 대해서 15초 동안 시선을 고정한다.

〈교재〉 펜 라이트, 10센트 은화, 경화, 종이 그림, 초시계

1) 훈련 대상자가 대상을 보고 있는 동안 일정 시간 머리를 누른다.(예를 들면, 15초간 펜 라이트를 보고 있는 동안)
2) 훈련 대상자 앞에 구멍이 뚫려져 있는 종이를 제시한다. 그리고 그들에게 구멍을 통해서 지도자의 눈을 찾게 한다.(지도자는 구멍을 봄으로써 훈련 대상자가 주시하고 있는가를 알 수 있다.)
3) 강한 자극의 사물과 그림(예를 들면 강화, 병에든 소다, 단추, 재미있는 그림)을 훈련 대상자 앞에 둔다. 초시계로 훈련 대상자의 주시 시간을 잰다. 적어도 15초간은 대상을 주시할 수 있게 할 필요가 있다.

2. 대상의 움직임에 따라 추시한다.

〈교재〉 후레시 라이트, 탁구공

1) 벽에 후레시 라이트를 비추고 그것을 모든 방향으로 움직여서 훈련 대상자에게 주시하게 한다. 이 경우 머리와 눈을 움직여도 좋다.
2) 큰 링 모양의 움푹 파진 속에 탁구공을 넣고 그것을 움직여서 공을 회전시킨다. 훈련 대상자에게 공의 움직임을 주시시킨다. 때때로 회전 방향을 바꾼다.

3. 가까이 혹은 멀리 있는 사물을 눈으로 주시한다.

〈교재〉 그림 카드, 잡지에 오려 낸 큰 그림, 10cm×15cm 크기의 그림

1) 흔한 물체를 그린 큰 그림을 아무것도 없는 벽에 붙인다. 훈련 대상자는 방의 반대쪽에 서서 지도자가 이름을 말한 사물의 그림을 본다.
2) 그림 카드(예를 들면 말-자동차-사람-상점-비행기의 그림)를 훈련 대상자 앞 탁자 위에 두고, 1)과 같은 절차를 실시한다.

4. 공중을 이동하는 대상에 머리를 움직이지 않고 눈 혹은 손가락으로 대상을 쫓는다.

〈교재〉 뚜껑과 지폐와 같은 것, 후레시 라이트, 종이, 큰 공(비치볼이나 농구공과 같은 것)

1) 지도자는 손가락 혹은 물체(연필 뚜껑, 달러 지폐)를 모든 방향으로 움직인다. 훈련 대상자는 머리를 다른 곳으로 움직이지 않고 움직이고 있는 대상을 눈으로 쫓

게 한다.

2) 훈련 대상자를 지도자 앞에 앉게 하여 목표 1) 후레시 라이트를 가리게 하여 그것을 눈으로 좇는 동시에 손가락으로도 좇게 한다. 라이트는 수평, 수직, 대상선의 각 방향으로 이동시킨다. 또한 훈련 대상자 앞에 있는 검은 종이 위에서 라이트를 이동시켜 그 광원을 손가락으로 좇게 한다(Kephart, 1960).

3) 지도자와 훈련 대상자 둘 다 후레시 라이트를 가진다. 지도자가 라이트를 벽에 움직이면서 투영하여 훈련 대상자에게 자신의 라이트로 지도자의 라이트를 추적하도록 지시한다.

4) 큰 공부터 시작한다. 지도자는 공의 자기 앞면에서 공을 양손으로 쥐고 훈련 대상자를 대면하여 세우고 공의 건너편 측을 지도자와 같이 쥐게 한다. 계속하여 지도자는 공을 여러 방향으로 움직인다. 그리고 훈련 대상자는 손과 눈으로 공을 추적하게 한다. 훈련이 진행됨에 따라 공의 크기를 작게 해 나간다(Kephart, 1960).

(A3) 도형과 소지의 변별(목표 행동)

훈련 목표

1. 배경으로부터 대상을 시각적으로 변별하고 대상의 특성에 주목한다.

〈교재〉 색 콩, 혹은 구슬이 들어 있는 상자, 색채가 있는 여러 도형 판, 전경에 2차원, 3차원의 물체를 둘 수 있는 배경 그림, 변별 자극, 잡지 그림, 오려 낸 기하 도형, 배경 상에 기하 도형을 분배한 그림, 연습장, 벽지

1) 훈련 대상자에게 여러 가지 색의 구슬이 들어 있는 상자를 주어 「빨간색」 구슬을 상자로부터 끄집어내게 한다. 또한 색 도형 중에서 「파란색」을 선택시킨다.

2) 배경 그림을 사용하여 그 앞에 2차원, 3차원의 물체를 두고 그 전경에 관하여 이야기하게 한다. 훈련과 함께 배경의 복잡성을 증가시켜 나갈 것(Farrald & Schamber, 1973).

3) 잡지에 실려 있는 세밀한 그림을 사용하여 훈련 대상자에게 특정의 대상을 잘라내게 하거나 그 윤곽을 오려내게 한다.

4) 훈련대상자에게 잘라낸 기하 도형(원, 정방형, 삼각형, 장방형,)과 그러한 도형을 복잡한 배경 위에 배치한 그림, 혹은 도형을 배치한 신문지를 주어서 잘라 낸 것을 그림이나 신문지상의 대응한 도형위에 두게 한다(Farrald & Schamber, 1973).

5) 세 개 내지 네 개의 그림이 서로 포개져 있는 그림 위에 각각 다른 색으로 윤곽을 그리게 한다.

6) 모양이 그려져 있는 벽지를 사용한다. 그 위에 도형을 그려서 훈련 대상자에게 도형을 찾게 하거나 도형을 손가락으로 그리게 한다.

7) 훈련 대상자에게 시각 재료나 지닌 특정의 속성에 주목시키기 위하여 다음의 그림에 나타난 것과 같은 중앙이 파진 프레임 카드를 사용해도 좋다.

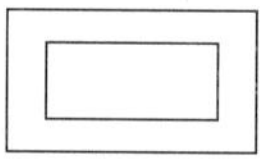

2. 비슷한 형태, 크기, 색의 구체물을 대응시킨다.

〈교재〉 클립, 지우개, 연필, 불규칙한 혹은 기하학적인 도형, 색지, 워크숍이나 레크레이션, 영역에 있는 사물, 끈을 끼울 수 있는 구슬

1) 몇 개의 다른 물체를 나열한다. 그중 하나에 대응한 사물을 가지고 「이것과 닮은 것을 찾으시오」라고 말한다. 서로 상당히 다른 것부터 시작하여 점차 유의도를 높여 나간다.

2) 훈련 대상자에게 「이것과 닮은 것을 찾으시오」라고 말한다. 예를 들어 불규칙적이거나 혹은 기하학적인 형태로 자른 종이 내지는 카드를 사용한다. 단순한 것에서부터 복잡한 것으로 진행한다.

3) 훈련 대상자에게 「이것과 같은 색을 찾으시오」라고 말한다. 서로 전혀 다른 색지를 보인다. 서서히 제시하는 색지의 유의도를 높여 나간다. 「방안에 있는 것으로 이 색지와 같은 색의 사물을 전부 말해 보시오」와 같은 게임도 좋다.

4) 훈련 대상자에게 벽지를 작은 조각으로 자른 것을 원래대로 붙이게 하거나, 카드에 그려진 모양과 벽지의 모양과 일치시키게 한다.

5) 훈련 대상자에게 워크숍이나 레크레이션 영역에 있는 사물(예를 들면, 커피세트, 병뚜껑, 볼트, 너트, 끈 등)과 같은 것을 짝을 지어 한다.

6) 훈련 대상자에게 지도자가 제시한 형태와 같은 모형이 되도록 구슬을 실로 꿴다.

(A4) 시각적 완성(목표 행동)

〈주〉 이하의 목표 행동이 달성되어 있는 것을 전제로 한다.

훈련 목표

1. 시각적 주의

2. 시각적인 도형과 소지의 변별

3. 불완전한 시각 자극으로부터 잘 알려져 있는 대상을 살핀다.

〈교재〉 퍼즐(인간, 동물), 부분적으로 잘라 낸 불완전한 그림 혹은 잡지 그림, 점 연결, 숨은 그림 찾기,

1) 훈련 대상자에게 퍼즐을 완성시킨다.

① 잡지의 그림을 2~3부분으로 분활한 것부터 시작하고, 점차로 부분의 수를 증가해 나간다.

② 보다 비슷한 부분으로 된 복잡한 퍼즐로 진행한다.

③ 훈련 대상자에게 있어서 과제로 곤란한 경우에는 그들이 구성하고 하나를 남겨 두어서 학생들에게 최후의 하나를 하게 한다. 그리고 남겨 두는 개수를 서서히 증가시켜 나간다.

2) 불완전한 그림을 보여서 그것이 무엇인가를 맞추게 한다.

3) 훈련 대상자에게 점과 점을 연결시켜서 그림을 그리게 한다. 그리게 하기 전에 그것이 무슨 그림이 되는가를 물어 본다.

4) 훈련 대상자에게「숨겨진」그림을 맞추게 한다.

(A5) 비계열적인 시각적 기억(목표 행동)

훈련 목표

1. 5초 동안 대상물이나 그림을 본후 무엇이 빠져 있는가를 말한다.

〈교재〉 그림 내지 오려 내게 만든 그림, 식탁에 놓여 있는 대상물

1) 한 부분을 제거할 수 있는 그림 내지 오려 내게 만든 그림을 훈련 대상자에게 보인다. 그 그림을 5초 동안 보인 후에 그들에게 눈을 감게 한다. 그동안 지도자는 머리, 팔과 몸의 일부를 제거한다. 눈을 EM게 한 뒤 그림에게 빠져 있는 부분의 이름을 말하게 하거나 그 부분을 손가락으로 가리키게 한다.

2) 탁자를 2개 준비해 놓고 한쪽에 워크숍의 어떤 작업에 필요한 재료를 두고, 다른 한쪽에는 관계없는 물체를 둔다. 훈련 대상자에게 전자의 탁자 위 재료를 잘 보게 한 뒤 눈을 감게 하거나 보지 못하도록 얼굴을 다른쪽으로 돌리게 한다. 그 사이에 작업에 관계한 재료의 탁자에서 재료의 일부를 제거하여 다른 쪽 탁자 위에 둔다. 훈련 대상자에게 눈을 뜨게 하여 직업에 관계한 재료가 있는 탁자위에서 없어진 재료를 살핀 후 다른 탁자에서 그것들을 찾게 한다.

2. **5초 동안 사물이나 그림을 본 후 이름을 말한다.**

〈교재〉 주변에 있는 사물, 잡지의 사진을 복사한 것

1) 훈련 대상자 앞에 있는 탁자 위에 그가 알고 있는 몇가지의 사물을 둔다. 훈련 대상자에게 5초 동안 보이고 나서 보이지 않도록 등을 돌리게 한다. 그리고 지금 본 사물의 이름을 말하게 한다. 이것은 2개의 사물부터 시작하여 점차로 그 개수를 증가해 나간다.
2) 잡지 사진을 오려 낸 것을 단시간 훈련 대상자들에게 복사한 몇 가지의 사진을 보여서 원래의 사진을 지적시킨다. 점차로 두 개의 제시 간격을 길게 해 나간다.
3) 훈련 대상자에게 양쪽 눈을 감게 하여 자신이 입고 있는 것이나 방안에 있는 사물의 이름을 말하게 한다.

(A6) 계열적인 시각적 기억(목표 행동)

훈련 목표

1. **전에 본 계열적 시각 자극을 지적한다.**

〈교재〉 그림이 그려져 있는 카드 혹은 사각 색지, 잡지에서 오려 낸 사진 또는 씰, 두꺼운 종이로 만든 순간 노출기, 잡지 사진

1) 두 개의 그림이 그려져 있는 카드를 5초 동안 보인다. 그 카드를 제거하고 나서 2장의 카드를 보인다. 1장에는 앞의 그림과 같은 계열의 그림이 그려져 있다. 상담자에게 앞의 그림과 같은 계열의 그림 카드를 지적시킨다. 최초에 제시되는 카드 그림의 수는 2개부터 시작하여 서서히 5개까지 늘려 나간다.(최초의 카드에 5개의 그림이 있는 경우에는 5개의 카드로부터 선택시키게 한다.)
2) 두꺼운 종이 상자에 낙하식 셔터 장치를 부착한 순간 노출기와 잡지 또는 학습장에서 오려 낸 그림을 사용한 2조의 카드를 준비한다. 카드 1장을 훈련 대상자에게 보이지 않도록 셔터를 내린 채로 상자에 넣어 둔다. 상자에 넣어 둔 같은 그림의 카드와 다른 그림의 카드 3장을 함께 탁자 위에 둔다. 그리고 그 카드들의 그림을 잘 봐 두도록 말한다. 그 다음에 순간 노출기의 셔터를 올려서 카드를 5초간 제시한다. 셔터를 내리고 나서 순간 노출기에서 본 카드와 같은 카드를 탁자 위에서 찾게 한다. 이것이 가능해지면, 2장의 카드를 제시해 나간다.

2. 이전에 제시된 시각 자극의 계열에서 제외된 사물을 말한다.

〈교재〉 주변에 있는 사물, 색 사각형

〈주〉 이 절차는 문자, 숫자, 단어에도 이용할 수 있다.

1) 2, 3개의 사물부터 시작한다. 훈련 대상자 앞에 그것들을 어떤 계열로 나열하고 5초간 그들에게 보인다. 그 후 대상자의 눈을 감게 해서 지도자는 계열 중에서 사물을 하나 제거한다. 그리고 훈련 대상자에게 무엇이 없어졌는가를 말하게 한다. 대상자의 진보 상태에 따라서 서서히 없어진 사물의 수를 증가해나간다.

3. 5초 동안 견본을 주시한 후 의미 있는 계열을 구성한다.

〈교재〉 주변에 있는 사물, 사물의 그림, 색 사각형

1) 사물을 어떤 계열로 나열하든지 혹은 어떤 계열의 그림이 그려져 있는 카드를 훈련 대상자에게 보인다. (훈련 대상자는 사물의 그림, 혹은 카드에 그려져 있는 그림이 하나씩 그려져 있는 카드를 가지고 있다.) 그들에게 5초 동안 견본/자극을 제시하고 제거시킨 후 견본과 같은 자극 계열을 재생 시킨다. 견본은 2개의 사물 혹은 그림 카드부터 시작하여 서서히 그 내용의 수를 증가해 나간다. 만약, 재생하는 것이 곤란한 경우에는 견본을 보이면서 그 패턴을 재생시킨다. 그리고, 견본을 제거하고 나서 훈련 대상자에게 재차 견본과 동일 패턴을 재생시킨다.

(A7) 시각적 연합(목표 행동)

훈련 목표

1. 사물과 일련의 동작을 연결시킨다.

〈교재〉 주변에 있는 사물의 그림, 장면의 그림, 사진

1) 특정의 활동(탁자세트, 바늘에 실 끼는 것 등)에 필요한 일련의 동작을 가르친다. 그 일련의 동작을 해 보인 후 훈련 대상자에게 시킨다.
2) 어떤 사물의 그림 혹은 커피 포트와 컵, 칫솔과 치약 등 사물을 짝지어 보인다. 훈련 대상자에게 그것들은 무엇을 하는 것인가를 동작으로 나타내 보이게 한다. 만약, 곤란하다면 지도자가 조금씩 실시해 보여 훈련 대상자가 모방하게 한다.
3) 그림(사람이 식사하고 있는 장면, 사람이 꽃병 옆을 지나갔기 때문에 꽃병이 쓰러질 것 같은 장면 등)을 학생에게 보여서, 그 다음에 무엇이 일어날 것인가를 동작으로 나타내게 한다.
4) 학생에게 사진을 2장(예를 들면 탄산 음료수와 병따개) 보여 그것으로 무엇을 할

것인가를 동작으로 나타내게 한다. 사진은 3장까지 늘릴 것(예를 들면 가스 렌지, 성냥, 고기)

2. 시각으로 사물을 관계를 짓는다.

〈교재〉주변에 있는 사물, 사물을 넣는 상자

1) 훈련 대상자에게 주변에 있는 구체물을 사용하여 다음과 같이 사물을 분류 시킨다.
 ① 빨간 단추에 하얀 단추, ② 사각형과 동그라미 ③ 연필과 가위
 ④ 구슬과 단추, 적목 ⑤ 청소 용구와 식품 ⑥ 의복과 타월
 ⑦ 식기와 조리 용구
2) 접시 형태에 맞추어서 각기 잘 정돈하여 식기 천장에 넣는다.
3) 작업장을 청소시켜서 관련한 용기, 도구를 각기 정돈시킨다.
4) 용도나 기능에 따라서 훈련 대상자에게 2개의 사물을 짝짓게 한다. (예를 들면, 바늘과 실, 야구 방망이와 공, 연필과 크레파스 등)
5) 훈련 대상자에게 많은 사물(연필, 양말, 쵸크, 사과, 지우개, 책, 판자)이 들어있는 상자를 주어서 우선 학용품을 그 다음에 음식물을 그리게 의류 등을 찾아내게 하는 것과 같이 각 영역의 사물을 구별하여 찾아내게 한다.

3. 시각으로 그림을 관계 짓는다.

〈교재〉 그림 카드, 옆으로 나열되어 있는 그림, 만화, 빠진 부분이 있는 그림

1) 잡지나 카탈로그에서 그림을 잘라 내어 카드에 붙인다. 훈련 대상자에게 동일영역에 속하는 사물의 카드를 선택시킨다(예를 들면, 의자 그림 접어라든지 의복 그림).
2) 훈련 대상자에게 먹는 것, 의복, 농산물, 탈 것 등의 그림을 분류시킨다.
3) 몇 개의 그림을 나열하여(단지 1장만 관계없는 것) 훈련 대상자에게 보여서, 어느 것이 관계가 없는 것인가를 지적시킨다. 예를 들면, 컵, 접시, 쥐, 토끼, 작은 새 등의 그림
4) 상담자에게 각 장면을 잘라 낸 만화를 주어서 지도자가 줄거리를 가르치고 나서 그것들을 순서대로 나열하게 한다.
5) 서로 관계가 있는 그림을 적어도 4장과 관계없는 2장 이상 사용한다. 훈련 대상자에게 다음과 같은 지시를 한다.
 ① 작업장을 청소하는 데에 사용하는 것의 아래에 선을 긋게 한다.
 ② 식품의 아래에 선을 긋게 한다.
 ③ 탁자를 장치할 때 사용하는 것의 아래에 선을 긋게 한다.
6) 훈련 대상자에게 이상한 부분이 있는 그림(손잡이가 없는 문, 입이나 귀가 없는 얼

굴, 지붕이 없는 집, 바퀴가 없는 마차 등)을 보여 어디가 이상한가를 말하게 한다.

B. 청각(하위 영역)

(B1) 청각적 주의(목표 행동)

〈주〉 청각적 처리에 관한 훈련의 전체가 되는 상황, 청각의 손실은 훈련 대상자의 청각적 정보처리 활동의 수행에 영향을 미친다고 생각하기 때문에 청력검사를 실시해 둘 것.

훈련 목표

1. 소리의 방향을 정위한다.

〈교재〉 북, 벨, 소리가 나는 물건, 눈가리개

1) 방의 여러 장소에서 소리를 내어서(북을 친다. 벨을 누른다. 피리를 분다 등), 눈가리개를 한 훈련 대상자에게 소리의 방향을 지적시킨다.
2) 훈련 대상자에게 눈가리개를 하여 소리를 따라서 훈련 지도자의 뒤를 쫓는다.

2. 소리에 주의를 기울인다.

〈교재〉 호루라기, 벨, 북, 피리, 눈가리개, 종이 통에 든 구슬, 무의미한 철자, 단어, 문장

1) 최초의 훈련은 청각 및 시각으로 주의를 끌지 않는 조용한 방에서 실시한다. 벨, 북, 피리 등을 사용하여, 훈련 대상자에게 그러한 도구를 보면서 소리가 나는 동안 동작으로 반응하게 한다. (예를 들면, 팔을 들고 있는 등) 소리가 나는 동안 훈련 대상자가 팔을 잘 들 수 있게 되면, 다음으로 진행한다.
2) 훈련 대상자에게 눈가리개를 하거나 뒤로 돌아서 있게 하여 지도자나 도구가 보이지 않게 한다. 지도자는 벨 등의 도구를 사용하여 소리를 듣게 한다. 훈련 대상자는 소리가 날 때마다 동작으로 반응(팔을 드는 등)하여야 한다.
3) 종이나 통 속의 구슬이 내는 미세한 소리를 사용한다. 그 후 무의미한 철자, 단어, 문장 등을 사용해도 좋다. 뒤돌아서 있는 훈련 대상자는 그러한 소리가 들렸을 경우에 동작으로 반응해야 한다.

〈주〉 이하에 제시한 절차가 잘 진행될지 어떤지는 그 활동 내용보다도 오히려 훈련 대상자의 적절한 주의의 배분이나 활동의 완수에 대해서 주어지는 강화에 의한

것이다.

3. 들린 소리에 반응한다.

〈교재〉 테이프 레코드, 라디오, 레코드 플레이어, 작은 구슬, 도자기, 소리상자, 알람 시계, 타이머

1) 10초 간격으로 소리를녹음한 테이프를 재생하여 훈련 대상자에게 팔을 들리게 하거나, 고개를 끄덕이게 하는 등의 어떤 방법으로 들렸다는 사실을 동작으로 나타내게 한다. 이것을 여러 번 시행한다.

2) 훈련 대상자에게 눈가리개를 하게 하거나 라디오, 플레이어를 등을 돌려서 그것들이 보이지 않도록 한다. 그리고 지도자는 라디오나 레코드를 틀거나 끈다. 훈련 대상자는 소리가 들릴 때에는 반드시 팔을 들거나 구슬을 도자기 속에 넣게 시킨다.

3) 훈련 대상자가 없는 동안에 소리가 나는 상자 또는 알람시계를 숨겨 둔다. 그들에게 소리에 의하여 그것들을 찾게 한다. 또한 그들은 타이머의 벨이 울리기 전에 찾아야 한다. 이 절차를 시간 조건을 바꾸어서 실시할 수도 있다.

4) 3분간 레코드, 라디오를 틀거나 테이프를 끼운다. 훈련 대상자가 의자에서 일어서거나 기타 다른 활동을 하지 못하게 하고 소리에 주의를 기울이고 있으면 강화를 준다.

5) 훈련 대상자에게 그들이 잘 할 수 있는 막대가 꽂기나 사물의 분류와 같은 단순한 과제를 제시한다. 그들은 방안의 잡음에 주의를 빼앗기지 않도록 하여 과제를 수행하게 한다. 워크숍이나 교실에서의 잡음이 녹음되어 있는 테이프를 끼워서 튼다(처음에는 3분정도가 좋다). 잡음에 주의를 빼앗기지 않고 과제를 수행할 수 있다면 강화를 준다.

6) 훈련 대상자에게 분류나 대응과 같은 단순한 과제를 부여한다. 그들은 워크숍, 레크레이션 룸, 식당에서 친구들과 등지고 앉혀서 적어도 3분간 과제를 수행시킨다. 이 결과를 도표에 가입해 둔다. 주위의 잡음에 주의를 빼앗기지 않고 과제를 수행할 수 있었다면 강화를 준다.

7) 여러 명의 훈련 대상자를 반원형으로 나열시켜서 이름을 불린 자만 지시된 행동을 실시하도록 지시한다. 예를 들면, 「일어서시오」라고 말한 후에 「영수」라고 부른다. 중요한 것은 자신의 이름을 불렸을 때만 명령된 동작을 실행하는 일이다. 지시는 간단해야한다. 작업이나 훈련에 관한 여러 가지 지시를 사용 하는 일이 필요하다.

(B2) 청각 변별(목표 행동)

훈련 목표

1. 의미를 지닌 소리와 말을 배경이 되어 있는 회화나 소리로부터 선택한다.

〈교재〉 회화를 녹음한 테이프, 테이프 레코드, 흔한 사물(열쇠, 컵, 연필 등), 주의 소리를 넣은 테이프, 잡음을 넣은 테이프

1) 워크숍이나 훈련 장면에서 항상 계속해서 듣는 회화나 잡음을 테이프에 넣어둔다. 훈련자 앞에 흔한 사물을 두고, 테이프를 재생한다. 그리고 「나에게 열쇠를 주시오」 등을 지시한다.
2) 1)에서 사용한 테이프나 다른 잡음이 들어 있는 테이프를 사용한다. 훈련 대상자를 테이프 레코드를 등지고 앉혀서 그들 앞에 상자와 이미 알고 있는 사물이나 그 그림을 두고, 테이프를 재생시키면서 「상자 속에 ~을 넣어 주세요」라고 지시한다. 테이프의 소리 크기를 여러 가지로 바꾼다.
3) 훈련 대상자가 알고 있는 환경의 소리(동물소리, 물소리, 화장실 물이 흐르는 소리 등)를 녹음한 테이프를 만들어 잡음을 녹음한 테이프와 함께 재생 한다. 그와 같은 경우 다른 잡음은 환경음보다도 작게 한다. 그리고, 그러한 소리가 무슨 소리인지를 말하게 한다. (예를 들면, 물소리 등). 이 훈련 절차의 변형으로서 바탕의 잡음과 함께 여러 사람의 목소리를 녹음하여 들려주어 누구 목소리인가를 말하게 해 보아도 좋다.
4) 3)에서 사용한 것과 같은 절차, 단지 바탕이 되는 잡음을 훈련 장면의 소리로 하고 그림을 지도자의 지시로 한다.
5) 바탕으로서 잡음 테이프를 흐르게 하고 훈련 대상자에게 방 속에 어떤 사물의 이름을 말하고 그것을 지적시킨다. 잡음에는 다른 잡음을 더해도 좋다.

2. 큰 소리의 변별

〈교재〉 벨, 경적, 피아노, 눈가리개, 소리 상자, 여러 가지 소리를 녹음한 테이프

1) 색과 소리의 높이가 다른 2개의 벨을 훈련 대상자의 앞에서 소리를 내게 해 보인다. 그리고 눈가리개로 눈을 가려서 한쪽 벨을 누른 뒤 어느 쪽 벨을 눌렀는가를 지적하거나 말하게 한다.
2) 이 영역의 평가에 사용하는 VTST의 테스트 항목과 비슷한 절차를 사용한다. 훈련 대상자에게 소리를 내는 장면(예를 들면, 북채로 북을 치고 있는)의 그림을 보여서 그 소리가 들리면 반드시 손을 위로 들도록 지시한다. 그 소리와 환경의 소리가 하나 혹은 두 개 들어 있는 테이프를 들려준다. 테스트에 사용한 소리 이외의 것

을 사용할 것.

3) 표시가 나 있지 않은 작은 상자로 몇 개의 소리가 나는 상자를 만든다. 그리고 2개를 짝으로 하여 각각의 짝마다 다른 사물을 넣어 둔다. 예를 들면 하나의 짝에는 모래, 다른 짝에는 클립, 또 다른 짝에는 지우개를 넣어 두는 등, 훈련 대상자에게 상자를 흔들어서 같은 소리가 나는 상자를 찾게 한다.

4) 청각 변별 훈련에 앞서서 「다르다」는 개념을 습득하기 위한 훈련을 해야 하는 사례가 있을지도 모른다. 「다르다」는 개념은 훈련 대상자에게 상당히 이해하기 어렵다. 경우에 따라서 수일간의 반복 훈련이 필요한 경우도 있다. 여기에서 명기해 두고 싶은 일은 변별 훈련에는 여러 가지가 있으며단지 하나의 예에 불과하다.

① 훈련 대상자에게 빨간 큰 공 두 개를 보여서 「이것은 똑같습니다.」라고 말하고 훈련 대상자에게 「같습니다.」라고 반복시킨다.

② 하나는 적색 다른 한쪽은 청색 공을 보여서 「이것은 다릅니다.」라고 말하고 훈련 대상자에게 「다릅니다.」라고 반복시킨다. 그 쌍의 공을 훈련 대상자 앞에 두고 「서로 같은 공은 어느 것입니까?」 「서로 다른 공은 어느 것입니까?」라고 묻고, 지적시킨다. 이 훈련에는 토큰 강화가 필요한 경우도 있다. 책뿐만 아니라 크기도 다르게 해 본다.

③ 사물에 관한 차이의 개념을 훈련 대상자가 습득하였다면, 다음의 절차를 시도한다. 30cm의 막대기를 훈련 대상자 앞에 두고, 5초간 「부-」하고 말한다. 또한 7.5cm의 막대기를 앞에 두고, 1초간 「부-」하고 말한다. 그리고 「2개의 부-음이 같은지 다른지를 말해 주시오」라고 지시한다. 긴 막대기를 2개두고 2회 5초간 「부-」라고 말한다. 이 경우 2회 5초간 「부-」라고 말한다. 이 경우 훈련 대상자는 「같다」라고 말해야한다. 나아가서 긴 막대기와 짧은 막대기를 두고, 우선 1초간 「부-」라고 말하고 나서, 다음에 5초간 「부-」라고 말한다. 훈련 대상자는 「다르다」라고 대답해야 한다. 「부-」의 목소리와 막대기를 사용하여 훈련을 계속한다. 대상자가 정확한 반응이 가능하게 되면, 이번에는 「부-」 음만으로 실시한다.

5) 여러 가지 소리(벨, 경적, 북, 동물 울음소리, 피리 등)를 2개를 한 쌍으로 하여 녹음한다. 몇 개는 같은 소리가 쌍이 되어 있고, 몇 개는 다른 소리가 혼합되어 있다. 훈련 대상자에게 들리는 한 쌍의 소리가 같은지 다른지를 지적시킨다.

(B3) 청각적 기억

훈련 목표

1. 무의미한 청각 자극 계열을 상기한다.

〈교재〉 북, 리듬봉, 봉고 교본, 봉고 드럼이나 그것과 비슷한 것(훈련대상자와 지도자에게 각기 필요)

1) 리듬을 제거하고 훈련 대상자에게 그것을 재생시킨다.

① 단순한 리듬으로 손뼉을 친다(예 : 딴, 딴, 딴).

② 보다 복잡한 리듬으로 손뼉을 친다(예 : 딴, 따따따, 따따).

③ 보다 복잡한 리듬으로 북을 친다(예 : 둥, 둥, 둥).

④ 두 개의 리듬을 맞추어서 손과 북을 친다(예 : 따따, 두두두, 딴, 등).

2) 한 손만을 사용하여 리듬 패턴을 쳐 보이고 훈련 대상자에게 모방시킨다. 리듬은 같은 길이의 리듬 패턴부터 시작한다. 처음에는 시각 단서를 주기 위하여 지도자를 보면서 하도록 시키지만, 훈련 대상자가 지도자를 보면서 잘 할 수 있게 되면 눈을 감고 재생시킨다.

① 기본적인 형(----)은 (빨리 치거나, 늦게) 속도를 변화시켜 보아도 좋다.

② 그 다음에(-··-··)와, 같은 2박자의 리듬을 나아간다. 이것도 여러 가지 속도로 바꾸어도 좋다.

③ 그리고, 3박자의 리듬(-··, -··)이나 (·--, ·--)으로 진행한다.

2. 계열적으로 들은 정보를 상기한다.

〈교재〉 장난감 전화, 지시를 실행시키기 위하여 필요한 물건, 여러 가지 사물 종이, 색 싸인 펜, 테이프 레코드, 이어폰, 여러 가지 그림, 몇 개의 그림이 그려져 있는 종이

1) 다이얼이 부착되어 있는 장난감 전화를 이용한다. 훈련 대상자에게 장난감 전화를 걸 상대의 번호를 말로 가르친다. 훈련 대상자는 그 숫자를 말로 되풀이 하고 나서 다이얼을 돌리도록 지시한다. 한 단위의 번호에서 시작하여 (예를 들면3), 2단위의 번호(예를 들면 4-6)로 진행하여 서서히 그 개수를 증가시킨다. 가능하다면 7단위까지 진행하여 필요한 전화번호를 걸게 한다.

2) 훈련 대상자에게 짧은 메시지를 말로 전해 주고 그것을 다른 대상자나 직원에게 전달시킨다.

3) 훈련 대상자에게 성명, 주소, 전화번호, 가족 이름 등을 말하게 시킨다. 잘할 수 있을 때까지 반복 훈련한다. 필요하다면, 그림 등의 단서를 이용한다. 학습할 때까지

매일 반복한다.

4) 같지는 않지만 비슷한 장면(예를 들면, 개를 씻기고 있는 소년의 그림과 개를 씻기고 있는 소녀의 그림)이 그려져 있는 그림 1장 또는 2장에 관하여 이야기를 들려준다. 이야기가 끝난 뒤 15초 후에 2장의 그림을 보여주고 지금 이야기한 쪽 그림을 지적시킨다. 점차 이야기와 그림의 시간 간격을 넓혀 나간다. 그림의 제재는 훈련 대상자 주변에 있는 것을 사용할 것.

5) 단순한 지시(예를 들면 「가지고 오시오」)를 금방 잊어버리는 언어적 기억에 문제가 있는 훈련 대상자에게는 지시가 달성될 때까지 그 지시를 자신에게 되풀이하여 물을 듣도록 시킨다. 기억량의 증대와 이 언어화의 횟수는 감소한다.

6) 아침 일찍 훈련 대상자에게 그 날의 스케줄에 관하여 지시를 한다(예를 들면, 「점심시간 후에 나에게 오시오. 주스를 사 줄 테니까」와 같은) 매일 기억하고 있어야 할 내용을 지시한다.

7) 중요한 행사(예를 들면 댄스파티, 소풍, 방문, 급료일 등)의 수일 전에 행사를 예고하고 설명해 주며, 그 행사 일까지 매일 이번에는 어떤 행사를 예정하고 있는가를 묻는다.

8) 순서에 맞게 지시를 수행하는가? 훈련 대상자에게 지시를 복창시키고 나서 다음과 같은 일을 실시하게 한다.

① 칠판 있는 곳으로 가시오.
② 칠판 있는 곳으로 가서 백묵을 하나 가지고 오십시오.
③ 칠판 있는 곳으로 가서 백묵을 하나 집어서 내 있는 곳으로 오시오.
④ 문 있는 곳으로 걸어가서 세 번 노크하고 나서 자신의 의자에 앚으시오.
⑤ 네가 책상을 두드리면 일어서시오.
⑥ 일어서시오. 그리고 3회 책상을 두드리시오.
⑦ 코를 잡으셔요. 그리고 나서 귀와 눈을 만지시오.
⑧ 손뼉을 3회치시오. 그리고 나서 4회 제자리걸음을 걸으시오.
⑨ 발을 흔드시오. 손을 흔드시오. 발을 위로 드시오.
⑩ 윙크하시오. 코를 만지시오. 발꿈치를 만지시오.

9) 사물을 5개 내지 6개 훈련 대상자 앞에 두고 일련의 지시를 한다.
예를 들면:
① 녹색의 적목을 영수의 무릎 위에 올려놓으시오.
② 황색 꽃을 영희의 의자 위에 놓으시오.
③ 그리고 나서 오렌지색의 공을 인수의 책상 속에 넣어 두시오.
훈련 대상자의 기억력이 개선되면 지시의 내용을 증가시킬 것.

10) 지시에 따를 것. 훈련 대상자에게 단순한 과제를 주어서 수행시킨다. 예를 들면「종이에 빨갛고 큰 네모를 그리시오. 그 밑에 녹색의 작은 동그라미를 그리시오. 그리고 동그라미 중심에서 네모의 오른쪽 위의 꼭지를 향하여 검은 선을 그으시오.」이 종류의 훈련은 지시를 테이프에 녹음해 두고, 시청각 실에서 이어폰을 이용해서 실시할 수가 있다. 또한 필요에 따라서 지시의 내용을 짧게 하거나, 길게 할 것.

11) 사물이 그려져 있는 그림 몇 개를 나열해 놓고 그 이름을 말한다(망치, 테이블 등). 말을 하고 난 뒤 지도자에게 들은 내용을 순서대로 그림을 지적하게 한다. 그림의 나열은 무작위로 한다.

12) 이 훈련에서는 테이프를 사용하고 있기 때문에 익숙해지게 하기 위하여 테이프를 듣는 연습을 한다. 몇 개의 그림이 그려져 있는 종이를 훈련 대상자에게 주어 테이프의 지시를 듣게 한다. 예를 들면「그 종이 위에 그려져 있는 사물의 이름을 말할 테니까 잘 듣고 내가 말한 사물에 동그라미를 하시오. 준비 되었습니까? 사과, 오렌지, 포도 …… 에 동그라미를 하시오.」이 연습이 끝나면 한 번 더 테이프를 듣게 한다. 지도자는 그 결과를 평가하여 틀린 곳을 수정한다.

(B4) 청각적 연합

훈련 목표

1. 들은 소리를 살핀다.

〈교재〉 테이프, 그림

1) 익숙한 소리(예를 들면, 문닫는 소리, 기차, 비행기, 경적, 동물 울음소리 등)를 테이프에 녹음해 둔다. 훈련 대상자는 그 테이프를 듣고 그 소리의 이름을 말함과 동시에 그 소리를 내는 그림을 지적한다.

2) 다음과 같은 질문을 한다.

① 식사를 할 때 당신은 어떤 소리를 냅니까? 또는 그 소리를 좋아합니까?
② 재채기를 하였을 때 어떤 소리가 납니까?
③ 자신을 때리면 어떤 소리가 납니까?
④ 개가 놀라면 어떤 소리를 냅니까?
⑤ 조용하다는 것은 어떤 것입니까?
⑥ 도깨비는 어떤 소리를 냅니까?
⑦ 비행기 소리는 어떠합니까?

⑧ 그 밖의 소리에 관한 유익한 활동을 한다.

2. 들은 청각 정보에 대하여 동작을 실시한다.

〈교재〉 동작을 나타내는 단어, 동작을 나타내는 문장, 감정을 나타내는 단어

1) 몇 개의 동작을 나타내는 단어를 말하고(달린다, 걷는다, 앉는다, 다리미질을 한다. 등) 훈련 대상자에게 그 동작을 시킨다.
2) 훈련 대상자에게 무엇을 동작으로 나타내고 말한다(전화를 건다, 오토바이를 탄다, 잔디를 깎는다, 옷을 다린다, 깃발을 든다, 침대 청소를 한다. 등). 훈련 대상자에게 지시된 동작을 언어로 표현하게 한다.
3) 감정을 나타내는 단어를 말하고 훈련 대상자에게 그 표정을 표현시킨다. 예를 들면, 기쁨, 슬픔, 분노, 배고픔, 웃음 등

3. 들은 단어와 그림 혹은 사물을 연결 짓는다.

〈교재〉 주변에 있는 사물, 그림

1) 사물이나 그림을 사용한다. 지도자가 사물의 이름을 말하고 훈련 대상자에게 그것을 지적시킨다.
2) 훈련 대상자에게 사물(숟가락, 바늘, 양말)의 그림을 보이면서 그것에 대응하는 다른 사물(포크, 실, 구두)의 이름을 말한다. 그들은 사물의 이름을 듣고 나서 그곳과 대응하는 사물의 그림을 지적해야 한다.

4. 들은 단어와 의미 있는 언어 개념을 연결 짓는다.

〈교재〉 단어

1) 3개의 단어를 천천히 말하고 그 중에서 서로 관계가 있는 2개를 훈련 대상자에게 말을 하게 한다.

① 공, 소, 야구 방망이 ② 빵, 버터, 배 ③ 소금, 후추, 치즈
④ 구두, 모자, 양말 ⑤ 칼, 연필, 포크 ⑥ 컵, 접시, 냄비

〈주〉 처음에는 단어가 아닌 그림을 보여도 좋다. 그리고 그림을 듣고 관련 있는 2개의 이름을 말하게 한다.

2) 불합리한 문장을 읽어 주고 훈련 대상자가 문장의 이상한 부분을 알아차리거나 고치는가를 본다.

① 상당히 추울 때 당신은 코트를 벗습니까?
② 당신을 발로 우산을 듭니까?
③ 꽃으로 만든 양복은 1개월 정도 갑니까?

④ 고기를 먹는데 컵을 사용합니까?

C. 촉 각

(C1) 촉각에 의한 사물의 구별

훈련 목표

1. 시각 - 촉각에 연합을 통해서 사물의 이름을 이해한다.

〈교재〉 주변에 있는 여러 가지 사물

1) 훈련 대상자 앞에 여러 가지 사물을 두고 그 이름을 말하면 해당되는 사물을 그들이 선택한다(또는 지적한다) 사물의 수를 적어도 10~15개로 증가 시킬 것

2) 훈련 대상자가 각 사물의 이름을 알 수 있게 되면 눈을 감게 한 뒤, 이름을 들은 사물을 선택하게 시킨다. 필요에 따라 교정한다.

2. 촉각에 의해서 사물을 구별한다.

〈교재〉 주변에 있는 여러 가지 사물

1) 훈련 목표1-2)후에 정확하게 살핀 사물을 보자기나 상자와 같은 용기에 넣고 환자에게 손을 넣게 하여 지시한 사물을 찾아내어서 지도자에게 건네도록 말한다. 하나 혹은 두 개부터 시작하여 10~15개 까지 증가시킨다.

〈주〉 중복 장애자를 위하여 위의 절차를 훈련 대상자의 장애 상태에 맞추어 변경해야한다.

2) 다음에 제시하는 활동은 촉각을 자극하고 발달시키기 위한 것이다.(Lener.1971)

① 여러 가지 감촉이 있는 사물을 만진다.

② 여러 가지 판(여러 가지 소재의)을 만진다.

③ 여러 가지 형태, 온도의 사물을 만진다.

④ 여러 무게의 사물을 들어본다.

⑤ 냄새를 맡는다.

⑥ 입체 지각(손바닥에 형태나 문자를 써 주어 느껴진 것을 재생하게 한다)

⑦ 촉각으로 숫자나 문자를 구별한다.

⑧ 촉각 주머니에 손을 넣게 하여 그 속에 무엇이 있는가를 말하게 한다.

⑨ 촉각과 사물과의 대응(촉각적 연합)

(C2) 손의 촉감을 느낀다.

훈련 목표

1. 시각 - 촉각의 연합을 통해서 손의 감촉을 이해한다.

〈교재〉 여러 가지 촉감의 판, 천, 사포

1) 여러 촉감의 사물을 훈련 대상자 앞에 둔다(울퉁불퉁한 것, 단단한 것, 부드러운 것).지도자가 각기 그 촉감의 속성을 말하고 훈련 대상자에게 그것을 건네주게 하거나 지적시킨다.

① 만약 어려우면 지도자가 말한 촉각의 사물을 대상자에게 건네주어서 지적 시킨다.

② 반복 훈련하면서 촉감의 종류를 증가해 나간다.

2) 훈련 대상자가 각 촉감에 관하여 정확하게 이해할 수 있게 되면, 변별 대상이 되는 촉감의 대상을 늘린다. 예를 들면 대상자 앞에 5종류의 촉감물을 두고 지도자가 말한 것을 지적시킨다. 필요하다면 교정시킨다.

2. 촉각에 의해 손의 감촉을 느낀다.

〈교재〉 여러 가지 촉감판, 천, 사포

1) 훈련 목표 1-2)후에 훈련 대상자의 눈을 감겨서 그들 앞에 여러 가지 촉감의 사물을 두고 「이것을 만져 보셔요, 그리고 그것이~ 울퉁불퉁한지, 매끈한지, 등을 가르쳐 주시오」라고 말한다.

2) 시각 장애자에게는 훈련 목표 1.은 실시하지 않아도 된다.

(C3) 온도의 구별

훈련 목표

1. 다른 온도와 그것을 대응한 언어 표현을 연결시킨다.

〈교재〉 온도가 다른 물 또는 뜨거운 물을 넣은 용기(18℃:차다, 35℃:따뜻하다. 50℃:뜨겁다)

1) 훈련 대상자의 손을 18℃의 물이 들어 있는 용기 중에 넣어서 그것이 「차다」라는 느낌을 갖게 한다. 35℃의 따뜻한 물(따뜻하다),50℃의 뜨거운 물(뜨겁다)에 관해서도 같은 절차를 반복한다. 이 훈련 절차는 훈련 대상자가 온도와 그것에 대응하는 언어를 완전히 정확하게 연결할 수 있을 때까지 반복해서 실시한다.

2) 필요하다면 「섬뜩하다」 「미지근하다」 등의 표현을 덧붙여도 좋다.

2. 여러 가지 온도를 구별한다.

〈교재〉 용기, 싱크대

1) 훈련 대상자가 여러 가지 온도와 그 말에 의한 표현을 정확하게 연결 지을 수 있도록 여러 장면으로 변화시키기 위하여 다음 프로그램을 실시한다.

① 싱크대에서 실시한다.

② 다른 용기를 사용하여 실시한다.

③ 다른 지도자와 실시한다.

④ 수온이 아닌 기온에 관하여 실시한다.

2) 말을 하지 못하는 자와 시각 장애자의 경우에는 위의 절차를 장애의 실태에 맞추어서 변경해야 한다.

(C4) 여러 가지 냄새를 맡아본다.

훈련 목표

1. 각 냄새와 그 이름을 연결 짓는다.

〈교재〉 바닐라, 레몬, 식초, 민트, 가솔린, 암모니아, 표백제 등을 넣은 용기

1) 훈련 대상자가 여러 가지 냄새와 그 말에 의한 표현을 정확하게 연결 지을 수 있게 되면, 그것을 여러 장면으로 변화시키기 위하여 다음의 프로그램을 실시한다.

① 용기를 바꿀 수 있다.

② 다른 지도자가 실시한다.

2. 훈련 대상자에게 있어서 다른 냄새를 느끼게 할 필요가 있는 경우에는 그 냄새에 관해서 위에 지시한 절차를 실시해도 좋다.

D. 언어 이해

(D1) 전치사의 이해

훈련 목표

1. 들은 전치사와 그림이나 사물에 대응시킨다.

〈교재〉 그림, 몸 주위에 있는 물건

1) 전치사를 포함한 구를 표현하는 그림이나 물건을 준비한다. 예를 들면 그림을 이용하는 경우 「테이블 밑에 있다」 공의 그림 「테이블 위에 있다」 공의 그림 「테이블에서 떨어져 있다」 공의 그림을 모두 보이고 「테이블 밑에 있다」 공의 그림을 지적시킨다. 또 실물을 이용하는 경우에는 "연필을 필통 속에 넣고 있는 상태" 필통 앞에 "놓여있는 상태" "필통 뒤에 놓여 있는 상태" 등 3개의 상태를 보여준 뒤 연필이 필통에 들어 있는 것은 어느 것인가를 지적시킨다.

2) 만약 위의 절차를 잘 하지 못했다면 다음처럼 행한다.

① 각각의 그림을 물건의 위치 관계를 설명하면서 보이고 나서 전치사를 포함한 구를 말하고, 그것에 대응한 그림을 뽑게 한다

② 실물을 이용하여 실제로 필통 위에 연필을 놓으면서 「필통 위에 있다」라고 말하고 전치사를 가르친다. 이 훈련을 반복 실시한다.

2. 들은 전치사를 포함한 구에 대응한 동작을 바르게 실시한다.

〈교재〉 몸 주위에 있는 물건

1) 훈련 대상자 앞에 물건(예 컵, 적목, 컵 덮개, 연필 등)을 두고 다음처럼 지시를 한다.

① 「컵 속에 적목을 넣으세요.」

② 「컵 위에 덮개를 놓으세요.」

③ 「컵 밑에 적목을 놓으세요.」

④ 「적목과 연필 사이에 받침대를 놓으세요.」

2) 만약 훈련 대상자가 위 내용을 잘 이행하지 못하면 지시를 반복하면서 바르게 놓는 법을 보이고 전치사의 이해를 돕는다.

3) 그림과 말의 관계

전술의 훈련 절차 1)-①과 1)-④ 의 절차를 이용한다. 보통 사물의 그림을 실물 대신에 이용한다.

4) 상황과 언어의 관계

어떤 종류의 언어는 실제의 상태에 대해서 가르칠 필요가 있다. 예를 들면 「뜨겁다」를 가르칠 경우 지도자는 훈련 대상자에게 뜨거운 물을 넣은 컵을 보여 주는 것이 좋다.

5) 위의 절차를 이행하지 못하는 경우는 다음의 절차로 훈련을 실시한다.

① 지시, 과제와 사물의 동작을 시연하고

② 반복 훈련을 한다.

(D2) 비교 형용사의 이해

훈련 목표

1. 들은 비교 형용사와 사물 또는 그림을 연결 짓는다.

〈교재〉 속성의 비교가 가능한 몸 주위에 있는 물건, 그림

1) 훈련 대상자 앞에 비교 형용사를 나타내는 두 개의 사물(예를 들면 큰공과 작은 공)을 두고, 「이것은 큰 공, 이것은 작은 공입니다.」라고 말한다. 여러번 반복한 뒤에 작은 공과 큰 공을 훈련 대상자에게 지적시킨다. 잘 한 경우에는 다른 사물들을 짝 맞춰(예, 큰 개, 작은 개, 큰 구두) 실시한다. 훈련 대상자가 비교 형용사를 학습한다면 이번은 그다지 비슷하지 않은 물건(예, 연필과 이쑤시개)을 이용한다. 상담자에게 「큰 물건 은 어느 것입니까, 작은 물건은 어느 것입니까」하고 묻고 지적시킨다.

2) 그림이나 사물을 이용해 최상급 부사(예를 들면 작다, 보다 작다, 더욱 작다)의 사용법을 가르친다. 예를 들면 다음처럼 카드에 그려져 있는 3개의 그림을 보이고 훈련 대상자에게 「이것이 작은 고양이입니다. 이것이 그것보다도 작은 고양이입니다. 이것이 더욱더 작은 고양이 입니다」라고 말한다. 이것을 여러 번 반복하고 나서 보다 작은 고양이, 작은 고양이 더 작은 고양이를 지적 시킨다.

① 크다 보다 크다 더욱 크다
② 작다 보다 작다 더욱 작다
③ 길다 보다 길다 더욱 길다
④ 짧다 보다 짧다 더욱 짧다
⑤ 얇다 보다 얇다 더욱 얇다
⑥ 높다 보다 높다 더욱 높다
⑦ 많다 보다 많다 더욱 많다
⑧ 어둡다 보다 어둡다 더욱 어둡다
⑨ 즐겁다 보다 즐겁다 더욱 어둡다
⑩ 깨끗한 보다 깨끗한 더욱 깨끗한

2. 들은 비교 형용사에 대응한 동작을 바르게 실시한다.

1) 실제의 장면에서 다음과 같은 지시를 주고, 훈련 대상자에게 비교 형용사 등의 지식을 가르친다. 예를 들면 「작은 쪽의 망치를 가지고 오세요.」 「큰 쪽의 컵을 테이블로 가지고 가세요.」라고 지시하고, 실행시킨다.

(D3) 견본과의 대응

훈련 목표

1. 들은 언어와 사물 또는 그림과 연결시킨다.

〈교재〉 언어에 대응하는 물건

1) 물건과 언어의 관계

① 언어에 대응하는 물건을 제시한다. 「모자」를 예로 든다면, 실물의 모자를 보이고 그것을 가리키면서 여러 번 모자라고 말한다. 그리고 나서 훈련 대상자에게 모자라고 여러 번 반복하게 한다. 모자의 사용법을 시범 보인다. 말을 못하는 훈련 대상자의 경우에는 대략 이해할 수 있으면 좋다.

② 모자 옆에 몸 근처에 있어 각각 다른 물건(예를 들면 스푼, 빵)을 놓고 훈련 대상자에게 모자를 만지도록 한다.

③ 모자와 같은 영역의 실물(예, 스카프, 장갑, 짧은 양말)을 이용해서 훈련 절차 1)-②를 반복한다.

2) 그림과 언어와의 관계

실물이 아닌 그림을 이용해서 훈련 절차 1)-① 과 1)-② 를 반복 실시한다.

(D4) 물체의 이류와 동류의 이해

훈련 목표

1. 물체가 유사한가 다른가를 말한다.

〈교재〉 적목, 공, 크기, 형태, 색이 다른 물건, 연필, 책 색칠한 사각형, 교통표지, 크기는 같지만 모양이 다른 모양, 기하학 도형이 그려져 있는 카드 몸 가까이 있는 물건으로 둥근 물건과 둥글지 않은 물건이 잡다하게 들어 있는 상자

1) 물체의 이동 개념을 훈련하기 위한 준비

훈련 대상자에게 「이것들의 적목은 같습니다.」라고 말하면서 붉고 큰 적목을 두 개

보고, 대상자에게 「같다」고 말하게 한다. 적목의 한 쪽을 없애고 그 대신에 「이것들은 다릅니다.」라고 말하면서 검고 작은 공을 덧붙여 대상자에게 「다르다」라고 말을 시킨다. 더욱이 「이번은 같습니다.」라고 말하면서 공을 검고 작은 적목에 바꿔 훈련 대상자에게 「같다」라고 말을 시킨다. 이 절차를 여러 번 반복한다. 훈련 대상자 앞에 한 짝의 적목과 한 짝의 공(다름)을 놓고 「같은 것을 2개 가리키시오.」「다른 것을 2개 가리키세요.」라고 지시 하고 실행시킨다.

2) 훈련 대상자에게 물체를 몇 개 보인다. 그것들은 한 개 이외, 모두 비슷한 물건이어야 한다. 훈련 대상자에게 「다른 물건과 틀린 물건을 한 개 찾으세요.」라고 말한다. 물건은 크기, 모양 색상이 서로 다르게 할 것

3) 훈련 대상자에게 몇 개의 물체를 보이고 비슷한 것을 모두 지적시킨다. 예로서 다음처럼 짝을 맞춰 놓는다.

① 4자루의 연필과 한 권의 책

② 붉은 사각형 3개와 파란 사각형 한 개(색이 다름)

③ 높고 푸른색의 원통 3개와 낮고 파란색의 원통 한 개(크기의 다름)

④ 한 쪽이 뾰족한 가늘고 긴 종이 4자루

한 자루를 다른 3자루의 방향과 반대 방향으로 놓고 대상자가 왜 한 자가 다른가를 말할 수 있는지를 본다. 만약 어렵다면 다른 물건으로 해 본다. 그리고 훈련 대상자에게 방향이 다른 물건의 방향을 물건의 방향과 같게 해 본다.

⑤ 상담자에게 고속도로의 표지를 오려 낸 것을 색이나 모양으로 분류시킨다. 이 훈련은 다음에 실시하는 표지의 이해에 대한 훈련과 관계를 지워 본다.

4) 같은 크기의 물건을 찾는다. 워크숍에 있는 물건으로 형태는 같지만 크기가 다른 물건(예를 들면 레지, 나사 돌리게, 컵 등)을 제시하고 그것들 한 개를 훈련 대상자에게 건네준다. 그리고 대상자에게 건네 준 물건과 같은 크기의 물건을 제시된 물건 가운데서 찾게 한다. 동작이 끝났으면 자기가 한 동작이 맞는지를 검토시키기 위해 지시한 물건의 옆에, 손에 건네 준 물건을 놓고 크기를 비교시킨다.

5) 같은 모양의 물건으로 찾는다. 훈련 대상자에게 기하학 도형(예를 들면 장방형)을 보여 방 가운데 있는 것과 비슷한 전부를 지적시킨다.

6) 훈련 대상자에게 기하학 도형이 그려져 있는 카드(예를 들면 ○을 보이고 그것과 같은 형태의 둥근 물건을 상자 속에서 꺼내게 한다. 몸 가까이 있는 물건으로 둥근 물건과 둥글지 않는 물건이 잡다하게 들어있는 상자를 이용한다.

7) 위 훈련이 잘 되지 않은 경우에는 다음의 절차를 시도해 본다.

① 3개의 물건을 이용해서 이것이 다른 것과 '틀리다'는 것을 실제로 지적하면서 가르친다.

② 대응 훈련으로 되돌려 다시 훈련을 행하고, 이것은 주로 이류 등류 개념의 미숙자에게 필요하다.

2. 그림이나 도형의 변별

〈교재〉 실습 작업 용지, 물건을 사실적으로 그린 그림, 카드

1) 훈련 대상자에게 이하의 활동을 위해 작업 용지를 준다.

① 비슷한 물건 모두에 표시를 붙이든가 색을 칠한다.

② 다른 물건에 표시를 붙이든가 색을 칠한다.(만약, 훈련 대상자가 크레용이나 연필로 「표시를 붙인다」 할 수 있다면, 손으로 지적시키든지, 밀폐 글라스 화병의 고무링을 선택하여 물건 위에 놓게 한다.

2) 차이가 대단히 분명한 그림이나 도형 분별

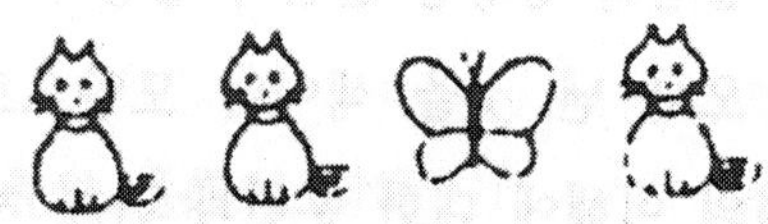

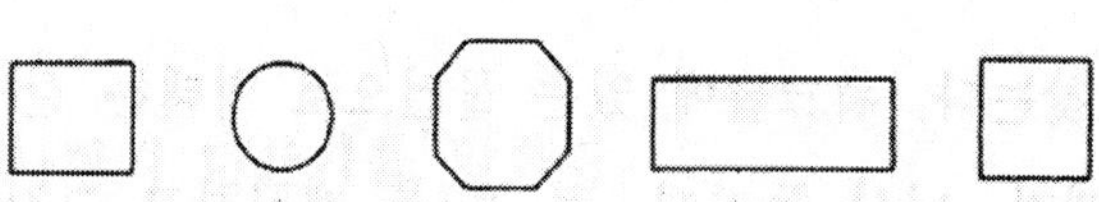

3) 보다 비슷한 도형 변별

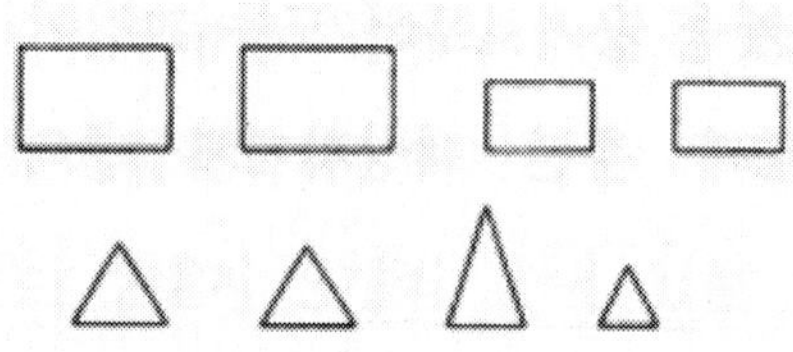

4) 거의 비슷한 도형 변별

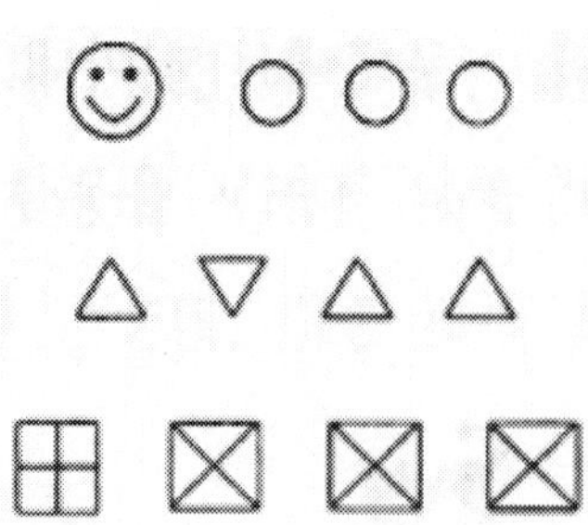

5) 여러 가지 크기, 모양의 기하학 도형과 도형 가운데 다른 모양이 들어 있는 도형이 그려져 있는 작업 용지를 준다.

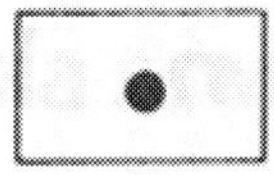

하나의 기하학 도형을 카드 위에 놓고, 같은 모양을 작업 용지의 가운데, 모두 지적 시키든지, 덧칠하게 한다. (Farrald & Schamver.1973)

6) 도형이나 그림이 비슷한 카드와 다른 카드를 혼합, 훈련 대상자에게 주어 비슷한 것과 다른 것과를 분류 시킨다.

3. 문자의 변별

〈교재〉 문자 형태 비스켓, 작업 용지

〈주〉 이 활동은 문자의 변별을 훈련하는 것이고, 놓은 위치의 다름은 문제가 되지 않는다.

s

srastns

1) 문자 모양의 비스켓이 많이 들어있는 용기를 훈련 대상자에게 준다. 견본이 되는 문자를 제시하고, 그것과 같은 문자의 비스켓을 용기로부터 모두 꺼내게 한다. 바르게 꺼 낸 비스켓은, 강화물로써 훈련 대상자에게 준다.(Farrald & Schamber. 1973)

2) 다음의 활동을 시키기 위해 작업 용지를 훈련 대상자에게 준다.

① 일렬로 나열된 문자 가운데 틀린 것을 ○표 한다.

② 좌측에 있는 견본과 같은 문자를 문자열의 가운데에서 찾아내, 모두 ○표를 하게 한다.

〈주〉 서로 명확하게 다른 문자 변별

S S S T S

b b y b b

다음에, 약간 비슷한 문자로 훈련한다.

h h n h h

그리고, 거의 비슷한 문자로 진행한다.

C G C C C

M M N M M

3) 견본을 문자열 위에 제시해 두고, 견본과 같은 문자를 문자열에서 찾아내고, ○를 붙이게 한다.

4) 훈련 대상자에게 문자가 쓰여 진 카드를 건네고 같은 문자로 분류시킨다.

5) 「빼기 게임」을 한다. 문자가 쓰여 진 카드를 꺼내, 같은 문자를 변별한다면, 그 카드를 제거해 나간다.

4. 단어의 변별

〈교재〉 단어의 리스트, 훈련 대상자의 이름이 쓰여있는 카드, 오려 낸 문자를 붙인 카드

〈주〉 이하의 활동은 단어의 변별을 훈련하기 위한 것이고, 개별적으로 실시되는 것이 바람직하다. 여기서는 시각적 나눈 단어를 이용한다.

1) 같은 것이 2 내지 3개씩 들어 있는 단어의 리스트를 만들고, 훈련 대상자에게 같은 단어동사를 선으로 연결시킨다.

2) 훈련 대상자의 이름 리스트를 만든다. 리스트를 잘라서 각 사람의 이름을 카드에 붙인다. 훈련 대상자와 같은 이름의 카드를 분류시킨다.

3) 다음의 활동을 시키기 위해, 단어가 나열된 작업 용지를 준비한다.

① 단어열 가운데, 다른 것에 표시를 한다.

we we that we

on on no on

② 단어열 가운데, 좌측의 단어와 대비한다.

was : saw was want was

4) 오려 낸 문자를 카드에 붙이고, 그것을 나열해 2개의 단어를 만들고, 훈련 대상자에게, 그것들이 같은지 어떤지 묻는다.(예 : boat, boat) 그리고, 한쪽 단어의 “a”를 “o”로 바꾸고(boat, boot), 이번은 같은지 다른지를 묻는다. 만약 어렵다면, 2개의 단어를 위와 아래로 나열해 비교시킨다. 훈련 대상자에게 단어의 문자를 한 개씩(b-b o-o a-o)보고 비교시켜, 단어의 틀린 곳을 찾아내는가를 본다.

5. **그림에 그려진 물체의관계를 말로 이야기 할 수 있다.**

〈교재〉 그림, 신변 가까이에 있는 물건

1) 함께 이용하는 2개의 물건(예를 들면, 칫솔과 치약)이나 그림을 훈련 대상자에게 주고, 「이것들의 그림은 함께 있어야 합니다. 왜냐하면 이를 닦을 때, 이 2개를 사용하기 때문이다」라고 말한다. 그리고 지금 그림과 관계가 없는 다른 2장의 그림(예를 들면, 자동차와 개)를 보이고, 그것들을 섞여서 「함께 있는 그림을 2장 집으세요.」라고 지시한다.
2) 상기의 절차를 이용해서, 여러 가지 물건이나 다른 개념을 가르치는 그림으로 훈련을 한다. 함께 하는 그림을 바르게 찾게 될 때까지 훈련을 반복한다.
3) 잘 관련되는 그림을 찾게 된다면, 훈련 절차 1)을 반복하고, 훈련 대상자가 관련된 그림을 지적한 직후에 「왜」 관련되고 있는지, 그 이유를 말하게 한다.
4) 관련되는 그림의 수를 3~4장으로 증가하고, 상기의 차례로 훈련한다.
5) 훈련 대상자의 신변 가까이에 있는 것으로, 관련되는 물건을 2~3개 가지고 실시한다. 이 훈련은, 매일, 매주 정기적으로 행할 것 그리고, 훈련 대상자에게 그것들이 관련되고 있는 이유를 말하게 하거나 그것을 주고 서로 이야기하게 하는 것도 좋다.

4. 학습 · 대안 전략

<표 4> 학습 · 대안 전략 하위 영역과 목표

하 위 영 역	번호	목 표 행 동	훈 련 목 표
A. 단기 기억	A_1	시계열적인 시각적 치환	1. 사물에 대한 영속성의 개념을 이해시킨다. (하나의 사물을 치환) 2. 사물에 대한 영속적인 개념을 이해시킨다. (2개의 가리개를 사용한 시계열적인 시각적 치환) <주> 이 훈련에 들어가기 전에 시각적, 혹은 청각적 정보처리의 훈련 목표를 달성하고 있어야 한다.
	A_2 ~ A_3	지시 순종	1. 하나의 지시에 따른다. 2. 2단계의 지시에 따른다. 3. 3단계의 지시에 따른다.
B. 교수 기법	B_1	보조를 해주면서 사물을 조립한다.	1. 신체적인 보조를 받아서 사물을 조립한다. 2. 최소한의 보조로 사물을 조립한다.

	B_2	모방을 통하여 사물을 조립한다.	1. 지도자를 보면서 사물을 조립한다. 2. 사물을 조립한다. 3. 조립된 견본을 보면서 사물을 조립한다.
	B_3	언어 지시에 따라서 사물을 조립한다.	1. 언어 지시의 이해 2. 언어로 제시된 과제를 완수한다. 3. 문자로 쓰여진 지시에 따름. 4. 문장을 통해서 주어진 과제를 완수한다.
C. 반응의 일반화와 대처행동	C_1	여러 훈련대상자에게 반응을 일반화시킨다.	1. 일정한 기준 이상으로 과제수행을 하는 것을 학습한다. 2. 다른 직원에 대해서 반응(행동)을 일반화시킨다.
	C_2	여러 장면에 대해서 반응을 일반화 시킨다.	1. 일정한 기준 이상으로 과제 수행하는 것을 학습한다. 2. 다른 직원에 대한 반응을 일반화시킨다.
	C_3	대처 행동을 가르친다.	1. 훈련 대상자에게 과제를 준다. 2. 훈련 대상자가 일반적인 언어를 사용해 문제를 정의한다. 3. 다른 문제의 해결법을 이용한다. 4. 제시된 문제를 해결하는 방법에는 여러 가지가 있음을 이해한다. 5. 대처 행동을 가르친다.

A. 단기 기억(하위 영역)

(A1) 시계열적인 시각적 치환(목표 행동)

훈련 목표

1 . 사물에 대한 영속성의 개념을 이해시킨다.(하나의 사물을 치환)

〈교재〉 주변에서 자주 본 사물, 타월

1) 다음의 절차를 사용하여 사물의 영속성 개념을 획득하고 있는가를 평가한다.
훈련 대상자가 잘 보이는 곳에서 자주 보아 익숙한 사물을 타월 속에 숨긴다. 만약, 훈련 대상자가 타월을 치우고 사물의 존재를 확인하면 사물의 영속성에 대한 개념이 있다고 판단한다.

2) 만약 훈련 대상자가 사물의 영속성에 대한 개념을 아직 획득하지 못한 것 같으면,

사물을 타월로 부분적으로 숨겨본다(따라서, 사물의 일부는 보인다)그리고 대상자에게 타월을 치우게 시킨다. 이 절차를 대상자가 완전하게 숨겨진 사물을 확인할 수 있게 될 때까지 반복해서 실시한다.

3) 2)의 훈련 절차 후에 숨기는 사물을 바꾸어서 훈련 절차 1)의 방법으로 사물의 영속성에 대한 개념의 유무를 알아본다. 훈련 목표 2로 진행하기 전에 지시된 모든 사물에 관해서 사물의 영속성에 대한 개념을 확인시켜야 한다.

2. 사물에 대한 영속성의 개념을 이해시킨다.(2개의 가리개를 사용한 시계 열적인 시각적 치환)

〈교재〉 친밀성 자극이나 사물, 가리개 2개

1) 사물을 훈련 대상자가 보도록 지도자의 손바닥에 놓고 처음에는 한쪽 가리개 안으로 손을 이동시켜서 사물을 놓는다. 만약, 훈련 대상자가 2번째 가리개 뒤로 손을 뻗으면, 대상자는 훈련 목표 2를 실시하게 된다.

2) 만약, 불가능하다면 다음의 순서대로 훈련을 실시한다.

① 훈련 대상자에게 사물이 어디에 있는가를 가리킨다. 이것을 반복하고서, 대상자에게 「자, 찾아보아라.」하고 지시하고 필요하다면 강화를 해준다.

② 만약 전항 ①도 잘 안 되는 경우에는 대상자의 손을 잡고 사물이 있는 곳으로 이끌어 반복한다. 필요에 따라서 강화를 해주고 훈련 대상자가 일정하게 정확한 반응을 할 수 있게 되면 ①로 돌아가 훈련을 실시한다.

③ 처음에는 언어 단서를 준다. 그러나 점차 시각적인 단서만으로 반응하도록 언어 단서를 소거해 나간다.

(A2)~(A4) 지시순종(목표 행동)

〈주〉 이 훈련에 들어가기 전에, 시각 혹은 청각 정보처리의 훈련 목표를 달성하고 있어야한다. 다음에 나타내는 훈련 절차는 언어, 문자 어느 것이든 사용해도 좋다. 훈련 대상자의 상태에 적합한 방법을 선택해야 한다.

훈련 목표

1. 하나의 지시에 따른다.

〈교재〉 언어에 의한 지시, 문자에 의한 지시

1) 훈련 대상자와 관계있는 사물(예를 들면, 캔디, 신체 부분, 양복들)을 사용한다. 다

음과 같은 질문을 훈련 대상자에게 한다.

① 「~을 보시오.」 ② 「~을 건네주시오.」

2) 훈련 대상자에게 다음과 같은 단순한 지시를 한다.

① 「일어서시오.」 ② 「앉으세요.」 ③ 「손을 드세요.」

3) 만약 위에 제시한 지시에 따르지 않으면, 다음의 절차를 시도해 본다.

① 지시를 단서(언어나 문장)로 제시하면서 행동을 모방시킨다.

② 위와 같은 단서를 주면서, 손을 보조하여 가르친다. 보조하여 잘 할 수 있게 되면 모방 시킨다.

2. 2단계의 지시에 따른다.

〈교재〉 언어에 의한 지시, 문자에 의한 지시

1) 2단계 지시를 사용하는 외에 훈련 목표 1에서 사용한 절차를 실시한다(예를 들면 「일어나서, 문 있는 곳까지 가시오.」)

2) 모방이나 지도자의 보조에 의해서도 2단계의 지시를 수행할 수 없는 경우에는 아래의 절차를 시도한다.

① 시·청각에 관한 주의·변별, 기억 훈련(Ⅲ장)을 집중적으로 실시한다.

② 보다 강한 강화를 한다.

③ 훈련 대상자가 지시 속에 포함되어 있는 단어를 이해하고 있는가를 확인 한다.

3. 3단계의 지시에 따른다.

〈교재〉 언어에 의한 지시, 문자에 의한 지시

1) 지시가 3단계인 것 외에는 훈련 목표 1의 절차와 같다.(예를 들면, 「일어서서 테이블 있는 곳으로 가서 앉으세요.」)

2) 훈련 목표 1과 2에서 제시된 훈련 절차를 사용한다.

3) 훈련 대상자에게서 「단서 카드」 즉 잊지 않도록 메모한 것을(매일의 스케줄, 얼굴이나 이름, 가지고 올 사물, 혹은 주소나 전화번호 등을 써 둔 것) 잘 할 수 있게 되면, 곧 바로 단서를 사용하지 못하게 한다.

B. 교수 기법(하위 영역)

(B1) 보조를 해 주면서, 사물을 조립한다(목표 행동)

〈주〉 목표 행동 Ⅳ-B1, B2, B3의 교수 기법을 과제분석(Gold 1973, 1975, 1978)과 교정 절차(Snell, 1978)의 원리에 근거한 것이다. 그러한 내용을 아래에 제시하였다.

1 교정 절차 : 이 절차에서는 언어 혹은 문장에 의한 지시, 모방 및 신체적인 보조를 사용한다.

a. 훈련 대상자에게 언어나 모방을 통한 지시를 받았음에도 불구하고, 그 요구를 수행할 수 없는 경우에만, 신체적인 단서를 준다.

b. 교정 절차를 사용하는 경우에는 다음 순서로 실시한다.

(1) 처음에는 언어 지시를 한다.

(2) 다음에 모방시킨다.

(3) 마지막에 신체적으로 원조한다.

c. 훈련 대상자의 진보에 따라서, 위의 순서를 b(3)에서 b(2), b(1)로 변경해나간다.

2 과제 분석 : 이 절차는 다음의 세 부분으로 행한다.

a. 방법 : 교수 혹은 학습을 위한 과제

b. 내용 : 교수 가능한 단위까지 과제를 분할할 것.

c. 과정 : 내용을 교수하기 위한 과정, 혹은 전략의 디자인 과정은 다음에 제시하는 세 개의 부문으로 나눌 수 있다.(Gold, 1978)

(1) 형식 : 내용의 지시 방법이다. 학습 과정이 1단계의 기법으로서, 예를 들면,

(a) 견본과의 대응　(b) 고립 자극의 동정

(c) 쌍 연합　(d) 단순한 변별이 있다.

또한 다(多)단계의 기법은 1단계의 기법이 편성된 것이다.

(2) 피드백 : 훈련 대상자에게 무엇을 요구하고 있는가 또한 수행의 결과가 어떻게 되었는가에 대한 정보를 주는 일이다.

(3) 절차 : 입안된 훈련 계획을 기술하는 일이다.

훈련 목표

1. 신체적인 보조를 받아서 사물을 조립한다.

〈교재〉 과제

1) 제시한 과제에 관하여 방법, 내용, 과정을 수행한다. 과제에 관해서는 다음의 예를 참조할 것.

① 재봉틀의 북에 실을 감는 과제(Snell, 1978)

② 직업 생활 및 일상생활에 필요한 과제의 과제 분석 100 예(The California Project)

③ 보행 및 이동(Bigge & O'Donnell, 1976)

2. 최소한의 보조로 사물을 조립한다.

〈교재〉 과제

1) 훈련 절차 2를 반복해서 실시한다. 단, 점차로 신체적인 보조를 주지 않고, 반대로 모방이나 언어 단서를 사용하게 한다.

2) 훈련 대상자에게 개선이 보이지 않을(즉, 신체적인 보조를 감소시킬 수가 없는)경우는, 형식, 피드백, 강화 방법에 관하여 재검토한다.

3) Mithaug(1978)는 중도 정신 지체의 직무 기능을 개발하기 위하여 다음의 훈련 순서를 제시하고 있다.

① 과제 분석

② 과제 평가 훈련 대상자의배치

③ 문제점의 분석

④ 문제점에 관한 자료의 수집

⑤ 진보를 보기 위한 기준 설정

⑥ 새로운 동작의 훈련

⑦ 이미 훈련한 단계의 실행

⑧ 생산물에 관한 자료 수집

⑨ 재훈련

⑩ 생산성에 관한 목표의 변경

(B2) 모방을 통하여 사물을 조립한다.(목표 행동)

훈련 목표

1. 훈련 지도자를 보면서 사물을 조립한다.

〈교재〉 조립할 사물, 수주 작업

1) 본 훈련에 들어가기 전 훈련 지도자는 B00에 제시되어 있는 것과 같이 「사물을 조립하는 일」에 관하여 과제 분석을 실시해야 한다.
2) 간단한 사물을 사용하여 그것을 조립해 보인다. 훈련 대상자가 그러한 부품을 잘 보고 있는가를 확인할 것
3) 단순한 조립부터 시작하여서 점차로 복잡한 사물을 사용하도록 한다.

2. 사물을 조립한다.

〈교재〉 조립한 사물, 수주 작업

1) 훈련 대상자에게 조립 단계를 보인다.
2) 훈련 대상자에게 조립시키고 필요에 따라서 보조를 한다. 틀렸을 때에는 각 단계에서 교정한다. 「다른 방법으로 해 보세요」라고 단서를 준다.
3) 부품에 상표를 부치거나, 색을 나누는 것에 의해 조립 과제를 보다 용이하게 하는 일이 가능하다 (Gold,1973: Gold & Scott,1971)
4) 5회 시행중 100% 정확하게 조립할 때까지 훈련을 반복한다.

3. 조립된 견본을 사물을 조립한다.

〈교재〉 조립할 사물, 수주 작업

1) 훈련 대상자에게 조립된 완성품의 견본을 보인 후 그것을 조립해 보인다.
2) 훈련 대상자에게 조립시킨다. 필요하다면, 보조한다. 단지 정확한 조립 방법의 모방 이외의 원조는 하지 않는다.
3) 점차 과제의 복잡도와 원조 수준을 높여 나간다.

(B3) 언어 지시에 따라서 사물을 조립한다.(목표 행동)

훈련 목표

1. 언어 지시의 이해

1) 훈련 활동 - 「언어 이해」
2) 청각적 처리 훈련 활동(언어 이해) (Ⅲ장 B)

2. 언어로 제시된 과제를 완수한다.

〈교재〉 모의적인 과제, 지시에 따르는 기화 강화 프로그램

1) 훈련 대상자와 개개의 작업을 실시하고 다음의 순서로 훈련을 진행한다.
   ① 단순한 하나의 과제를 곧바로 가능하도록
   ② 복잡한 하나의 과제를 곧바로 가능하도록
   ③ 단순한 하나의 과제를 일정 시간 내에 가능하도록
   ④ 복잡한 하나의 과제를 일정 시간 내에 가능하도록
   ⑤ 단순한 몇 개의 과제를 연속하는 작업이 곧 바로 가능하도록
   ⑥ 복잡한 몇 개의 과제를 연속하는 작업이 곧 바로 가능하도록
   ⑦ 단순한 몇 개의 과제를 연속하는 작업이 하루 중 어느 시간에서도 가능하도록
   ⑧ 복잡한 몇 개의 과제를 연속하는 작업이 하루 중 어느 시간대에도 가능하도록
   ⑨ 몇 개의 단순한 것과 복잡한 과제가 포함된 작업이 주중의 어느 시간에서도 가능하도록
2) 훈련 대상자의 수행 상태를 조사하여 틀린 것을 수정한다. 정확하게 수행한 경우에는 보상을 지급한다.

3. 문자로 쓰여진 지시에 따른다.

1) 주의·변별, 기억, 연합을 포함하는 시각적 처리에 관한 훈련 활동 (Ⅲ장-A)
2) 특히 쓰여진 단어에 관한 글 읽은 활동 (Ⅲ장 -D)

4. 문장을 통해서 주어진 과제를 완수한다.

〈교재〉 수주 작업, 직무 혹은 과제

1) 훈련 대상자는 「미세요」 「당기세요」 「남·녀(이것들은 화장실을 위하여)」 「금지」, 「멈춤」 「가시오」 「파손주의」 「비어있음」 「출구」 「위험」 「종업원 출입금지」 등의 단순한 언어를 이해해야한다.
2) 새로이 맡겨진 일에 관하여 단순한 지시를 써 주어서 훈련 대상자에게 그 과제를

시킨다.

3) 훈련 대상자에게 수행 상태를 조사하여 틀린 것을 수정한다. 정확하게 완수한 경우에는 보상을 준다.

C. 반응의 일반화와 대처 행동(하위 영역)

(C1) 여러 훈련 대상자에게 반응을 일반화시킨다.(목표 행동)

훈련 목표

1. 일정 기준 이상으로 과제 수행하는 것을 학습한다.

〈교재〉 과제 조립 과제 수주 작업

1) 훈련 대상자가 높은 수준의 안정한 반응율로 과제를 수행하도록 훈련한다. 그리하여 다음의 훈련 절차를 사용한다.

① Ⅴ장-D: 조립 기능 ② Ⅷ장- A: 학습 속도 습관

2) 가능하다면, 이 훈련 목표 수행에 있어서는 지도자를 바꾸어도 좋다.

2. 다른 직원에 대해서 반응(행동)을 일반화시킨다.

〈교재〉 과제, 조립 과제, 수주 작업

1) 훈련은 감독관의 변경도 포함하여 많은 다른 지도자에 의해 실시되는 것이 바람직하다.

2) 다음에 제시하는 절차 중 한 가지 이상을 사용하여 훈련을 실시한다. 이러한 절차는, 사람에 대한 반응 일반화 훈련으로서 실적을 올리는 것이다.

① 여러 장면에서 훈련을 실시한다(Horner,1971)

② 반응 일반화와 그 유지를 평가하는 절차를 채용한다(Bandura 1969)

③ 사람에 의한 행동의 차이를 통제하기 위하여 행동 계약 기법을 사용한다.

3) 반응 일반화를 촉진하고 그 반응의 강도를 유지하기 위하여, C2(영역Ⅳ)에서 제시되어 있는 기법을 사용한다.

(C2) 여러 장면에 대해서 반응을 일반화시킨다.(목표 행동)

훈련 목표

1. 일정한 기준 이상으로 과제를 수행하는 것을 수행한다.

〈교재〉 과제, 조립 과제 수주 작업

1) 훈련 대상자가 높은 수준의 일정한 반응율로 과제를 수행하도록 훈련한다.

2) 높은 수준의 반응율을 획득시키기 위하여 다음의 훈련을 실시한다.

① Ⅴ장-D : 조립 기능　② Ⅷ장-A : 학습 속도 습관

2. 다른 직원에 대한 반응(행동)을 일반화시킨다.

〈교재〉 과제, 조립과제, 수주 작업

1) 훈련 전이를 촉진시키기 위하여 다음에 제시하는 절차를 하나 이상 사용한다.

① 자연 장면에서 강화의 수반성을 조사해 두고, 바람직한 행동이 발생한 경우 훈련 대상자에게 가장 적절한 강화를 사용한다. (Bear & Wolf 1976 : O'leary & Becker.1970:Vallet.1966)

② 훈련을 여러 장면에서 실시한다.(Horner.1971)

③ 반응 일반화와 그것을 잘 유지하고 있는가를 평가하는 절차를 채용한다.(Bandura.1969)

2) 훈련 대상자를 통제하는 사람(부모, 훈련자, 직원)의 행동을 바꾼다.(Bandura.1969)

3) 자기 수정 기능을 확립시키기 위하여 다음의 절차를 실시한다.

① 훈련 대상자에게 자기의 행동 기록을 하게한다(Broden et al, 1971)

② 훈련 대상자에게 행동 변용에 관한 몇 개의 원리를 가르친다.(Blum,1971)

③ 훈련 대상자가 자기 강화가 가능하고 자기 지시를 할 수 있도록 대상자의 행동을 명백한 언어를 사용한 통제하에 둔다.(Staats,1971)

④ 여러 장면에 행동을 적응시키기 위하여, 행동 계약 기법을 사용한다.(Patterson, 1971)

(C3) 대처 행동을 가리킨다.(목표 행동)

훈련 목표

1. 훈련 대상자에게 과제를 준다.

〈교재〉 아이디어, 책, 그림, 문제

1) 훈련 대상자에게 언어 혹은 그림으로 간단한 문제를 제시하고 점차 어렵게 한다.

예를 들면, 다음에 제시하는 것과 같은 문제이다.(Davis.1973)

① 애완용 쥐를 욕조에 넣는 방법을 생각하세요. 단, 쥐는 비누와 물을 싫어합니다.

② 만약 고양이가 짖으면 어떤 일이 일어날까요?

③ 아래의 그림과 같은 의미가 없는 도형이나 잉크의 얼룩 등을 보이고 다음과 같은 질문을 한다.

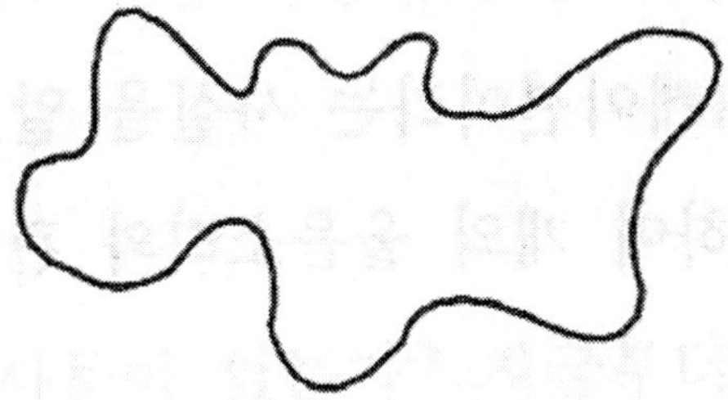

☞「이것은 이야기 하거나, 노래를 부를 수 있습니까?」

☞「어떤 목소리일까요?」

☞「이것은 걷거나 날 수 있습니까?」

☞「어떻게 걷습니까?」

④「만약, 당신이 달 위에 있다면, 사슴이 되고 싶습니까? 그렇지 않으면, 빨간 코의 순록이 되고 싶습니까?」

⑤「만약 상점에 갔다면, 연필과 펜 중 어느 것을 사겠습니까?」이 질문에 관해서는 항상 일어나는 문제를 다루어도 좋다.

⑥ 언어·청각적 이해를 필요로 하는 다음과 같은 질문을 한다.

☞「왜, 자동차는 엔진이 있습니까?」

☞「왜, 손을 씻어야 합니까?」

☞「왜, 인간은 잠을 자지 않으면 안됩니까?」

⑦ 다른 것에 대한 이해를 필요로 하는 다음과 같은 질문을 한다.

☞「복숭아와 바나나는 어떤 점이 닮았습니까?」

☞「자동차와 말은 어떤 점이 닮았습니까?」

☞「여자와 남자는 어떤 점이 닮았습니까?」

2. 훈련 대상자가 일반적인 언어를 사용하여 문제를 정의한다.

〈교재〉 아이디어, 책, 그림, 문제

1) 훈련 목표 1에서 제시된 훈련 절차를 참고하면서 훈련 대상자에게 무엇을 하면 좋을까를 말하게 한다. 예를 들면, 훈련 목표 1에서 제시된 훈련 절차를 참고하여 다음의 절차를 실시한다.

① 쥐

「(이름) 우리들은 고양이에게 무엇을 해 주어야 할까」하고 묻는다.

② 개가 짖는다.

만약, 짖는 것이 커뮤니케이션이라는 사실을 알고 있는가를 알 필요가 있으면, 훈련대상자에게 짖게 하여 개의 울음소리와 관련시킨다.

③ 잉크 얼룩

「(이름)이 형태에 관하여 이야기 합시다」라고 말한다. 필요하다면, 이야기를 하거나 노래를 부른다든지 걷는 행동을 실제로 실시해 보인다.

④ 훈련 대상자에게 무엇이 문제인가를 묻기 전에, 다음과 같이하여 개나 사슴이라는 점을 명백히 한다. 「빨간 코의 순록이나 사슴이 된 것처럼 생각하고 춤을 추거나, 노래 부르거나, 문장을 쓰거나, 그림을 그려서 보여 주시오」

⑤ 상점

「연필이나 펜은 무엇을 하는 것입니까? 엔진은 무엇을 하는 것 입니까?」하고 묻는다.

⑥ 이해력을 필요로 하는 질문

필요하다면 「엔진은 무엇입니까? 엔진은 무엇을 하는 것 입니까?」하고 묻고 훈련대상자가 그 개념을 이해할 때까지 질문을 계속한다. 그리고, 또한 「왜 자동차에는 엔진이 있는가?」하고 묻는다. 다른 질문에 관해서도 같은 방법을 실시한다.

⑦ 다른 것에 관한 질문

훈련 대상자에게 서로 다른 그림을 보이고, 그것들을 말로 표현시킨다. 그리고 「어떻게 닮았습니까?」하고 묻는다. 이 절차를 확장하여 닮은 그림 다른 그림에 같은 색 혹은 다른 색을 칠하게 하는 것도 좋은 방법이다.

3. 다른 문제의 해결법을 이용한다.

1) 말이나 그림으로 다른 문제의 해결법을 제시한다. 예를 들면, 쥐의 문제를 가지고 말하면, 하나의 해결법을 청소기로 깨끗이 하는 것이며, 비누와 물을 사용하는 방법과는 전혀 다른 발상에 의한 것이다.

2) 좋은 생각을 내놓아 최선책을 결정하고 거기서 지도자가 새로운 발상을 제시하거나, 훈련 대상자가 새로운 발상을 할 수 있도록 자극한다. 그러한 활동에는 다음과 같은 기법을 포함한다.

① 다른 사용법을 생각한다.

다른 사용법은 없는가?, 일부를 고치면, 다른 사용법은 불가능한가?

② 적 용

그 밖의 이것과 비슷한 사물이 있는가? 지금부터 발상할 수 있는 다른 아이디어는 없는가? 과거에 같은 일이 없었는가? 다른 방법을 적용할 수 없는가? 무엇을 대처할 수 있는가?

③ 수 정

또 달리 억지로 할 수 없을까. 의미, 색, 움직임, 소리, 냄새, 형태를 바꾸어 보면 어떤가? 그 밖의 바꿀 방법은 없는가?

④ 확 대

무엇을 첨가하면 좋은가? 더 많이 해보면 어떤가? 강하게 하면, 어떤가? 길게 해보면 어떤가? 무엇을 첨가하면 어떻게 될까? 하나 더 만들면, 증가시키면, 과장시키면 등

⑤ 축 소

무엇을 추출할 수 있는가 적게 하면 어떤가? 농축하면 어떤가? 가볍게 하면 어떤가? 제거하면 어떤가? 간소화하면 어떤가? 나누면 어떤가? 적게 보면 어떤가?

⑥ 대 리

대신 할 사람은 있는가? 대신할 물건은 있는가? 그 밖의 첨가할 사물은 있는가? 다른 재료는 안 되는가? 다른 과정을 거치면 어떤가? 다른 동력으로는 어떤가? 다른 곳에서 하면 어떤가? 다른 방법은 없는가? 다른 목소리 상태로는 어떤가?

⑦ 재편성

요소를 바꾸면 어떻게 될까? 다른 패턴으로는 어떤가? 다른 디자인으로는 어떤가? 다른 순서로는 어떤가? 원인과 결과를 바꾸면 어떻게 될까? 경로를 바꾸면 스케줄을 바꾸면?

⑧ 역 전

정적인 것과 부적인 것을 역전시키면 어떻게 될까? 반대로 무엇인가? 뒤로 가게하면 어떤가? 상하를 바꾸면 어떤가? 역할을 교환하면 어떤가? 구두를 좌우 반대로 신으면 어떻게 될까? 탁자를 거꾸로 뒤집으면 어떻게 될까? 반대의 뺨을 보게 하면 어떤가?

⑨ 연 결

서로 섞거나 함께 하면 어떻게 될까? 단위를 함께 하면 어떻게 될까? 목적과 연결시키면 어떠한가? 주장을 하나로 하면 어떤가? 아이디어를 연결시키면 어떻게 될까?

3) 「어떻게 하면」의 질문을 포함하는 발상의 체크리스트를 제시한다(Davis & Hantman. 1968)

① 색을 바꾼다. 어떤 색을 다른 색으로 바꾼다(페인트, 크레파스)

② 크기를 바꾼다.

③ 형태를 바꾼다.

④ 다른 재료로 사물을 만든다.(예: 베니어판이나 플라스틱으로 자동차를 시멘트로

배를 만든다.)

⑤ 무엇을 첨가하거나 ,감소시킨다(예: 보다 강하게 한다. 빠르게 한다. 무엇을 제외한다. (첨가한다) 분할한다. 가볍게 한다. 등)

⑥ 사물의 재편성(예: 부분을 바꾼다. 패턴을 바꾼다. 부분을 결합한다. 위와 아래 안과 밖을 반대로 한다. 「예기할 수 없는 변화」

4. 제시된 문제를 해결하는 방법에는 여러 가지가 있음을 이해한다.

1) 상기의 과제(①②③,기타)를 준 후에, 훈련 대상자에게 그들이 몇 개의 다른 해결 방법을 알고 있다는 것을 언어나 동작으로 제시시킨다.

2) 훈련 대상자에게 실제로 문제를 해결시킨다.

5. 대처 행동을 가리킨다.

〈교재〉 해결을 필요로 하는 과제

1) 상기의 절차를 사용하여, 해결 혹은 대안을 필요로 하는 문제에 대한 대처 방법을 반복하여 가르친다.

① 일반적인 언어로 문제를 정의한다.

② 생각할 수 있는 한 해결법을 찾고 그 문제에 대한 해결법이나 대안법을 찾는다.

2) 새로운 과제나 문제를 실제로 시킨다. 필요한 경우는 교정하고, 단순한 장면부터 시작하여 보다 차원 높고 복잡한 장면으로 나아간다.

5. 직업전 기능

<표 5> 직업전 기능의 하위 영역과 목표

하 위 영 역	번호	목 표 행 동	훈 련 목 표
A. 시각-운동의 협응	A_1	눈과 손의 목표	<주> 이 훈련에 들어가기 전에, 시각적 주의(Ⅲ-A_1)와 추시(Ⅲ-A_2)의 훈련을 완료해 둘 것. 1. 머리와 눈을 함께 움직여서 공중에 있는 움직이는 물체에 눈과 손가락을 고정시키고 추종한다. 2. 종이 위에서 움직이는 사물을 눈으로 주시하면서 손가락으로 추적한다. 3. 종이위에서 움직이는 사물을 눈으로 주시하면서 연필이나 크레용으로 추적한다.

	A_2	작은 근육운동의 협응	1. 엄지와 검지를 대응시켜서 작은 사물을 쥔다. 2. 구슬, 구멍에 막대기 끼우기, 그림 퍼즐 등의 사물을 조작한다. 3. 원을 붙인다. 4. 연필이나 크레파스를 손에 쥐고 사용한다. 5. 가위를 정확하게 잡는다. 6. 한손으로 자를 물건을 쥐고 정확하게 가위질 하여서 물건을 자른다.
	A_3	그린다.	1. 아래에 제시한 통제판(그리기를 통제하기 위하여 형태를 파내어 놓은 판)으로 그린다. 2. 사물의 윤곽을 그리게 한다. 3. 견본을 그리게 한다.
	A_4	견본의 묘사	1. 단순한 무의미한 도형의 견본을 재생한다. 2. 복잡한 기하학 도형의 견본을 재생한다. 3. 검지손가락으로 견본을 묘사한다.
B. 시각변별과 분류	B_1	형태에 의한 분류	1. 형태에 의한 물건의 인지와 언어에 의한 표현 2. 형태에 의한 분류
	B_2	색상에 의한 분류	1. 색상에 의한 물건의 인지와 언어에 의한 표현 2. 색상에 의한 분류
	B_3	크기에 의한 분류	1. 크기에 의한 물건의 인지와 언어에 의한 표현 2. 크기에 의한 분류
C. 수기능	C_1	숫자의 이름을 말한다.	1. 숫자를 차례대로 배열한다. 2. 틀린 수열을 숫자를 말한다.
	C_2	숫자쓰기	1. 숫자를 쓴다. 2. 숫자를 수의 차례로 쓴다. 3. 무작위 순서의 숫자를 쓴다. <주> 시각적 처리(Ⅲ-A)의 훈련을 완료하고 나서 훈련에 들어간다.
	C_3	구체물의 개수를 센다	1. 물제의 공간적 위치가 다름을 구별한다. 2. 수를 외우며 큰소리로 읽는다. 3. 구체물이나 그림의 개수를 샌다.
	C_4	숫자와 물건의 개수, 숫자와 그 읽는 법을 연결짓는다.	1. 숫자와 물건의 개수를 일치시킨다. 2. 물건의 개수와 대응한 숫자를 쓴다. 3. 숫자와 구체물의 개수, 숫자와 그 읽는 법을 연결짓는다.

D. 조립기능	D_1 ~ D_4	조립기능	1. 조합한다. 2. 접다, 기구로 멈춘다. 레벨을 붙인다, 가득 채운다. 3. 파이프의 이음매를 조립한다. 4. 언어지시를 단서로 해서 물체를 조립한다.

A. 시각 - 운동의 협응(하위 영역)

(A1) 눈과 손의 목표에 대한 추종(追從) (목표 행동)

〈주〉 이 훈련에 들어가기 전에, 시각적 주의 (Ⅲ-A1)와 추시 (Ⅲ-A2)의 훈련을 완료해 둘 것.

훈련 목표

1. 머리와 눈을 함께 움직여서 공중에 있는 움직이는 물체에 눈과 손가락을 고정시켜 따라간다.

〈교재〉 연필이나 지폐 등의 생활품, 후레시 라이트, 검은 종이 비치볼이나 농구공과 같은 큰 공, 테니스 공 크기의 말랑말랑한 고무공으로 공 끝에 끈을 매달아서 튀기면 위로 튀어 오르는 공

1) 공중에서 모든 방향으로 손가락 또는 사물(예를 들면, 연필이나 천원짜리 지폐)을 움직인다. 그때 훈련 대상자의 눈은 움직이는 물체를 주시해야 한다.

2) 훈련 대상자를 지도자 앞에 앉히고 목표(후레시 라이트)를 손가락으로 가리키게 한다. 그리고 목표를 수평으로, 수직으로, 사선으로 움직이고 그 목표를 눈과 손으로 추적시킨다.
다음은 검고 큰 제도용지를 훈련 대상자 앞에 세워 두고, 거기에 후레시 라이트를 비추어서 광점을 이동시킨다. 훈련 대상자에게 그 광점을 손가락으로 추적하도록 시킨다.(Kephart. 1960)

3) 지도자와 훈련 대상자가 각각 후랫쉬·라이트를 가지고 지도자가 벽에 투영한 광점을 훈련 대상자가 라이트로 추적하게 한다.

4) 큰 공부터 시작한다. 지도자는 큰 공의 앞쪽을 양손으로 잡는다. 훈련 대상자는 지도자와 대면하여 같은 공의 한쪽을 마찬가지로 잡는다. 그리고 지도자는 공을 여러 방향으로 이동시킨다. 단지 이때 훈련 대상자는 공에서 손을 떼지 않도록 시킨다. 대상자에게는 공에서 눈을 떼지 않도록 지시한다. 이러한 훈련을 점차적으로 실시

하고, 이 훈련에서 진보가 보이면 서서히 공의 크기를 적게 한다. (Kiphart, 1960)

5) 상기의 훈련이 잘 진행되지 않을 경우에는 다음의 절차를 실시한다.
   ① 한쪽 눈을 가린다.
   ② 행동 변용 기법을 사용하여 사물의 자극가를 높인다.
   ③ 시각적 주의의 훈련으로 되돌아간다.
   ④ 추시활동의 훈련을 되풀이하여 실시한다.
6) 공에서부터 팔 길이 정도의 장소에 훈련 대상자를 세운다. 지도자는 공을 잡아 통과할 때 손을 뻗고 손가락으로 접촉하도록 지시한다. 따라서 훈련 대상자는 좌우로 진자 운동을 하고 있는 공에 손가락으로 접촉하여야 한다. 단 손을 뻗은 채로 손가락을 공에 접촉시켜서는 안된다.
7) 훈련 대상자의 손가락 출발점을 정하고 지시에 따라 다음의 신체 부분으로 손가락을 옮겨 가리킨다.
   ① 어깨　　② 눈　　③ 엉덩이

2. 종이 위에서 움직이는 사물을 눈으로 주시하면서 손가락으로 추적한다.

〈교재〉 폭5cm, 길이 45cm의 두꺼운 종이로 가로 중앙에 단추를 통한 철사가 붙어 있는 사물, 따라서, 단추는 철사의 길이만큼 이동할 수 있다. 사포를 붙인 종이, 여러 가지 곡선, 다각형, 직선을 붙인 좁고 긴 종이

1) 훈련 대상자에게 단추가 이동 가능한 두꺼운 종이를 제시하고 그 단추를 오른쪽에서 왼쪽으로 또는 왼쪽에서 오른쪽으로 이동시키도록 지시한다. 머리 부분의 쓸데없는 움직임도 다소 허용한다. 대상자의 눈은 손의 움직임에 따라서 이동해야 한다.
2) 사포를 잘게 잘라서 선이 되도록 붙인 종이를 사용한다. 지도자는 그 선 위에 종이를 붙이게 한다. 훈련자는 자신의 손가락으로 훈련자의 손가락을 추적한다. 지도자는 종이(곡선, 다각형, 직선을 붙인 종이)위에 여러 방향으로 손가락을 이동시켜서 훈련 대상자에게 손가락으로 그 움직임을 추적시킨다.

3. 종이 위에서 움직이는 사물을 눈으로 주시하면서, 연필이나 크레용으로 추적한다.

〈교재〉 유성 펜, 두꺼운 종이 테두리 속에 들은 X선 필름 혹은 투명한 플라스틱 판, 연필이나 펜, 신문지

1) 지도자와 훈련 대상자 사이에 필름(또는 플라스틱)판을 세우고 지도자가 유성펜으로 자유롭게 그린다. 그 자국을 훈련 대상자에게 펜으로 추적시킨다.
2) 지도자는 훈련 대상자를 대신해서 앉는다. 지도자는 신문지에 연필로 자유로이 선을 긋고, 훈련 대상자에게 그 자국을 연필로 추적시킨다.

(A2) 작은 근육운동의 협응(하위 영역)

훈련 목표

1. 엄지와 검지를 대응시켜서 작은 사물을 쥔다.

〈교재〉 젓가락, 동전, 골프대, 이쑤시개, 마카로니, 강낭콩, 쌀

1) 훈련 대상자에게 다음의 사물을 엄지와 검지와 쥐게 하여 동기에 넣게 한다.

① 젓가락　　② 쌓여 있는 동전

③ 골프대　　④ 이쑤시개

2) 훈련 대상자에게 원이 그려져 있는 종이를 한 장 준다. 그 원의 원주에는 풀이 칠해져 있다. 훈련 대상자에게 곡물의 입자(쌀, 콩)를 원주에 놓도록 지시한다. 전부 놓을 때까지 시간을 측정하여 훈련별로 시간을 단축할 수 있도록 노력시킨다.

2. 구슬 구멍에 막대기 끼우기 그림 퍼즐 등의 사물을 조작한다.

〈교재〉 끈으로 끼워져 있는 여러 크기의 구슬, 마카로니 여러 가지 직업 기능 과제, 구멍에 막대기 끼우기

1) 큰 구멍이 뚫려 있는 큰 구슬(직경 5cm, 구멍 직경이 1.5cm)을 사용하여 훈련 대상자에게 끈으로 구슬을 꿰게 한다. 훈련 대상자가 잘 꿸 수 있게 되면, 서서히 구슬과 구멍을 보다 적은 것으로 사용하게 한다. 마카로니를 이용해도 좋다. 만약 필요하다면 다음 순서로 시킨다.(Fredericks, 1976)

단계(1) : 레이스 실의 한쪽 끝을 손가락으로 집어든다.

단계(2) : 한쪽 손으로 구슬을 쥐고, 레이스 실을 끌어당겨서 구슬에 바짝 댄다.

단계(3) : 구슬을 쥐고, 실을 구멍에 넣어서 실 길이 반의 위치까지 실을 통하게 하고 나서 실을 뺀다.

단계(4) : 구슬을 쥐고, 실을 구멍에 넣어서 실 길이의 처음부터 3/4의 위치까지 실을 통하게 하고 나서 실을 뺀다.

단계(5) : 구슬을 쥐고, 실을 구멍에 넣어서 실을 끝까지 통하게 한다.

단계(6) : 2개의 구슬을 연결한다.

단계(7) : 3개의 구슬을 연결한다.

단계(8) : 4개의 구슬을 연결한다.

단계(9) : 5개의 구슬을 연결한다.

2) 막대기에 순서가 정확하게 크기가 조금씩 다른 링을 끼우게 한다.

3) 목재 혹은 플라스틱제의 구멍이 나 있는 작은 판에 짧고 가는 막대기를 끼우게 한다. 필요하다면 다음의 순서로 훈련을 실시한다.

단계(1) : 고무제의 큰 판 구멍에 큰 막대기를 끼우게 한다.

단계(2) : 목재 혹은 플라스틱제의 큰 판 구멍에 길고 가는 막대기를 끼우게 한다.

단계(3) : 목재 혹은 플라스틱제의 작은 판의 구멍에 짧고 가는 막대기를 끼우게 한다.

다음의 단계를 상기의 각 단계에 적용한다.

〈주〉 단계(1)과(2)에서는 단계ⓐ~ⓚ를 실시하지 않아도 좋다.

〈단계〉

ⓐ 하나의 구멍만 남겨 두고 그 이외는 모두 가려 놓는다. 그 구멍에 막대기를 하나 끼우게 한다.

ⓑ 옆으로 나열한 2개의 구멍만 남겨 두고 그 이외는 모두 가린다. 2개의 구멍에 막대기를 각각 끼우게 한다.

ⓒ 옆으로 나열한 3개의 구멍만 남겨 두고 그 이 외는 모두 가린다. 3개의 구멍에 막대기를 각각 끼우게 한다.

ⓓ 옆으로 나열한 4개의 구멍만 남겨 두고 그 이 외는 모두 가린다. 4개의 구멍에 막대기를 각각 끼우게 한다.

ⓔ 옆으로 나열한 5개의 구멍만 남겨 두고 그 이 외는 모두 가린다. 5개의 구멍에 막대기를 각각 끼우게 한다.

ⓕ 옆으로 나열한 7개의 구멍만 남겨 두고 그 이 외는 모두 가린다. 7개의 구멍에 막대기를 각각 끼우게 한다.

ⓖ 옆으로 나열한 10개의 구멍만 남겨 두고 그 이 외는 모두 가린다. 10개의 구멍에 막대기를 각각 끼우게 한다.

ⓗ 2줄만 남겨 두고 전부 가린다. 첫째 줄과 둘째 줄의 구멍에 막대기를 끼운다.

ⓘ 셋째 줄까지만 남겨 두고 나머지는 전부 가린다. 셋째 줄까지의 구멍에 막대기를 끼우게 한다.

ⓙ 넷째 줄까지만 남겨 두고 나머지는 전부 가린다. 넷째 줄까지의 구멍에 막대기를 끼우게 한다.

ⓚ 다섯째 줄까지의 구멍에 순서대로 막대기를 끼우게 한다.

3. 원을 붙인다.

〈교재〉 종이로 만든 도형, 풀

1) 훈련 대상자에게 종이로 만든 도형을 종이에 붙이게 한다.

다음 순서로 실시하여도 좋다. (Fredericks, 1976)

단계 (1) : 적당한 위치에 풀이 칠해져 있는 종이 도형을 붙인다.

단계 (2) : 풀이 칠해져 있는 종이 도형을 집어들고 적당한 위치에 붙인다.

단계 (3) : 종이 도형에 풀을 칠해서 그것을 집어들고 적당한 위치에 붙인다.

단계 (4) : 풀을 종이 도형 위에 붙이고 그것을 펴서 칠한다. 그리고 도형을 접어들고 적당한 위치에 붙인다.

단계 (5) : 2개의 도형을 적당한 위치에 붙인다.

단계 (6) : 3개의 도형을 적당한 위치에 붙인다.

단계 (7) : 4개의 도형을 적당한 위치에 붙인다.

단계 (8) : 5개의 도형을 적당한 위치에 붙인다.

단계 (9) : 가늘고 긴 종이를 붙인다.

단계 (10) : 반원이나 다른 도형을 붙인다.

4. 연필이나 크레파스를 손에 쥐고 사용한다.

〈교재〉 연필, 크레파스, 검은 물감, 종이

1) 훈련 대상자에게 연필이나 크레파스를 손에 쥐게 사용할 수 있도록 하기 위하여 다음의 순서로 훈련을 실시한다. (Fredericks, 1976)

단계(1) : 유아용의 굵은 크레파스를 쥐게 한다.

단계(2) : 유아용의 굵은 크레파스를 그 끝이 새끼손가락의 끝에 오도록 쥐게 하여 손바닥을 몸 쪽으로 향하게 시킨다.

단계(3) : 유아용의 굵은 크레파스를 그 끝에서 35cm 위치에서 손가락(크레파스의 한쪽은 엄지, 반대쪽은 그밖에 손가락)으로 쥐게 하고 손바닥을 몸 쪽으로 향하게 시킨다.

단계(4) : 유아용의 굵은 크레파스를 그 끝에서 3~5cm 위치에서 엄지, 검지, 중지로 쥐게 한 다음, 크레파스를 중지로 받치고 엄지와 검지로 쥐게 한다.

단계(5) : 유아용의 굵은 연필을 그 끝에서 3~5cm 위치에서 엄지, 검지, 중지로 쥐게 한 다음 연필을 중지로 받치고 엄지와 검지로 쥐게 한다.

단계(6) : 보통 연필을 그 끝에서 3~5cm 위치에 엄지, 검지, 중지로 쥐게 한 다음 연필을 중지로 받치고 엄지와 검지로 쥐게 한다.

2) 훈련 대상자에게 원 안을 색칠하게 한다.

① 큰 원부터 시작하여서 점차 원의 크기를 적게 해 나간다. (보조 그림)

② 원 이외 작은 도형을 사용한다. 이 훈련을 사물의 명명 훈련에 사용해도 좋다.

5. 가위를 정확하게 잡는다.

〈교재〉 가위, 색 테이프, 실, 가늘고 긴 종이, 리본 가늘고 긴 점토

1) 이 훈련은 지금까지 가위를 사용한 적이 없거나 가위를 사용할 줄 모르는 훈련 대

상자를 위한 것이다. 이 훈련을 시작하기 전에, 어떤 크기의 손가락에도 대응할 수 있도록 가위의 길이와 손가락 끼우는 곳이 다양한 크기의 가위를 준비해 둘 필요가 있다. 가위의 엄지손가락을 끼우는 곳에 녹색의 테이프를 붙인다. 도한 훈련 대상자의 엄지손가락에도 이와 같은 녹색 테이프를 붙여 둔다. 아울러, 가위의 검지를 끼우는 곳에는 빨간 색 테이프를 붙여 둔다. 대상자에게 엄지를 위로해서 가위에 손가락을 끼우게 하여 자르기 위하여 손을 움직이는 방법을 가르친다. 지도자는 가위질을 어떻게 하는지를 훈련 대상자에게 실시해 보인다.

2) 지도자가 가위로 자를 재료를 대상자에게 주어서 그것을 자르게 한다.
① 실 ② 가늘고 긴 종이 ③ 점토 ④ 리본

6. 한 손으로 자를 물건을 쥐고 정확하게 가위질을 하여서 사물을 자른다.

〈교재〉 점토, 목면실, 천 가위, 종이 다양한 선이 그려져 있는 종이, 모양이 있는 재료, 다양한 일반 고용에 관계가 있는 과제

1) 훈련 대상자에게 가위를 쥐고 있지 않은 쪽 손으로 자를 쥐게 하고, 다른 한쪽 손에 쥐고 있는 가위로 재료를 자르게 한다. 처음에는 목면 실이나 가늘고 긴 점토를 지도자가 쥐어 주고 자르게 한다. 가위를 주지 않은 손으로 재료를 쥐고, 반대 손의 가위로 자를 수 있게 될 때까지 연습시킨다.
2) 가늘고 긴 종이를 자르게 한다. 종이의 어느 부분을 잘라도 좋다.
3) 가늘고 긴 종이에 선을 그리고 그 선을 따라서 종이를 자르게 한다.
4) 굵기가 다른 직선이 그려져 있는 제도 용지를 사용하여 그 선을 따라서 자르게 한다.

(A3) 그린다. (목표 행동)

훈련 목표

1. 아래에 제시한 통제판(그리기를 통제하기 위하여 형태를 파 놓은 판) 으로 그린다.

〈교재〉 흙판, 통제판, 분필

1) 통제판을 사용하여 흑판에 그리게 한다.
① 흑판에 통제판을 강하게 누르고 훈련 대상자에게 손가락으로 형태를 그리게 시킨다. 이때, 손가락을 잘 보도록 지시한다. 다음에 훈련 대상자에게 분필을 주고, 손가락으로 그린 것과 같은 요령으로 형태를 따라서 백묵으로 그리게 시킨다. 따라서 그린 것은 흑판에 그려진다. 통제판을 치우고 훈련 대상자에게 그린 것을 보

여 준다.

② 위의 절차와 마찬가지로 색 분필을 사용한다. 우선 지도자가 하얀 백묵으로 그려 두고 훈련 대상자에게 색 분필로 통제판으로 그리게 한 뒤 비교시킨다.

2) 통제판을 사용하여 종이에 연필로 그리게 한다.

① 1)의 절차를 사용하여 통제판을 종이 위에 두어 실시한다. 여기에서는 책상 위에서 실시하기 위한 통제판을 사용한다.

② 이 훈련은 기하학 도형의 통제판에서부터 시작할 것, 이것은 후에 실시하는 유의미한 도형이나 문자의 묘사 훈련에 필요한 작은 근육운동의 훈련이 된다. 기하학 도형을 그릴 수 있게 되면, 의미 있는 도형(개, 고양이 등)으로 진행해서 최종적으로는 문자까지 훈련해도 좋다.

3) 만약, 위의 훈련이 잘 진행되지 않을 경우에는 다음의 절차를 실시한다.

① 훈련 대상자가 연필을 잘 쥐지 못하면 연필 쥐는 훈련을 실시한다.

② 통제판으로 그리는 경우, 대상자의 손을 보조하여 실시한다.

③ 훈련 대상자에게 흑판에 큰 동작으로 낙서를 시킨다. 그리고 점차 크기를 작게 그리게 한다.

2. 사물의 윤곽을 그리게 한다.

〈교재〉 구체물, 종이, 연필

1) 적목, 플라스틱 접시 목재 인형이나 동물 등의 크고 평평한 사물을 사용하여 훈련 대상자에게 그 윤곽을 종이에 그리게 시킨다.

2) 잘 그릴 수 없을 경우에는 지도자가 사물을 잡아 주고, 대상자의 손을 보조하여 그리게 한다.

3. 견본을 그리게 한다.

〈교재〉 기하학 도형, 직선, 곡선, 각도가 그려진 두꺼운 종이, 투명한 플라스틱 판, 유성 펜

1) 지도자가 종이 위에 견본으로서 단순한 기하학 도형, 여러 가지 선, 각도를 그려 두고 그러한 견본위에 투명한 플라스틱판을 두어서 훈련 대상자에게 견본을 수성 펜으로 그리게 한다. 단, 이때 수성펜의 색은 견본색과 다른 것으로 한다. 그린 후 대상자가 그린 것과 견본을 비교시킨다. 견본과 비슷하게 그릴 수 있도록 강화를 한다.

2) 만약, 상기의 훈련이 잘 실시되지 않을 경우에는 다음의 절차를 실시한다.

① 훈련 대상자가 그린 선을 지우고, 재차 견본을 그리게 한다.

② 훈련 대상자의 손을 잡고 견본을 함께 그려본다. 단지 이 보조는 가능한 줄여 나가는 것이 좋다.

(A4) 견본의 묘사 (목표 행동)

훈련 목표

1. 단순한 무의미한 도형의 견본을 재생한다.

〈교재〉 점토, 종이, 색이 있는 이쑤시개, 수직선, 십자, 실로 연결하는 구슬, 혹은 적목, 색적목

1) 지도자가 견본으로서, 점토를 여러 가지 형태를 나들고 그것들을 함께 종이 위에 둔다. 훈련 대상자에게 점토 덩어리를 주어서 견본과 같은 형태를 만들게 하고 그것들을 비교할 수 있도록 견본의 옆에 두도록 지시한다. 견본을 만들 경우, 지도자는 아래의 윗줄의 그림과 같은 극히 단순한 형태부터 시작하여 점차 아래의 아랫줄 그림과 같은 복잡한 것으로 진행한다.

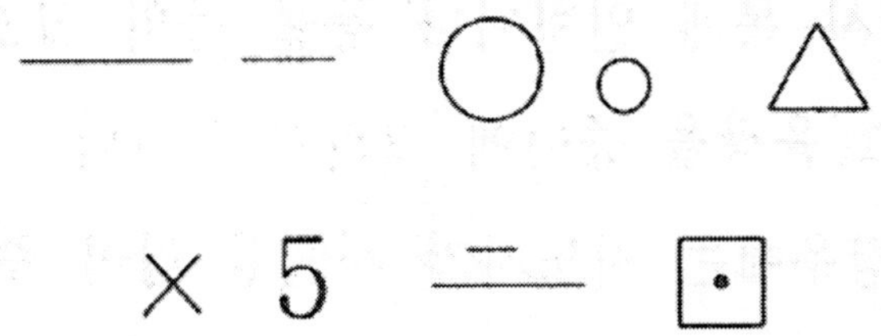

2) 색이 있는 이쑤시개를 사용하여 기하학 모형을 만든다. 훈련 대상자에게 지도자가 모양을 만들고 있는 모습을 잘 보이고, 그 위에서 같은 모양을 만들게 한다. 만약, 이 절차가 훈련 대상자에게 어려우면, 이쑤시개 하나 하나를 지도자가 실시해 보이고 훈련 대상자에게 해 보도록 시킨다. 가능하면, 2개 혹은 3개와 같이 점차 난이도를 높여 나간다.
3) 구슬과 적목을 실로 연결해서 견본의 패턴을 만든다. 훈련 대상자에게 그 패턴을 보이면서 견본과 같은 패턴을 만들게 한다. 만약, 이 절차가 곤란하다면 구슬 하나마다 지도자가 실시해 보이고 대상자에게 하도록 시킨다. 그것이 가능해지면, 2개 혹은 3개로 점차 난이도를 높여 나간다.
4) 새 적목을 사용하여 지도자가 기하학적인 모방을 하게 만든다. 훈련 대상자에게 그 모양을 잘 보게 한 뒤, 스스로 같은 모양을 만들게 한다. 만약 이 절차가 곤란하다면 적목 하나마다 지도자가 실시해 보이고 다음에 훈련 대상자에게 시킨다.

5) 만약 위의 훈련 절차를 잘 실시하지 못할 경우에는, 다음과 같이 하는 것이 좋다.

① 작은 근육운동 협응 훈련으로 되돌아간다.

② 위의 절차에서 다룬 것은 주로 2차원 모양이고 훈련 대상자에게 제시한 모양이 너무 정도가 높을 경우에는 적목 쌓기 훈련을 실시한다. 지도자가 적목을 쌓아 보이고, 대상자들에게 그것을 모방시킨다.

2. 복잡한 기하학 도형의 견본을 재생한다.

〈교재〉 색칠한 적목, 그래프 용지

1) 훈련 대상자에게 재생시키기 위해 적목의 형태를 그래프용지에 그려 준다. 만일, 학생에게 너무 어려운 경우에는 용지의 위쪽에 적목으로 형태를 만들어 놓아둔다.

2) 위의 절차를 색이 붙은 골프대와 팩보드로 해본다. 수직선, 수평선에서 시작하여 복잡한 형태로 나아간다.

3. 검지손가락으로 견본을 묘사한다.

1) 모래를 넣은 접시

이 절차에서 훈련 대상자는 지도자가 모래 위에 그린 모양을 그대로 묘사해야 한다.

① 직선에서 시작한다.

② 다음, 직선으로 짜 맞춰 옮긴다.

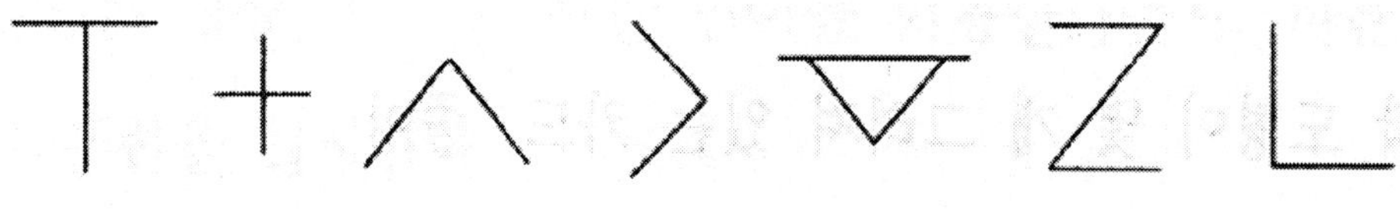

③ 다음은 곡선으로 옮긴다.

④ 최종적으로는, 직선과 곡선이 결합된 모양으로 한다.

2) 손으로 모양 만들기, 반정도(한쪽은 지도자용, 한쪽은 훈련 대상자용)로 나누어 진 큰 종이를 준비한다.

모래가 들어 있는 접시를 이용해서 놀이한 훈련과 같은 순서로 실시한다.

I.	C.

지도자는 왼쪽의 종이에 손가락으로 견본의 모양을 그린다. 훈련 대상자에게 그것을 모방시키고 오른쪽의 종이에 견본과 같은 것을 그리게 한다. 그리고, 견본을 보고 비교시킨다.

4. 견본의 기하학 도형을 묘사한다.

〈교재〉 기하학 도형이 그려진 카드, 연필, 20cm×30cm의 종이, 세로와 가로로 4개씩 칸을 만들고 첫 번째 왼쪽 칸에 견본을 그린다.

○			
□			
X			
◎			

기하학 도형이 몇 개 그려져 있는 카드, 종이

□ ○ X

1) 여러 가지 기하학 도형을 카드로 그려둔다. 대상자에게 한 개씩 보이고, 훈련 대상자에게 그 도형을 종이에 묘사시킨다. 훈련 대상자가 묘사한 것을 옆에 놓고 대응 카드와 비교시킨다.
2) 훈련 대상자에게 각 행에 견본이 붙은 종이를 준다. 견본을 보면서 남은 빈 칸에 묘사를 시킨다.
3) 훈련 대상자에게 기하학 도형이 몇 개가 그려져 있는 카드(도참조)를 보인다. 대상자는 카드의 도형 순서대로 묘사해야 된다. 도형은 2개에서 시작, 3, 4, 5개로 증대해 간다. 단지 도형은 1열로 그려져 있어야 한다.

B. 시각 변별과 분류 (하위 영역)

(B1) 형태에 의한 분류 (목표 행동)

훈련 목표

1. 형태에 의한 물건의 인지와 언어에 대한 표현

〈교재〉 모양이 다른 물체

1) 훈련 대상자앞에 둥근 모양의 물건을 놓고, 「이것은 둥글다.」라고 말하고, 그들에게 「둥글다」라고 말을 반복시킨다. 그리고 「이 모양은 무엇입니까」라고 묻는다. 훈련 대상자는 「둥급니다.」라고 말한다. 둥근 것에 다음에 사각형의 물건을 놓고 「이것은 둥글지 않습니다.」라고 말한다. 그리고 둥근 물건과 사각형의 물건을 함께 제시하고, 「둥근 물건을 가리키시오.」라고 말한다. 만일 성공하면, 다른 도형(예를 들면, △)을 덧붙여, 「둥근 물건은 어느 것입니까」라고 다시 묻는다. 더욱이, 둥근 물건을 가리켜 「이것은 어떤 모양 입니까」라고 다시 묻는다. 이 경우, 훈련 대상자는 「둥글다」라고 말로 반응 할 수 있어야 한다.
2) 위의 절차를 이용하여 사각형, 대소의 개념 훈련을 한다. 경도 정신지체자에 대해서는, 삼각형, 장방형, 등, 장단, 고저의 개념 훈련을 행한다.
3) 말을 못하는 대상자에게는 사인 언어를 이용한다든지, 바른 도형을 가리킨다든지 해서 훈련을 실시한다.

2. 형태에 의한 분류

〈교재〉 형태가 다른 물건

1) 훈련 대상자가 다른 모양을 인식 할 수 있게 된다면, 훈련 대상자 앞에 다른 형태의 물건이 든 용기를 둔다.
   ① 2개의 모양(동그라미, 사각형)에서 시작한다.
   ② 높은 성취 수준에 도달하면, 용기에 넣은 도형의 수를 증대한다.
2) 훈련 대상자 앞에 용기를 놓고, 나서 「용기 속의 물건을 둥근 것과 각이 진 것으로 나누시오」라고 지시한다.
3) 바르게 판별이 된 횟수가 많으면, 강화를 준다.

(B2) 색상에 의한 분류 (목표 행동)

훈련 목표

1. 색상에 의한 물건의 인지와 언어에 의한 표현

〈교재〉 색상이 있는 물건

1) 훈련 대상자의 앞에 색칠한 적목(빨강)을 놓고, 그 적목을 가리키고 「이것은 빨갛다.」라고 말한다. 훈련 대상자는 이때. 「빨갛다.」라고 말해야 한다. (필요한 횟수 반복할 것). 다음 「이것은 어떤 색입니까」라고 묻는다. 대상자는 「빨갛다」라고 대답해야 한다. (언어, 사인 언어, 절차로)

2) 다른 색(파란)을 끄집어내서, 위의 절차대로 한다. 훈련 대상자는 제시된 색상의 이름을 모방한다면 동시에, 그 색(적, 청)을 지적해야 한다. 이 절차를 훈련 대상자가 모든 적목의 색을 지적할 수 있고 언어 표현을 할 수 있을 때까지 반복한다. (기본적인 색: 빨강, 녹색, 검정 갈색, 주황, 흰색)

3) 색이 있는 물체(개, 컵, 빗 등)를 이용한다. 그것 모두를 훈련 대상자 앞에 두고 「녹색 물건을 모두 고르세요」 「갈색의 물건을 모두 고르세요」라고 말한다. 그리고, 건네는 물건에 대해서 「무엇을 받았느냐」라고 묻는다, 훈련 대상자는 「녹색 컵을 받았습니다.」라고 대답한다.

4) 이 훈련이 잘되지 않을 경우에는 다음의 절차를 행한다.

① 색의 대응 훈련으로 되돌아간다.

② 쌍연합 학습의 훈련으로 되돌린다.

2. 색상에 의한 분류

〈교재〉 색상이 다른 물건

1) 다른 색이 있는 여러 가지 물건(2색에서 시작한다.)을 용기에 넣고 훈련 대상자 앞에 놓는다. 그리고 「여기에 있는 물건을 녹색과 청색으로 분류하시오」라고 지시한다.

2) 만족할 수 있는 수준까지 갔다면, 분류하는 색의 수를 증가한다.

3) 바르게 변별이 된 횟수가 많으면 강화를 준다,

4) 색상, 형태, 크기로 훈련 대상자가 혼란하지 않도록 배려할 것,

(B3) 크기에 의한 분류 (목표 행동)

훈련 목표

1. 크기에 의한 물건의 인지와 언어에 의한 표현

〈교재〉 다른 크기의 물건

1) 크고 검은 적목의 훈련 대상자 앞에 놓고, 적목을 지적하면서 「이것은 크다.」라고 말한다. 그리고 「이 크기는」하고 묻는다. 훈련 대상자는 「크다」라고 대답해야 된다. 필요하다면, 이 절차를 반복한다.
2) 2개째의 적목(동색, 동형)을 끄집어내 「이것은 작다」라고 말한다. 훈련대상자에게 「이 적목은 큽니까? 작습니까?」라고 묻는다. 이 절차를 훈련 대상자가 변별을 정확하게 할 때까지 반복한다.
3) 다른 차원을 도입한다. 단 강화는 차원별로 주어야 한다.
4) 말을 못하는 훈련 대상자는 절차를 수정할 것 「예를 들면, 지적시키거나 사인언어로 표현시킨다.」

2. 크기에 의한 분류

〈교재〉 다른 크기의 물체

1) 다른 크기의 물체(2종류부터 시작)가 들은 용기를 훈련 대상자 앞에 놓고, 큰 것과 작은 것으로 분류하도록 지시한다.
2) 필요하면, 3단계의 분류(대·중·소)로 진행해도 좋다.

〈주〉 크기, 형태, 색상도 훈련 대상자가 혼동하지 않도록 배려한다. 처음은 같은 색상 형태를 이용한다.

C. 수 기능(하위 영역)

(C1) 숫자의 이름을 말한다. (목표 행동)

훈련 목표

1. 숫자를 차례대로 나열한다.

〈교재〉 숫자가 써 있는 카드

1	_	3	_	5

1) 1에서 10까지의 숫자를 쓴 카드를 무작위로 섞어서 훈련 대상자에게 준다. 지도자는 견본으로써, 1에서 10까지의 카드를 수의 순으로 나열해 보인다. 훈련 대상자에게 견본을 보이면서, 가지고 있는 카드를 바른 순번으로 나열한다. 나열할 수 있다면, 견본을 제시하지 않고서, 대상자의 카드를 바른 순번으로 나열시킨다. 다음에 카드의 수를 증가해 간다. 대상자가 카드를 나열한다면, 카드의 숫자를 말할 수 있어야 한다.

2) 몇 개의 카드를 빼내고, 나열하여 빠져 있는 카드를 훈련 대상자에게 바르게 집어넣게 한다.

3) 훈련대상자에게 다음의 예처럼 숫자가 곳곳에 빠져 있는 수열이 쓰여 있는 연습카드를 준다. (예 : 1,_, 3, 4,_,_, 7,_, 9,_) 빠져 있는 곳에 대응한 숫자를 쓰게 하고 그것을 익힌다.

4) 훈련 대상자에게 순번으로 나열해 있는 견본을 보이면서, 연습 카드의 빠진 숫자를 쓰게 한다. 그리고 견본을 감추고, 기억으로 쓰도록 시킨다. 견본과 자기가 써서 첨가한 수열을 비교시킨다. 또한 순번에 수의 이름을 말하게 한다.

2. 틀린 수열의 숫자를 말한다.

〈교재〉 숫자가 써 있는 카드

1) 카드에 1에서 10까지의 숫자를 쓰게 하고 그 카드를 한 개 한 개씩 훈련 대상자에게 보이고 그 숫자를 말하게 한다. 첫 번째에서 바르게 말했던 숫자와 말할 수 없는 숫자 카드를 나누어 둔다. 바르게 말할 수 없는 숫자에 대해서는 다음의 순서로 바르게 말할 수 있도록 훈련을 실시하고 말할 수 있게 된 숫자는 기록해 둔다.

① 카드의 숫자를 보이고, 그 수를 말하게 한다.

② 지도자 숫자를 말하고, 그 수의 카드를 훈련 대상자에게 지적시킨다. 지시할 카드의 순번은 그 때마다 다르게 해 완전하게 할 수 있을 때까지 반복한다. 그리고 지도자가 가리킨 숫자를 훈련 대상자에게 말하게 하고 반복 훈련한다.

2) 과자(또는 마실 것)에 숫자를 써서 둔다. 훈련 대상자가 과자의 숫자를 바르게 말할 수 있다면 그 과자를 준다.

(C2) 숫자 쓰기(목표 행동)

훈련 목표

1. 숫자를 쓴다.

〈교재〉

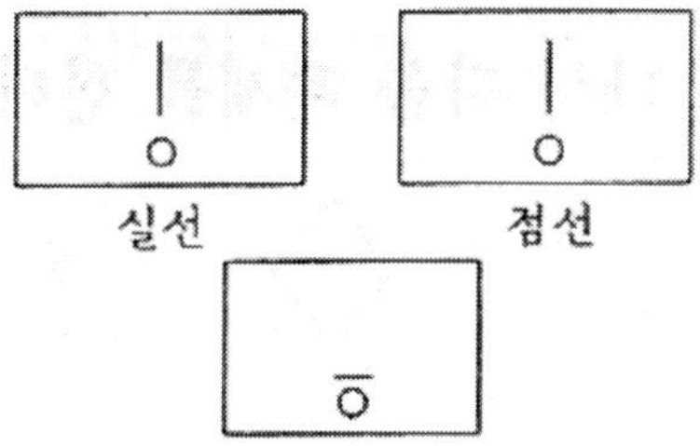

1) 아래처럼, 숫자와 구체물과 그림이 함께 그려져 있는 카드를 제시한다. 훈련 대상자에 처음에는 실선의 숫자, 다음에 점선의 숫자를 추적시키고 그것을 묘사시킨다. 묘사가 끝나면 다음 단계로 기억을 회상하여 숫자를 쓰게 한다.

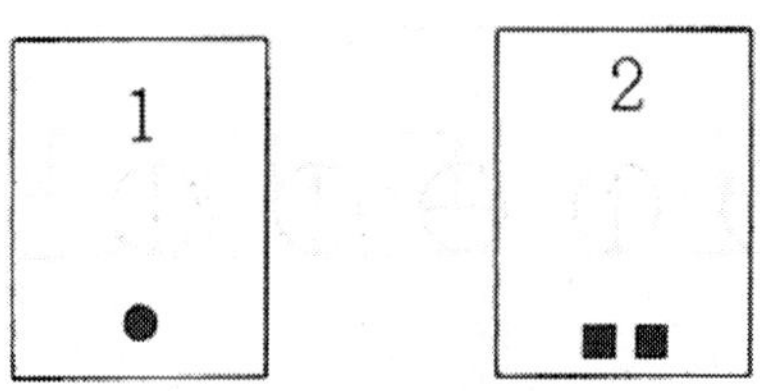

2. 숫자를 수의 순서로 쓴다.

〈교재〉 숫자가 쓰여진 카드

1) 훈련 대상자에게 옆 가로로 줄쳐진 종이를 주고, 숫자를 옆으로 써 가도록 지시한다. 지도자는 1에서 10까지의 숫자(혹은 1~20)가 쓰여진 카드를 만들고 상자 속에 넣어, 잘 합쳐 둔다. 선생님이 상자에서 카드를 끄집어내 그 카드를 보이지 않고, 그 숫자만 알리고 상담자에게 숫자를 종이에 쓰게 한다. 카드는 볼 수 없도록 바로 숨겨 둔다. 최후로, 카드를 뒤집게 해서 숫자를 보이고 훈련 대상자 자신들이 쓴 숫자와 비교시킨다.

(C3) 구체물의 개수를 센다. (목표 행동)

〈주〉 시각적 처리(Ⅲ-A))의 훈련을 완료하고 나서 다음 과제를 한다.

훈련 목표

1. 물체의 공간적 위치가 다름을 구별한다.

〈교재〉 연습 카드, 구체물의 사진, 장방형과 정방형의 적목

1) 아래 그림과 같은 그림이 그려져 있는 연습 카드를 준비한다.

① 위치가 다른 것에 동그라미를 하게 한다.

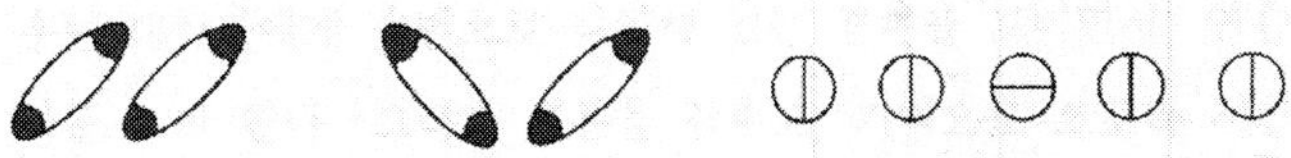

② 왼쪽의 견본과 같은 것에 동그라미를 하게 한다.

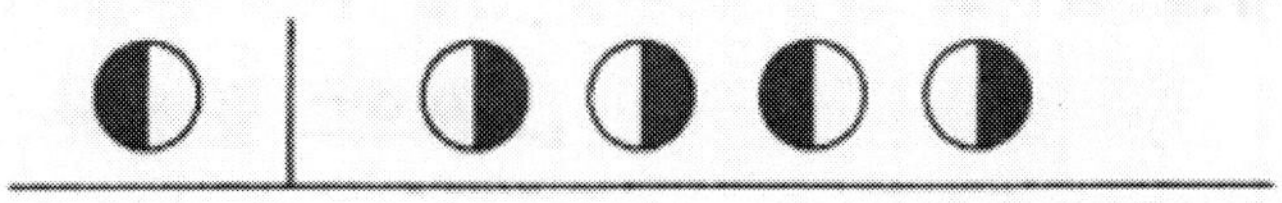

2) 동일 물체의 사진 여러 개 가운데 단지, 한 개만 공간적 위치가 다른 것을 준비한다. 아래 그림은 사다리의 예이다. 3개는 같은 방향이고 한 개는 다른 방향으로 제시한다.

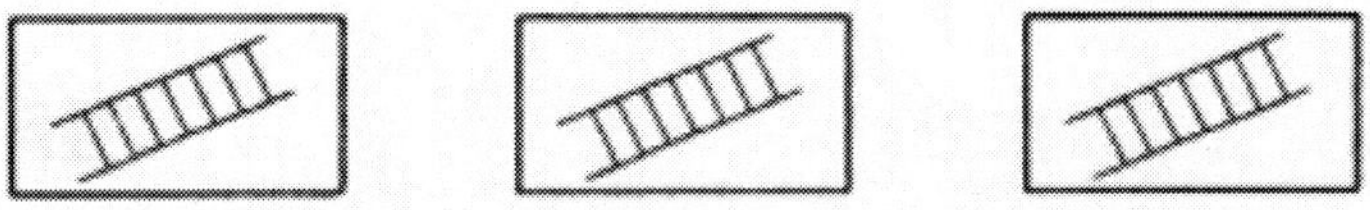

학생에게 다른 방향으로 된 것을 지적시킨다.

3) 훈련 대상자 앞에 두꺼운 종이로 만든 사각형 3~4장을 흩어 둔다. 그들에게 도형을 아래 그림처럼 나열시킨다. (별도의 카드로 견본을 제시한다.)

또, 도형을 흩어지게 해, 아래 그림의 견본처럼 나열시킨다. (견본 카드를 보인다.)

훈련 대상자에게 마름모꼴을 두고, 아래 그림의 견본처럼 나열시킨다.(Frostig &Masiow. 1973)

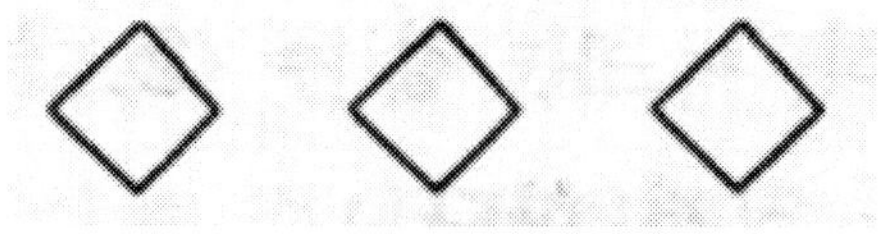

4) 삼각형〈◁◁◁,▽▽▽〉외의 형(ㅗ ㅗ ㅗ,ㅓ ㅓ ㅓ,ㅣ ㅣ ㅣ)에 대하여 위와 같은 절차로 훈련을 행한다. 훈련 대상자는 견본과 같은 방향으로 도형을 배열시킨다.

5) 훈련 대상자에게 장방형과 정방형의 적목을 두고, 견본(아래 그림)과 같도록 조립시킨다. (Frostig & Masiow, 1973)

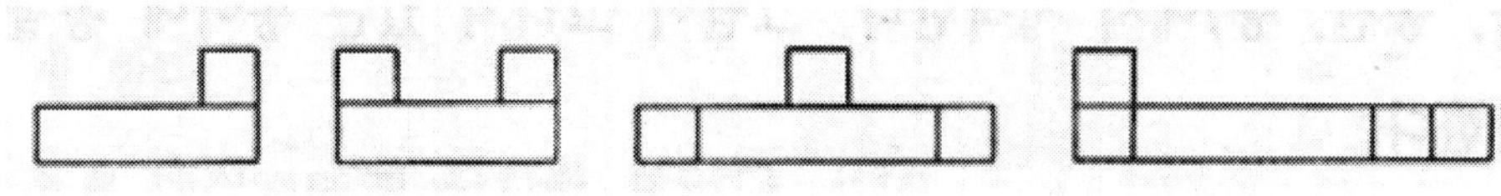

2. 수를 외우며 큰소리로 읽는다.

〈교재〉 셀 수 있는 물건

1) 가능한 빨리 외워 읽게 한다.

2) 수열의 최후에 다음의 수를 첨가(예 : 1-2-3-4-5-"6")하여 훈련 대상자에게 그 수열을 반복해서 읽힌다.

3) 구체물의 손가락으로 가리키면서, 그 수를 세게 한다.

3. 구체물이나 그림의 개수를 센다.

〈교재〉 원, 적목

1) 한 개에서 시작해서 점차 개수를 증가한다.

2) 언어 - 청각적 게임 : 「이 방에는 기(旗)가 몇 개 있습니까?」「책을 한 권 가지고 오십시오.」「한번 샴푸하십시오.」 등.

3) 아래 그림처럼 연습용 카드를 이용한다.

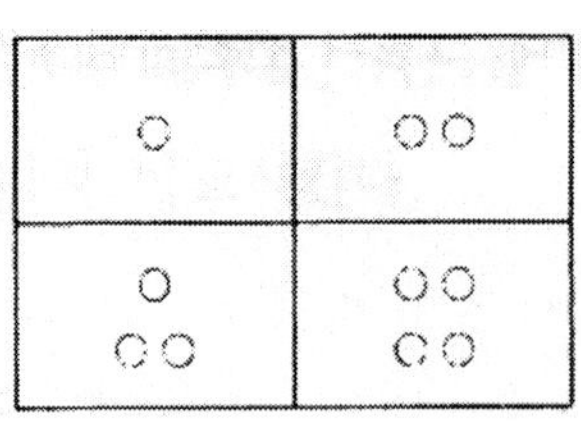

「각각의 칸에서 ○이 몇 개 있는지 세고, 그 수를 말하세요.」라고 지시한다.

4) 구체물을 이용해 훈련 대상자에게 지도자가 말한 수만큼(예를 들면, 5개) 집게 한다.

① 최초로, 숫자를 색으로 코드 붙여 (예를 들면, 적 = 1, 청 = 2, 녹색 = 3이라 하듯), 말한 숫자에 대응한 색의 동그라미를 집게 한다.

② 다음에 각각의 색상에 원을 더 붙여, 지도자가 말한 숫자에 대응한 색상의원을

지도자가 말한 수만큼 집게 한다. 다음으로 훈련 대상자에게 물체의 이름과 개수를 알리고, 실내에서 찾아, 집게 한다. (예를 들면, 클립 10개)

5) 구체물(적목, 동전, 콩)에서 시작한다. 그림이 그려져 있는 종이에 콩을 놓고, 다음처럼 말한다.

① 「종이 위에 그려 있는 모든 돼지 위에 콩을 1개씩 놓으세요.」

② 「그 콩을 한 개씩 세면서 집으세요.」

③ 「콩의 수와 같은 숫자에 둥근 표지를 붙이세요.」 또는 「콩의 수와 같은 숫자에 선을 그으세요.」

(C4) 숫자와 물건의 개수, 숫자와 그 읽는 법을 연결짓는다.(목표 행동)

훈련 목표

1. 숫자와 물건의 개수를 일치시킨다.

〈교재〉 적목, 카드

1) 훈련 대상자 앞에 적목을 2개 놓는다. 그리고 숫자가 써 있는 카드를 3매 놓고 (그 가운데 1장의 숫자는 적목의 개수와 일치하고 있다.) 「적목의 수가 써 있는 카드는 어느 것입니까. 손가락으로 가리키세요」라고 말한다.

2) 만약, 위의 훈련을 잘 한다면, 다른 물건을 사용해서 개수와 숫자의 대응 훈련을 한다. 반대로, 잘 되지 않을 경우에는, 물건의 옆에 그 개수를 써 있는 카드를 놓고, 훈련 대상자와 함께 물건의 개수를 세고 나서 그 숫자를 말한다. 이 훈련을 실시하고 나서, 다시 위의 절차를 반복한다.

2. 물건의 개수와 대응한 숫자를 쓴다.

〈교재〉 연습 카드, 구슬이나 적목 등의 물건

1) 다른 수의 물건이 그려져 있는 연습 카드(아래 그림)를 훈련 대상자에게 준다. 상담자는 그 수를 기입한다.

2) 훈련 대상자에게 여러 개의 물건을 주고, 그 개수를 세게 하고, 그 개수를 쓰게 한다.

3) 훈련 대상자에게 숫자를 보인다.(8)

4) 지도자가 수를 말하고, 그 숫자를 쓰게 한다. 대상자는 또, 그 수만큼 물건을 집어야 한다.

3. 숫자와 구체물의 개수, 숫자와 그 읽는 법을 연결 짓는다.

〈교재〉 제도용지, 연습카드, 작은 적목 또는 칩, 봉투, 물체, 그림, 숫자 카드

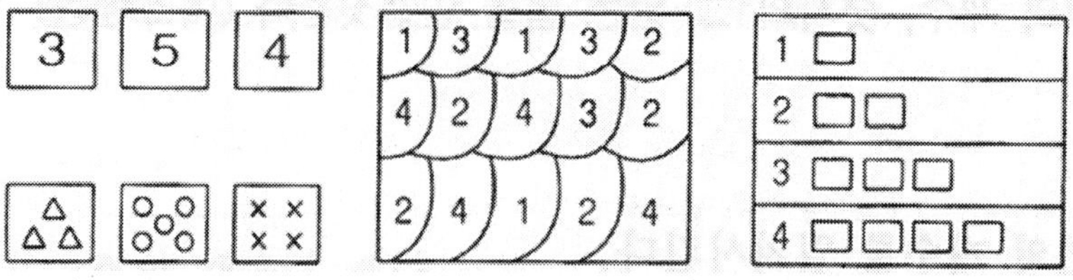

1) 1, 2, 3, 4에서 시작, 1회마다 하나씩 수를 넓혀 간다. 모든 수에 대해서, 수를 넓힐 때마다 아래에 가리킨 단계를 반드시 행한다.

① 수와 물체(그림은 아니고)를 순번으로 대응시킨다. (즉, 한 개는 1, 두 개는 2)

② 물건과 그 수를 대응시킨다. (즉 두 개 있으면 2, 네 개 있으면 4)

③ 「 _ 개를 집으시오」라고 말한다. 훈련 대상자는 말한 수만큼의 적목을 지도자에게 건네주어야 한다.

④ 훈련 대상자에게 수를 말하고 「그 수만큼의 적목을 놓으시오」라고 말한다.

⑤ 훈련 연습 카드를 이용해, 그것에 그려져 있는 그림의 개수를 세고, 대답의 숫자로 동그라미를 붙이게 한다.

2) 훈련 대상자에게 무작위로 숫자 카드를 보인다. 그리고, 대상자에게 「카드로 쓰여 있는 수만큼(적목)을 집으세요」라고 지시한다. 만약, 카드의 숫자를 생각해 내지 못하며, 「6」이라고 말하고 여섯 개를 집게 한다.

3) 훈련 대상자에게 숫자 카드와 물건이 그려져 있는 그림 카드를 준다. 대상자에게 카드의 숫자와 그림 카드의 물건의 개수를 대응시키도록 지시한다.

4) 한번에 3개 혹은 4개의 숫자를 뽑아서 가리킨다. 예를 들면, 1에서 4까지, 5에서 8까지, 3개 내지 4개의 숫자가 쓰여진 훈련 카드를 준비한다. (예 참조. 단지 디자인은 바꿔도 좋다) 훈련 대상자에게 연습 카드에 써 있는 숫자와 같은 개수의 적목을 집게 해, 그 숫자의 위치에 적목을 놓게 한다. 처음에 지도자가 시범을 보이고 연습 카드의 적목을 놓게 한다. 처음에 지도자가 시범을 보이고 연습 카드의 적목을 집고, 검사용 카드를 이용해, 그 개수를 평가하고, 연습 카드의 숫자와 적목의 개수가 일치해 있는지를 스스로 확인할 수 있도록 한다.

5) 2개의 봉투에 각각 숫자 카드, 물체, 물체의 그림을 넣어 둔다. 훈련 대상자에게 봉투의 내용물 속에서 개수 또는 숫자가 일치하는 물건을 뽑게 한다. 이 절차는 숫자를 가리키기 위해 행한다. 예를 들면, 세는 숫자가 3인 경우, 어떤 봉투에 들어 있는 물건이, 3개가 같은 물체와 개수의 다른 여러 문장의 물체의 그림이라고 한다. 그 경우 훈련 대상자는 물체와 같은 개수의 물건이 그려진 그림을 뽑을 뿐이다. 또, 다른 봉투에 물건이 3개 그려진 그림과 3개의 숫자 카드가 넣어 있다고

하면, 이 같은 경우에는 정정할 필요는 없다, 다른 봉투에 어떤 조의 다른 물건과 숫자 카드가 들어 있는 경우에는 그 숫자와 일치한 개수의 물건을 뽑아야 한다. (Frostig & Masiow, 1973)

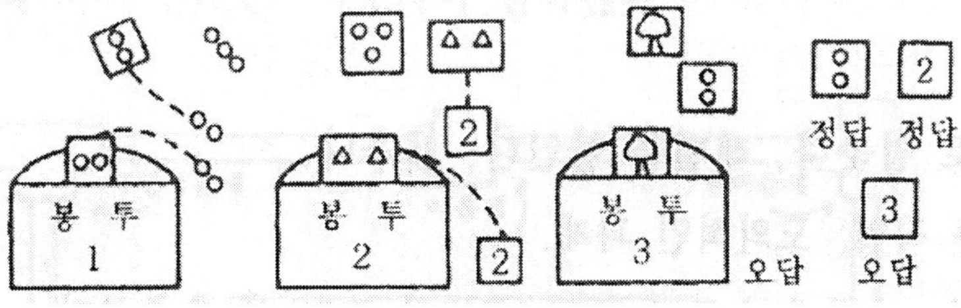

D. 조립 기능 (하위 영역)

(D1) ~ (D4) 조립 기능 (목표 행동)

〈주〉 목표 행동 D1에서 D4까지는 「조립 기능」과 관련한 것이고, 훈련 차례는 거의 동일한 내용이지만, 문제의 내용과 그 복잡함이 유일하게 다른 점이다. 따라서, 각각의 과제 (D1에서 D4까지)는 같은 훈련 목표로 행해진다. 본 훈련에 들어가지 전에, 지도자는 아래의 사항에 관한 지식을 가지고 있어야한다.

· 과제에 대한 「과제 분석」의 방법, 내용, 과정으로 이루어질 것, 이것은 영역Ⅳ-B 「교수 기법」에 상세히 기술되어 있다.
· 교정 절차의 사용법에 관한 지식(이 점에 대해서는 영역 Ⅳ - B로 개관 할 수 있다.)
· 훈련 대상자의 조립 기능 향상과 수반해, 간단한 과제에서 복잡한 과제에로 나아가는 기술.

훈련 목표

1. 조합한다.

〈교재〉 소책자, 물건을 넣은 봉투, 수주 작업

1) 상기의 「지도자에게 요구되어지는 3개의 조건」을 충족한다.
2) 훈련 대상자에게 조합 작업을 시키고, 훈련자는 아래의 점에 관해 기록한다.
① 틀리지 않게 작업을 할 수 있는가 ② 수행시간

3) 2)① 및 2)②의 기록에 의해, 훈련 대상자에게 강화를 준다.

2. 접다, 기구로 멈추다, 레벨을 붙인다, 채우다.

〈교재〉 수주 작업, 모의적인 과제.

1) 상기의 「지도자에게 요구되어지는 3개의 조건」을 충족한다.

2) 과제를 수행시킨다.

① 필요에 따라서, 교정하거나, 노력하거나 한다.

② 틀린 수와 수행 시간을 기록한다.

③ 수행량의 증가와 틀림의 감소에 대해서는, 각각 다르게 강화를 준다.

3. 파이프의 이음매를 조립한다.

〈교재〉 파이프 이음매, 프로그램

1) 상기의 「지도자에게 요구되어지는 3개의 조건」을 충족한다.

2) 지도자가 파이프의 이음매를 분해하고, 다시 조립해 보이고 나서 훈련 대상자에게 그 작업을 하게 한다.

3) 만약, 그것이 대상자에게 너무 복잡하다면, 처음에 조립을 행하고, 그리고 분해, 조립을 시킨다.

4) 반응의 일반화를 촉진하도록 할 경우에는, 다른 절차를 덧붙여도 좋다.

4. 언어 지시를 단서로 해서 물체를 조립한다.

〈교재〉 간단한 장난감

1) 상기의 「지도자에게 요구되어지는 3개의 조건」을 충족한다.

2) 절차는 다음과 같이 한다.

① 훈련 대상자를 부품이 들은 접시가 놓여 있는 테이블에 앉힌다.

② 지도자가 대상자 옆에 앉는다.

③ 지도자가 훈련 대상자에게 작업의 전 공정을 한번 시범을 보인다. 시범은 우선, 한 개 한 개의 부품을 부품 상자나 접시 앞에 제시하고 나서 그것들을 조립한다.

④ 조립 방법과 지시 단서는, 지도자가 선택한다.

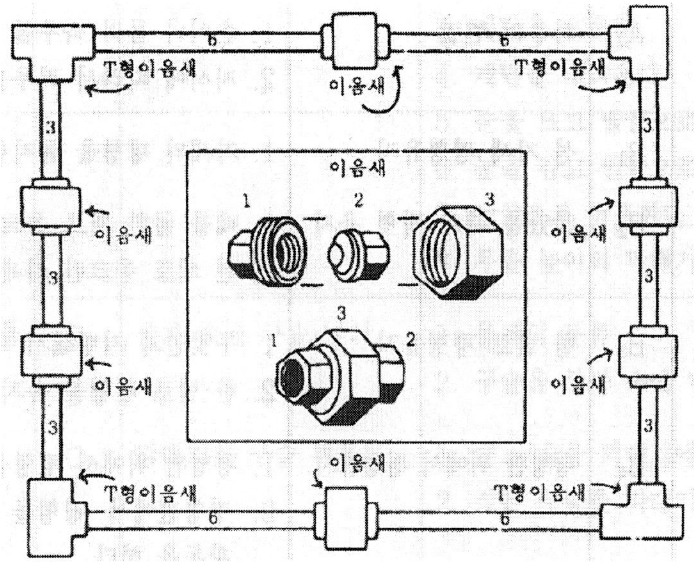

6. 직무 관련 기능

<표 6> 직무 관련기능의 하위 영역과 목표

하 위 영 역	번호	목 표 행 동	훈 련 목 표
A. 바른 자세 (仔細)	A_1	환경에 대한 바른 자세	1. 신체표면 및 신체부분과 공간에 있는 물체나 방향을 관련짓는다. 2. 전치사나 방향을 나타내는 지시어를 듣고 그림에 그려져 있는 물체의 위치를 지적하거나, 지적하는 물체의 전치사나 방향을 나타내는 말을 한다. 3. 신체를 공간이나 주의 환경과 관련지어 바른 자세를 정한다.
	A_2	좌우의 변별	1. 손이나 몸의 좌우를 구별한다. 2. 지시에 따라서 좌우를 구별한다.
B. 평형 기능	B_1	선 자세 평형유지	1. 자세의 평형을 유지한다.
	B_2	앉았을 때의 평형	1. 배를 굽힌 채로 웅크린 자세를 취한다.
	B_3	유지한 발로 평형유지	1. 무엇인가 지탱해서 평형을 유지한다. 2. 한 발로 평형을 유지한다.

	B_4	평형판 위에서 평형유지	1. 평형판 위에서 평형을 유지한다. 2. 형판에서 평형을 유지하면서 다른 활동을 한다.
	B_5	평형을 유지하고 평균대의 걷기	1. 마루 바닥의 선상에 평형을 유지하면서 걷는다. 2. 선 위에 발을 교대로 발 앞꿈치와 뒤꿈치가 접하도록 해서 평형을 유지하며 걷는다. 3. 선 위를 옆으로 걷거나 뒤로 걷는다. 4. 평균대 위를 평형을 유지하면서 걷는다. 1) 앞으로 걷기 2) 옆으로 걷기 3) 뒤로 걷기
	B_6	민첩성과 평형 능력 익히기	1. 바닥의 선 위를 평형을 유지하면서 걷는다. 2. 선 위에 발을 교대로 발 앞꿈치와 뒤꿈치가 접하도록 해서 평형을 유지하면서 걷는다. 3. 선 위를 평형을 유지하면서 보행한다. 1) 앞으로 걷기 2) 옆으로 걷기 3) 물체의 평형을 유지하면서 옆으로 혹은 뒤로 걷기. 4. 물건을 들고 걷는다.
	B_7	민첩성과 평형 능력 익히기	1. 경사진 면을 걸어서 오른다. 2. 경사진 명을 걸어서 내려온다. 3. 계단을 오른다. 4. 계단을 내려온다. 5. 눈을 뜨고 발끝으로 선다. 6. 눈을 감고 발끝으로 선다. 7. 발끝으로 점프한다. 8. 무릎 높이의 막대기를 뛰어 넘는다.
C. 작은 근육 운동	C_1	상자 속에 구슬 넣기	1. 물체의 분류 2. 구슬을 상자 속에 넣는다.
	C_2	막대기로 구슬 끼우기	1. 큰 구슬을 막대기에 끼운다. 2. 작은 구슬을 막대기에 끼운다.
	C_3	손가락으로 두드리기	1. 집게손가락을 상하로 움직이게 한다. 2. 평평한 면을 손가락으로 두드리게 한다. 3. 작은 물건을 손가락으로 집거나 들게 한다.
	C_4	단순한 조립	1. 2개의 부품으로 물건을 조립한다. 2. 3개의 부품으로 물건을 조립한다.

D. 지각 · 운동협응	D_1	눈과 손(한쪽 손)의 협응	1. 손을 민첩하게 움직인다. 2. 눈과 손을 동시에 움직여서 유의미한 동작을 모방한다. 3. 눈과 손의 협응을 연습한다.
	D_2	양손의 협응	1. 양손을 협응시킨다.
	D_3	손(양손)과 교차성(交叉成)	1. 손에서 2.5~7.5cm 떨어져 있는 곳에 있는 물건에 손을 닿게 한다. 2. 손에서 7.5~15cm 떨어져 있는 곳에 있는 물건에 손을 닿게 한다. 3. 훈련대상자의 손에 물건을 놓는다. 4. 물건을 잡는다. 5. 잡은 물건을 조작한다.
	D_4	다른 기능의 협응	1. 눈과 손의 협응 동작 2. 눈과 손과 발의 협응동작
	D_5	움직이는 물건을 대상으로 한 눈과 손의 대응	1. 움직이는 물건을 대상으로 한 눈과 손의 협응과제를 연습한다.
E. 근력 기능	E_1	손의 근력	1. 팔과 손목의 근력 강화 2. 손 힘의 강화
	E_2	기타 근력 강화 훈련	1. 허리를 굽힌다. 2. 다리를 올린다. 3. 상체 일으키기 4. 팔을 들고 뛰어오른다. 5. 팔굽혀펴기 자세를 취한다. 6. 손을 붙이고 높게 뛰기.
	E_3	사물 이동	1. 무거운 물건을 상자에서 꺼낸다. 2. 물건을 들어올려 운반한다.
	E_4	지시에 따라 작업을 정확하게 한다.	1. 과제를 이해한다. 2. 열심히 노력하면 강화가 주어지는 것을 이해한다.

A. 바른 자세(하위 영역)

(A1) 환경에 대한 바른 자세(목표 행동)

훈련 목표

1. 신체표면 및 신체 부분과 공간에 있는 물체나 방향과를 관련 짓는다.

〈교재〉 상자, 테이블이나 의자 같은 가구, 공, 천장에 메 달린 벨 등, 개념을 학습하기 위한 교재.

1) 훈련에서 이용하고 있는 전치사나 방향을 가르치는 말의 카드 (예를 들면 가운데, 바깥, 앞, 뒤, 다음, 사이, 옆, 위, 아래 등)를 만든다. 그리고. 그 카드를 포함한 언어지시로 훈련대상자에게 여러 가지 활동을 실시하게 한다. 예를 들면, 「자기의 등(뒤)을 가리켜 보세요.」「~의 옆에서 서세요.」「~와 …의 사이에 앉으세요.」「테이블 아래에 앉으세요.」「의자 위에 앉으세요.」 등.
2) 상기의 훈련이 학습된 후, 보다 어려운 지시를 한다. 예를 들면, 「상자 속에 들어가세요.」「공 앞에 서세요.」「의자에 등을 기대세요.」「이것에서 물러나세요.」 등
3) 만약, 상기의 훈련이 곤란하다면, 다음과 같이 훈련을 실시한다. 먼저 시범을 보이고 훈련대상자에게 모방시켜, 방향을 가리키는 어휘를 하나씩 조직적으로 가르친다.

2. 전치사나 방향을 나타내는 지시어를 듣고 그림에 그려져 있는 물체의 위치를 지적하거나, 지적하는 물체의 전치사나 방향을 나타내는 말을 한다.

〈교재〉 그림.

1) 그림을 보이고 전치사나 방향을 나타내는 말에 해당되는 적합한 그림을 지적하게 한다. 예를 들면, 「책상 위에 있는 상자를 가리켜 보세요.」「찻잔 속에 있는 스푼은 어느 것입니까?」「집안에 있는 개는 어느 것입니까?」 만약 곤란을 느끼는 다음 같은 지시를 한다. 「개는 집안에 있습니까? 집 밖에 있습니까?」
2) 가능하면, 그림에 그려져 있는 상황을 훈련 대상자에 말하도록 시켜보는 것도 좋다. 예를 들면, 훈련자가 「소년은 어디에 있습니까?」라고 묻고 훈련대상자는 「책상 아래」라고 대답한다.

3. 신체를 공간이나 주위 환경과 관련지어 바른 자세를 정한다.

〈교재〉 종이, 연필과 크레용, 완구의 가구, 인형, 본 훈련을 일상생활 기능이나 여행 기능과 관련시킨다.

1) 훈련대상자와 함께 방의 이름을 말하면서 여러 가지 방을 둘러본다. 그리고, 다시

방을 둘러보면서 각 방의 이름을 말하게 한다. 각 방의 이름과 위치를 알고 있는 듯하면, 현재 있는 방에서 지시한 방으로 가게 한다. 훈련 대상자는 틀리지 않게 지시된 방에 가야한다.

2) 훈련대상자가 그림을 그리 수 있으면 방에 앉혀 방의 그림을 그리게 하고, 자기의 위치를 기입시킨다. 그릴 수 없다면 방과 거기에 있는 사람이 그린 그림을 모여 그림이 통하는 위치에 앉힌다.

(A2) 좌우의 변별(목표 행동)

훈련 목표

1. 손이나 몸의 좌우를 구별한다.

〈교재〉 움직이는 물건, 종이 클럽, 지우개

1) 훈련자가 훈련대상자의 좌우의 손을 지적하거나 「그 손을 드시오. 앞으로 내세요.」 등을 지시하여 시범을 보인다. 이 훈련 중에 무거운 물건을 운반시켜 훈련 대상자의 오른 팔을 확인한다. 이러한 훈련은 훈련대상자의 신체 양측에 관해서 분화된 개념을 가지게 하기 위한 것이다. 다음은 이하에 제시하는 지시를 사용해서 손에 「좌·우」의 명명을 시키는 훈련에 들어간다. 「오른손을 책상 위에 놓으세요.」 「왼손을 배위에 놓으세요.」 「오른쪽, 왼쪽」의 부르는 이름과 대등한 손과의 연결을 촉구하기 위해 상담자의 오른손에 크고 빨간 글씨로 「R」을 써 두는 것도 좋다.

2) 훈련 대상자에게 다음에 제시하는 여러 가지 과제를 준다. 「종이 클립을 오른손으로 집으세요.」 「지우개를 왼손에 드세요.」 「오른손으로 핀을 상자 속에 넣으세요.」 등.

2. 지시에 따라서 좌우를 구별한다.

〈교재〉 거울, 몸 주위에 있는 사물, 종이, 물감, 큰 도화지.

1) 지도자는 훈련대상자와 거울을 보면서 자신의 팔, 다리, 손 등을 지적해 보인다. 그때 「이 팔은 어느 쪽의 팔입니까?」하고 묻는다. 훈련대상자는 어렵다면 다음과 같이 제안을 위한 단서를 준다. 「이 팔은 어느 쪽입니까?」 「이 책상의 오른쪽은 어느 쪽입니까?」하고 묻는다.

2) 훈련대상자에게 종이나 책상을 제시하고 「이 종이의 오른쪽은 어느 쪽입니까?」 「이 책상의 오른쪽은 어느 쪽입니까?」라고 묻는다.

3) 훈련대상자의 양 손에 다른 색을 칠한 종이에 손을 형태를 붙이게 한다. 각색 오른쪽과 왼쪽에 대응하는 것을 말로 가르친다. 그리고 형태에 자기의 손을 겹치게

한다.

4) 종이의 여러 가지 부분을 향해 손을 누르게 한다. 훈련대상자에게 손의 형태와 같은 쪽의 손을 겹치게 한다. 발에 대해서도 같은 절차를 실시해 볼 것,

5) 여러 가지 종류의 장갑을 사용한다. 장갑에 대응한 쪽의 손을 끼우면서 왼쪽손인지 오른쪽손인지를 말하게 해도 좋다.

6) 지도자는 훈련대상자에게 마주하고 「나의 오른쪽 다리는 어느 쪽이죠?」 「왼쪽은 어느 쪽이죠?」라고 묻고 지적한다.

B. 평형 기능(하위 영역)

(B1) 선 자세의 평형 유지(목표 행동)

훈련 목표

1. 자세의 평형을 유지한다.

훈련 대상자에 따른 평형기능의 문제점과 그 훈련에 관해서는 전문가의 평가와 지도가 필요하다. 따라서 여기에서는 개개의 절차를 언급하지 않는다. 필요하면 관계 문헌을 참조할 것.

(B2) 앉았을 때의 평형 유지(목표 행동)

훈련 목표

1. 배를 굽힌 채로 웅크린 자세를 취한다.

1) 절차

훈련의 전제가 되는 조건 : 팔의 윗부분으로 몸을 지탱한다. 무릎으로 몸을 지탱한다. 무릎을 꿇을 수 있다.

2) 단계적인 지도로 훈련을 한다.

3) 훈련용구 : 록킹판

4) 과제분석:

① 엎드려서 손을 양겨드랑이에 두고 몸을 옆으로 눕는다.

② 팔을 양겨드랑이에서 양 귀 있는 곳으로 평행이 되도록 유지하고, 손가락은 넓게 펼친다.

③ 양팔을 펼치고 상반신을 일으킨다.

④ 팔을 사용하여 몸을 뒤로 이동시켜서 허리를 굽힌다. 따라서 무릎을 굽히고 정강이를 착상하고 있는 자세가 된다.

⑤ 손을 뒤로 비껴 이런 자세를 취한다.

⑥ 정강이로 바닥을 문지르는 듯하여 오른다리의 무릎을 앞으로 이동하고 위에 올린다.

⑦ 반대 발에 대해서도 똑같은 모양을 한다.

⑧ 손을 붙여서 체중을 발끝으로 지탱하면서 상체를 수직으로 세운다.

⑨ 팔을 몸 측면에 붙인다.

⑩ 엉덩이를 발 뒷꿈치에 닿게 한다.

2. 선 채로 웅크린 자세를 취한다.

1) 훈련의 전제가 되는 조건

버팀목 없이 선다. 앞으로 구부린 자세에서 상체를 수직으로 세운다.

2) 훈련의 접근방법은 단계적인 지도가 되어야 한다.

3) 과제 분석

① 똑바로 선다.

② 무릎을 깊게 굽히고 몸을 낮추고 발뒤꿈치를 바닥에서 조금 든다.

③ 엉덩이를 발뒤꿈치에 얹는다.

④ 손을 대퇴부에 놓는다.

⑤ 10초간 그대로의 자세를 유지한다.

(B3) 한 발로 평형 유지〈목표 행동〉

훈련 목표

1. 무엇인가 지탱해서 평행을 유지한다.

1) 지팡이나 의자 같은 물체를 붙잡고 한쪽 발로 서는 것을 훈련하고 서서히 지팡이나 의자 같은 물건을 사용하지 않고도 평형을 유지한다.

2) 한쪽 발로 평형을 유지할 수 있도록 하기 위해 다음과 같은 절차를 사용한다.(Fredericks, 1976)

① 훈련대상자를 벽을 향해 서게 한다. 양 손을 벽에 붙이고 눈을 뜬 채로 왼발을 바닥에서 7.5cm의 높이까지 올리게 한다.

② 훈련대상자를 벽을 향해 서게 한다. 왼손을 벽에 붙이고 눈을 뜬 채로 왼발을 바

닥에서 7.5cm의 높이까지 올리게 한다.

③ 훈련대상자를 벽을 향해 서게 한다. 왼쪽의 엄지 이외의 손가락을 벽에 붙이고 눈을 뜬 채로 왼발을 마루에서 7.5cm의 높이까지 올리게 한다.

④ 훈련대상자를 벽을 향해 서게 한다. 왼손의 집게손가락을 벽에 붙이게 하고 눈을 뜬 채 왼발을 바닥에서 7.5cm의 높이까지 올리게 한다.

⑤ 훈련대상자를 벽을 향해 서게 한다. 왼손의 검지만을 벽에 붙이고 눈을 뜬 채로 왼발을 바닥에서 7.5cm의 높이까지 올리게 한다.

⑥ 훈련대상자를 벽을 향해 서게 한다. 아무런 지탱도 없이, 눈을 뜬 채로 왼발을 바닥에서 7.5cm의 높이까지 올리게 한다.

2. 한말로 평형을 유지한다.

1) 양손을 옆으로 올리고 한쪽발로 서게 한다. 발은 좌우 교대로 실시한다. 좌우 각 다리로 10초간의 평형을 유지할 수 있어야 한다.
2) 팔을 여러 가지 위치로 취하게 하여 한쪽 발로 서게 한다. 좌우 각 발에 대해서 훈련할 것.
3) 이상의 절차를 눈을 감고 시킬 것.
4) 가능한 한쪽발로 서 있는 시간(혹은 훈련대상자가 한 발로 서 있는 사이에 센 수)을 훈련대상자에게 그래프화 시킨다. 그리고 매일 신기록을 만들도록 힘쓴다.
5) 한 쪽 발로 서 있는 동안 들고 있는 발을 전후좌우로 흔들게 한다. 이 절차는 우선 눈을 감고 의자를 잡고 하게 한다. 다음에 의자에서 손을 놓도록 한다.

(B4) 평형판 위에서 평형 유지(목표 행동)

훈련 목표

1. 평형판의 위에서 평형을 유지한다.

〈교재〉 평형판(40cm x 40cm) 평형판의 가운데 쪽 중앙에 7.5cm 높이의 지주가 장치되도록 되어 있다. 지주에는 7.5cm x 7.5cm, 10cm x 10cm, 12.5cm x 12.5cm의 3종류가 있다.

1) 지주가 붙어 있지 않은 평형판 위에 훈련대상자를 세워 평형능력을 본다. 그리고, 가능한 제일 큰 지주를 평형판 위에 세워 평형을 취하게 한다. 만약 이것이 곤란하면 그림이나 목표를 벽에 붙여 평형을 취할 때에 응시 시키면 좋다. 차츰 작은 지주로 바꿔간다. 훈련대상자는 어떠한 것이더라도 평형을 취할 수 있어야 한다.

또한 평형판 위에서 몸을 흔들게 해 몸 중심의 변화를 의식시킨다. (kephart,1960)

2. 평형판에서 평형을 유지하면서 다른 활동을 한다.

<교재> 평형판, 여러 가지 크기의 다른 공, 콩이 들은 주머니. 고리 던지기

1) 평형판에서 평형을 유지할 수 있게 되면, 훈련대상자를 평형판 뒤에 올라선 채로 다음 활동을 시켜 본다.

① 고무공을 마루에 튀게 해 잡는다. (큰 공부터 시작해서 다음에는 작은 공으로 나간다.)

② 훈련자와의 사이에서 콩이 들은 주머니를 던진다.

③ 고리 던지기를 한다. (점차 거리를 넓혀 나갈 것)

(B5) 평형의 유지와 평균대 걷기(목표 행동)

훈련 목표

1. 마루 바닥에 그어진 선상에 평형을 유지하면서 걷는다.

〈교재〉 테이프로 그은 선, 스푼, 콩, 접시, 컵, 콩이든 주머니.

1) 훈련대상자에게 미루어 직선 위를 걷도록 지시한다. 훈련대상자는 자기의 발과 직선을 잘 보면서 걸어야 한다. 다음에는 전방을 똑바로 보면서 걷는 훈련을 한다. 훈련 대상자에게 발끝을 똑바로 앞을 향해 걷도록 주의 시킨다.

2) 훈련대상자에게 다른 물건을 들고 평형을 유지해 걷도록 지시한다. 예를 들면, 콩을 얹은 스푼이나 물건을 얹은 접시를 들게 하거나 머리에 콩이 든 주머니를 얹게 한다.

2. 선 위에 발을 교대로 발 앞꿈치와 뒤꿈치가 접하도록 해서 평형을 유지 하면서 걷는다.

1) 마루바닥의 선상을 교대로 발 끝을 앞 발의 뒤꿈치에 접하도록 해서 걷도록 훈련대상자에게 지시한다. 즉, 훈련대상자는 첫발을 내디딘 후 다음 걸음은 앞발의 뒤꿈치에 닿도록 걷게 한다. 또 훈련대상자는 이 보행 중 평형을 유지해야하고, 지도자는 같은 절차를 눈을 감고 시킨다.

3. 선 위를 옆으로 걷거나 뒤로 걷는다.

〈교재〉 테이프, 콩, 콩이든 주머니

1) 훈련대상자에게 옆으로 걷고 뒤로 걷도록 지시한다. 이 경우 보행은 사뿐히 실시하

도록 한다.

4. 평균대 위를 평형을 유지하면서 보행한다.(앞, 옆, 뒤로걷기)

〈교재〉 평균대는 5cm x 10cm의 각이진 나무로 만든다. 길이는 2.3~3m면 좋다. 판이 기울지 않도록 양끝에는 받침대를 댄다. 약5cm높이의 곳에 설정한다. 받침대의 부착은 보행하는 면이 좁거나 넓더라도 양쪽 다 댄다.(kephart, 1960)

1) 훈련대상자에게 앞으로 걸어가도록 지시한다. 달리는 것을 금지하고 항상 천천히 평형을 유지하고 발뒤꿈치와 발끝을 똑바로 해서 보행하도록 지시한다. 이 훈련에서 평형이 잘 취해지도록 하기 위해서 다음과 같은 절차로 실행한다.

① 전방의 목표를 보면서 앞으로 걷게 한다.

② 왼손에 추를 들게 하고 앞으로 걷게 한다. 다음에는 오른 손도 같은 방법으로 행한다.

③ 추를 좌우의 손에 번갈아 바꿔 들고 전방으로 걷게 한다.

④ 뒤로 걷게 한다.

⑤ 추를 한손에 들게 하고 뒤로 걷게 한다. 다음에는 다른 손으로 같은 절차를 행한다. 추를 좌우의 손에 번갈아 바꿔들고 뒤로 걷게 한다.

⑥ 흑판을 머리 위에 얹어 떨어지지 않도록 앞으로 걷게 한다. 그것이 끝나면 똑같은 방법으로 뒤로 걷게 한다.

⑦ 흑판을 머리 위에 얹고 손에는 추를 들고 앞으로 걷게 한다.

⑧ 평균대 위를 걸으면서 지시에 따라 콩 넣은 자루를 목표에 맞추게 지시한다.

⑨ 평균대 위를 걸으면서 공을 튀긴다.

⑩ 평균대 위를 걸으며 콩이 들은 주머니로 캐치볼을 한다.

처음에는 오른발을 먼저 디디게 하여 옆걸음을 시킨다. 그 다음에는 왼쪽발을 먼저 딛게 해서 옆걸음을 시킨다.

손에 추를 들 게하고 옆걸음을 시킨다.

머리 위에 흑판을 얹고 손에 추를 들게 해서 평형을 유지하면서 옆으로 걷게한다.

손에 추를 들려 다음과 같이 하여 옆걸음을 시킨다. 평균대의 중앙에 도달하면 우축으로 돌게 해 뒤로 끝까지 걷는다. 나아가서 한가운데까지 전진하고 거기서 한바퀴 돌아서 원래의 끝까지 옆걸음으로 되돌아간다. 그리고 한가운데까지 옆걸음으로 나아가 일회전하고 반대편 끝까지 나아간다.

팔을 다음에 제시하는 것과 같이 펼쳐 전진시킨다. 「앞으로」 「뒤로」 「양손을 한 쪽으로」 「다른 방향으로」

항상 왼쪽발을 앞에 오른쪽 발을 위로해서 전진시킨다. 또 발을 반대로 해서 같은 절차를 행한다.

왼쪽 발을 앞으로 해서 뒤로 물러나게 한다. 또한 발을 반대로 해서 같은 절차를 실시한다.

2) 상기의 절차에 의해서도 평형기능의 개선이 이루어지지 않는 경우에는 다른 사람과 상담할 것.

(B6) 물건을 들고 보행하기(목표 행동)

훈련을 실시하기 위한 전제조건으로 평형기능(B5)의 훈련이 완료 되어 있어야 한다.

훈련 목표

1. 바닥의 선 위를 평형을 유지하면서 걷는다.

〈교재〉 테이프

1) 바닥에 그어져 있는 선 위를 걷도록 훈련대상자에게 지시한다. 훈련대상자는 자기의 발과 선을 보면서 걷는 것이 좋다. 그 후 전방을 똑바로 보면서 보행하는 훈련을 실시한다. 보행은 발끝을 앞으로 똑바로 향하게 해서 걷게 한다.

2. 선 위에 발을 교대로 발 앞꿈치와 뒤꿈치가 접하도록 해서 평형을 유지 하면 서 걷는다.

1) 바닥의 선상을 교대로 발끝을 앞 발 뒤꿈치로 접하도록 해서 걷도록 훈련 대상자에게 지시한다. 훈련대상자는 한발을 내딛고 다음의 발은 앞발의 뒤꿈치에 끝이 닿도록 걷는다. 또 훈련대상자는 보행 중 평형을 유지해야 한다. 같은 절차를 눈을 감고서 실시한다.

3. 선 위를 평형을 유지하면서 보행한다. (물건의 평형을 취하면서 옆걸음 혹은 뒷걸음한다.)

〈교재〉 바닥에 붙인 테이프, 콩, 스푼, 콩이 들은 자루

1) 훈련대상자가 선상을 처음에는 옆걸음으로 다음에 뒷걸음으로 걷도록 지시한다. 보행 중에 선에서 다리가 떨어지지 않도록 지시한다. 또한 대상자에게 콩이 얹힌 스푼을 들게 하든지 머리에 콩이 든 자루를 얹게 해서 위와 같이 보행을 시킨다. 보행 중 물건이 떨어지지 않도록 평행을 유지시킨다.

4. 물건을 들고 걷는다.

〈교재〉 컵, 스푼, 커피잔 등

1) 방 가운데서 물건을 운반하도록 다음과 같이 동작을 시킨다.

① 물을 가득 채운 통이나 컵을 들고 걷기 물을 담아 온다.

② 방의 테이블 위에 물건을 얹힌 그릇을 놓고 간다.

③ 유리구슬을 스푼위에 얹고 걷는다.

④ 커피가 든 잔을 1개 혹은 두 개 운반한다.

2) 상기의 훈련은 크고 소수의 물건에서 다시, 다음에 모양을 작게 수를 증대 한다.

(B7) 민첩성과 평형능력 익히기(목표 행동)

훈련 목표

1. 경사진 면을 걸어 오른다.

〈교재〉 판자로 만든 경사면

1) 경사진 판 위를 자기의 체중을 지탱하면서 걸을 수 있도록 하기 위해 다음처럼 6단계의 절차로 실행한다.

단계(1) : 한 방향을 1단계 높이로 한 판의 경사진 면 위를 체중을 지탱하면서 걸어 오르게 한다.

단계(2) : 2단계 높이로 한 판의 경사진 면 위를 걸어 오르게 한다.

단계(3) : 3단계 높이로 한 판의 경사진 면 위를 걸어 오르게 한다.

단계(4) : 4단계 높이로 한 판의 경사진 면 위를 걸어 오르게 한다.

단계(5) : 5단계 높이로 한 판의 경사진 면 위를 걸어 오르게 한다.

단계(6) : 6단계 높이로 한 판의 경사진 면 위를 걸어 오르게 한다.

2) 상기의 각 단계에 있어 다음의 단계를 밟는다.

① 보행거리 : 60cm ② 보행거리 : 90cm ③ 보행거리 : 1.2m

④ 보행거리 : 1.8m ⑤ 보행거리 : 2.4m

2. 경사진 면을 걸어 내려온다.

〈교재〉 판으로 만든 경사면

1) 본 훈련은 경사진면을 걸어올라 가는 훈련과 관련시켜서 실시해야 한다. 걸어서 경사진 면을 내려오는 이외에는 위의 절차와 동일하다.

2) 필요하면 처음에는 보조해 줄 필요가 있다.

3. 계단을 오른다.

〈교재〉 훈련용 계단, 난간.

1) 한 방향의 손으로 난간을, 다른 손으로 훈련자의 손을 쥐고 계단을 오르게 한다. 이때 계단의 걷는 쪽은 우선 한쪽의 발을 계단에 얹고 이어서 반대 발을 한쪽 발에 가지런히 하는 방법이다. 이때 자연스럽게 걷게 한다.
2) 난간만을 쥐게 해서 계단을 오르게 한다. 걷는 것은 상기의 절차와 같다.
3) 전부 개조한 계단을 오르게 한다. 상기의 절차와 같다.
4) 한쪽 손으로 난간을, 다른 쪽의 손으로 지도자의 손을 쥐고 계단을 오르게 한다. 이때 계단을 오르는 방법은 교대로 발을 내밀게 하고 자연스럽게 걷게 한다.
5) 손으로 난간만을 쥐게 해 한 개 한 개 계단을 오르게 교대로 발을 내밀게 하는 방법으로 자연스럽게 계단을 오르게 한다.
6) 전부 개조하여 한 계단에 1보씩 교대로 발을 내밀게 하는 방법으로 자연스럽게 계단을 오르게 한다.

4. 계단을 내려온다.

1) 본 훈련은 훈련 목표 1과 관련시켜 실시할 것, 걸어서 계단을 내리는 것 외에는 상기의 절차와 동일하다.

5. 눈을 뜨고 발끝으로 선다.

〈교재〉 보물 자루

1) 훈련 목표를 양팔을 위로 벌리고 보물 자루를 양손으로 쥔다.
   단계 (1) : 달성하기 위해 다음의 순서로 훈련을 실시한다.
   단계 (2) : 양손으로 보물 자루를 쥐고 발끝으로 선다.
   단계 (3) : 오른손으로 보물 자루를 쥐고 발끝으로 선다.
   단계 (4) : 오른손의 집게손가락과 중지만으로 보물 자루를 쥐고 발끝으로 선다.
   단계 (5) : 오른 손의 집게손가락과 중지만으로 보물 자루를 쥐고 발끝으로 선다.
   단계 (6) : 집게손가락을 보물 자루에 감게 해 발끝으로 선다.
   단계 (7) : 눈을 뜨고 발끝으로 선다.
2) 이상의 각 단계에 대해서 다음과 같이 시간을 늘인다.
   ① 1초 ② 2초 ③ 3초 ④ 4초 ⑤ 5초

6. 눈을 감고 발끝으로 선다.

〈교재〉 보물 자루

1) 다음에 가르치는 7단계의 절차를 거쳐 훈련 목표를 달성한다.

단계 (1) : 양팔을 위로 벌리고, 보물 자루를 양손으로 쥐고 눈을 감는다.

단계 (2) : 양손으로 보물 자루를 쥐고 눈을 감고 발끝으로 선다.

단계 (3) : 오른손으로 보물 자루를 쥐고 눈을 감고 발끝으로 선다.

단계 (4) : 오른손의 엄지 이외의 손가락으로 보물 자루를 쥐고 눈을 감고 발끝으로 선다.

단계 (5) : 오른손의 집게손가락과 가운뎃손가락만으로 보물 자루를 쥐고 눈을 감고 발끝으로 선다.

단계 (6) : 집게손가락으로 보물 자루를 쥐고 눈을 감고 발끝으로 선다.

단계 (7) : 눈을 감고 발끝으로 선다.

7. 발끝으로 점프한다.

1) 발끝으로 점프하고 발끝에서 착지 할 수 있도록 하기 위해서 다음의 절차로 훈련을 실시한다. (Fredericks, 1976)

① 훈련대상자를 60cm×1.2cm의 판 위에 쭈그리게 하고 지도자가 훈련대상자의 손을 잡는다. 지도자는 훈련대상자의 손을 끌어 판자에서 바닥으로 이동시킨다.

② 판 위에 웅크리게 해서 지도자가 훈련대상자의 손을 잡는다. 지도자는 손으로 이끌어 대상자를 판에서 바닥으로 이동시킨다.

③ 판 위에 웅크리게 해서 지도자가 훈련대상자의 양손을 잡는다. 지도자는 손으로 이끌어 훈련대상자를 판 위에서 바닥으로 점프시킨다.

④ 판 위에 웅크린 대상자의 오른손을 쥔다. 지도자는 손으로 이끌어 훈련 대상자를 판 위에서 점프시킨다.

⑤ 지도자의 팔을 붙잡고 발끝으로 서서 점프와 착지를 2회 반복시킨다.

⑥ 지도자의 팔을 붙잡고 발끝으로 서서 점프와 착지를 3회 반복시킨다.

⑦ 지도자의 팔을 붙잡고 발끝으로 서서 점프와 착지를 4회 반복시킨다.

⑧ 더불어 5회 반복시킨다.

⑨ 지도자의 도움으로 스스로 발끝으로 서서 점프와 착지를 5회 반복시킨다.

8. 무릎 높이의 막대기를 뛰어 넘는다.

〈교재〉 봉. (5cm×10cm×3cm)

1) 다음의 활동을 훈련대상자에게 시킨다. (Fredericks, 1976)

① 바닥의 선상에 발뒤꿈치를 뒤로하고 뛴다. 착지 시에 선에 닿지 않도록 시킨다.

② 선에서 2.5cm 손앞의 위치에 발뒤꿈치를 두고 앞으로 뛴다. 착지에서 선에 닿지 않도록 시킨다.

③ ①과 ②를 거리를 넓혀 가면서 반복한다. 7.5cm까지 더 갈 것.

④ 선의 손앞에 발끝을 두고 막대기를 뛰어넘게 한다.

⑤ 막대기를 마루 바닥에 두고 막대기를 뛰어넘게 한다.

⑥ ⑤의 절차를 10cm높이 이상 막대기를 높이면서 반복한다.

C. 작은 근육 운동(하위 영역)

(C1) 상자 속에 구슬 넣기(목표 행동)

훈련 목표

1. 물체의 분류

〈교재〉 신체 주변에 있는 물건

1) 2개의 물건에서 시작한다. 훈련대상자에게 그것들이 비슷한지 아닌지를 묻는다. 한 번에 한 가지 속성 예를 들면 형태 혹은 색상에 주목시킨다. 만약, 이것이 훈련대상자에게 너무 어렵다면 문장을 말해 주고 그것을 큰소리로 외우게 한다. (예를 들면, 「이것들은 양쪽 모두 빨갛다.」) 같은 속성에 대해 다른 물체의 짝으로 훈련을 실시한다.

2) 문장을 말해주고 큰소리로 외운 다음에 다른 차원(크기 등)에도 훈련을 확대한다.

3) 2개의 물체를 잘 분류할 수 있게 되면 물체의 개수를 늘린다. (예를 들면 3개 가운데 2개를 빨간 물체 한 개는 파란 물체로 해 그것이 비슷한가 아닌 가를 묻는다.) 다음처럼 발문해도 좋다.

① 「빨간 공은 어느 것입니까」

② 「둥근 물건을 모두 지적하세요.」

2. 구슬을 상자 속에 넣는다.

〈교재〉 구슬, 그릇

1) 훈련대상자 앞에 적은 그릇을 2개 놓고, 한 쪽의 그릇에는 구슬이 들어있고, 한 쪽은 비어있다. 훈련대상자에게 「빈 그릇에 구슬을 넣으세요.」라고 지시한다.

① 처음에는 시범을 보이거나 도와준다.

② 완료할 때까지의 시간을 측정하고 작업 속도를 빨리 하도록 시킨다. 작업의 속도와 정확함에 관해 강화를 줄 경우는 각각 별개로 할 것.

2) 그릇을 3개로 해서 위의 절차를 반복한다.

(C2) 막대기에 구슬 끼우기(목표 행동)

훈련 목표

1. 큰 구슬을 막대기에 통과시킨다.

〈교재〉 큰 구슬, 2cm(직경)×30cm의 막대기

1) 2.5cm의 구슬을 훈련대상자 앞에 두고 「구슬을 이 막대기에 통과시키세요. 우선 내가 해봅니다.」라고 말하고 한 번 시범을 보인다.

2) 다음 절차에 의해 과제의 복잡성을 높인다.

① 구슬의 수를 늘린다.

② 막대기를 길게 한다.

③ 구슬을 통과시키는 시간이나 작업 시간을 결정한다.

2. 작은 구슬을 막대기에 통과시킨다.

〈교재〉 작은 구슬, 1.0~1.5cm(직경)×20cm의 막대기

1) 구슬과 막대기의 크기가 다른 이외에는 상기의 절차와 같다.

2) 여러 가지 크기의 구슬을 이용한 이 과제는 개별의 보상 혹은 눈과 손의 협응 훈련 프로그램에서도 할 수 있다.

(C3) 손가락으로 두드리기(목표 행동)

훈련 목표

1. 집게손가락을 상하로 움직이게 한다.

1) 지도자가 집게손가락을 상하로 움직여 보이고 모방시킨다. 만약, 필요하다면 도와준다.

2) 훈련대상자에게 집게손가락으로 전화 다이얼을 돌리게 한다.

2. 평평한 면을 손가락으로 두드리게 한다.

1) 훈련대상자에게 평평한 면을 간격을 두어 두드리게 한다.
2) 보다 빨리 보다 강하게 손가락으로 두드리게 한다.
3) 위의 절차를 양손의 모든 손가락에 실시한다. 이 훈련은 손가락의 교차성을 높이기 위해 실시하는 것이다.

3. 작은 물건을 손가락으로 집거나 들게 한다.

〈교재〉 작은 물건 자료

1) 훈련대상자에게 다음을 학습시킨다.

① 작고 구르기 쉬운 부품을 잡는다.
② 손잡이와 커넥터를 쥔다.
③ 종이를 가지고 나눈다.
④ 가위나 작은 도구를 사용한다.
⑤ 볼트와 너트를 조작한다.
⑥ 셔츠에 단추를 달거나 구두의 끈을 매거나 바지에 지퍼를 잠그거나 한다.
⑦ 볼트에 너트를 조인다.

(C4) 단순한 조립(목표 행동)

훈련 목표

1. 두 개의 부품으로 물건을 조립한다.

〈교재〉 손잡이와 커넥터, 볼트와 너트

1) 부품을 훈련대상자 앞에 놓고 바르게 조립하는 것을 시연해 보인다. 그리고 지시를 주고 부품을 조립시킨다.
2) 훈련대상자의 능력에 맞는 목표의 조립회수를 증가시키거나 보다 작은 부품을 사용한다.

2. 세 개의 부품으로 물건을 조립한다.

〈교재〉 너트, 볼트, 와샤, 세 개의 부품.

1) 위와 같은 절차로 훈련을 실시한다.
2) 훈련대상자에게 각각의 조립과제를 연습시킨다. 다른 조립과제나 다른 훈련자에게도 기능을 일반화하도록 한다.

3) 이것들의 훈련이 잘 되지 않으면 그 원인이 식별기능에 있다고 생각되면 다음의 절차를 이용해 본다.

① 언어지시 외에 다른 반응을 모방시킨다.

② 바르게 하는 방법을 가르치고 도움을 준다.

③ 과제 분석

④ 과제 난이도가 낮은 것부터 시작하여 높은 것으로 나아간다.

⑤ 가제의 단서는 훈련대상자에게 주목하기 쉬운 것으로 한다.

4) 훈련 대상자가 신체상으로 제한이 있는 경우 보장구 등을 이용해서 조립 기능의 향상을 시켜야 한다.(Hollis,1976)

D. 지각·운동 협응(하위 영역)

(D1) 눈과 손의 협응(목표 행동)

훈련 목표

1. 손을 민첩하게 움직인다.

〈교재〉 작업활동, 물체의 조립이나 분해

1) 손가락의 교치성을 필요로 하는 과제를 개발한다.

① 손잡이와 커넥터를 묶는다. ② 드라이버를 사용한다.

③ 병을 쌓는다. ④ 상자를 열고 물건을 채운다.

⑤ 상자나 물건을 나른다.

2) 상기의 과제 혹은 비슷한 것을 훈련대상자에게 연습시킨다. 필요에 따라서 주의를 주고 교정한다. 기능의 전이나 일반화를 재촉하기 위해 여러 가지 과제를 해 보인다.

2. 눈과 손을 동시에 움직여서 유의미한 동작을 모방한다.

〈교재〉 빗, 거울, 단추, 깡통 따개

1) 지도자가 아래에 가르치는 눈과 손의 협응과제를 각각 시연해 보이고 훈련 대상자에게 모방시킨다.

① 거울을 보면서 머리를 다듬는다.

② 병따개로 병의 마개를 연다.

③ 드라이버나 펜치를 사용한다.

④ 껌 자동판매기에 동전을 넣는다.

⑤ 조명을 바꾼다.
⑥ 판에 못을 박는다.
⑦ 병의 마개를 연다.단추,
⑧ 지퍼를 채우거나 벗기거나 한다.
⑨ 목표에 공을 던져 맞춘다.

2) 이런 과제 중 훈련대상자에게 어려움이 있을 경우에는 과제분석을 해서 과제를 더 세분한다.

3. 눈과 손의 협응을 연습한다.

〈교재〉 빗, 거울, 단추, 병, 깡통 따개 등

1) 훈련대상자가 기준을 달성하더라도 상기의 훈련을 계속한다.
2) 훈련대상자에게 눈과 손의 협응을 필요로 하는 직무, 과제, 대상을 준다. 때때로 관찰하며 필요하면 교정한다.
3) 단순한 과제에서 시작 다음에 보다 복잡한 것으로 진행한다. 단지 처음은 빨리 하도록 강조해서는 안되고 속도는 정확함이 달성되어 지고 나서 강조 한다.

(D2) 양손의 협응(목표 행동)

훈련 목표

1. 양손을 협응시킨다.

1) 훈련대상자에게 이하에 가르친 활동을 연습시킨다.

① 끈이나 전동스테이플러 사용한다.
② 작은 방의 카펫트를 접어서 포장한다.
③ 물건을 예쁘게 손질한다.
④ 접힌 상자를 청소한다.
⑤ 셔츠에 단추는 달거나 구두의 끈을 묶거나 옷을 입거나 하는 것 같은 직업적 기능.

2) 볼트를 이용해 훈련을 행한다.

① 오른손으로 볼트를, 왼손으로 와샤를 동시에 접어든다.
② 볼트에 와샤를 끼운다.

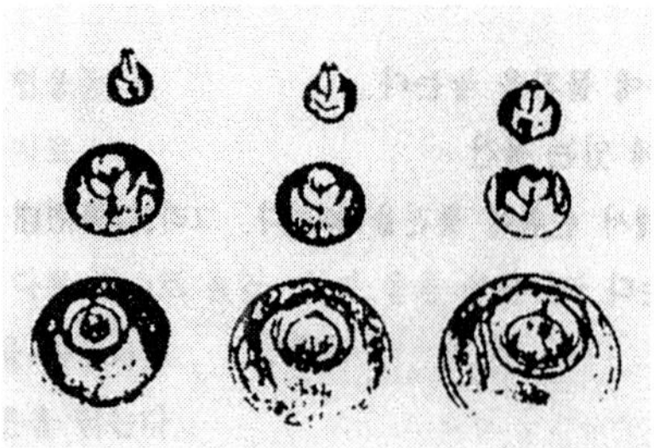

③ 오른손으로 판의 구명에 볼트를 넣는다.

④ 왼손으로 판의 뒤에 나와 있는 볼트의 나사에 와샤를 조인다.

⑤ 왼손으로 너트를 접는다.

⑥ 오른손으로 볼트의 머리를 고정하고 왼손으로 너트를 장치, 나사를 조인다.

⑦ 각 크기의 볼트 너트에 대해서 이상의 절차를 반복한다.

이 과제는 조립 색 - 크기의 변별, 작업속도에 문제가 있는 훈련대상자에게 이용하면 좋다.

(D3) 손(양손)의 교치성(목표 행동)

훈련 목표

1. 손에서 2.5~7.5cm 떨어진 곳에 있는 물체에 손을 닿게 한다.

〈교재〉 밝게 빛이 나는 물건

1) 훈련대상자에게 빛이 나는 물건을 보인다.

2) 손에서 7.5cm떨어진 곳에 물건을 둔다.

단서: 「그것을 손으로 집으세요」 물건에 손이 닿으면 강화를 준다.

3) 단서제공과 반응간의 시간이 길 경우에는 나머지 시간을 단축하도록 강화를 준다.

2. 손에서 7.5cm~15cm 떨어진 곳에 있는 물건에 손이 닿게 한다.

〈교재〉 물건

1) 거리를 넓힌 것 이외에는 위의 훈련 내용과 같다.

3. 훈련대상자의 손에 물건을 놓는다.

〈교재〉 몸 근처에 있는 물건

1) 손을 벌리게 해서 손위에 물건을 놓는다. 그리고 훈련대상자가 물건을 쥐도록 해서 손을 잡는다.

4. 물건을 잡는다.

1) 훈련대상자 앞에 물건을 놓고 잡게 하든지 집어들게 한다. (Snell, 1978)

2) 만약 잘 못할 경우는 아래의 절차를 행한다.

① 훈련대상자의 손을 버려 물건을 손에 넣고 쥐는 동작을 시킨다. 이때 가능한 빨리 지시를 주지 않도록 한다.

② 훈련 대상자에게 손을 벌리게 해 손에 물건을 두고 그것을 쥐게 한다. 필요하면 강화는 준다.

5. 잡은 물건을 조작한다.

1) 물건을 잡는 기능을 더욱 향상시키도록 계속해서 훈련을 실시한다.

2) 물건을 잡는 기능이 획득되어지면 묘화, 글자쓰기, 작은 도구를 사용한 훈련 등을 연습시킨다.

(D4) 다른 기능의 협응(목표 행동)

훈련 목표

1. 눈과 손의 협응동작

〈교재〉 작은 물체 도구

1) 지각운동협응 훈련절차 가운데 눈과 손의 협응에 관련된 내용을 참조.

2) 눈과 손을 동시에 움직여서 유의미한 동작을 하기 위해서는 훈련대상자는 눈과 손의 협응 동작이 잘 되어야 다음 동작이 가능하다.

2. 눈과 손과 발의 협응동작

〈교재〉 작업견본자료

1) 다음의 활동을 실시한다.

① 한 장소에서 다른 장소로 물건, 상자 등을 운반한다.

② 물통에서 물을 마신다.

③ 작업장에서 손을 닦는다.

④ 재단기, 열봉인기, 스테이플러, 프레스 등을 조작시킨다.

⑤ 수레와 차에 자키를 사용한다.

2) 상기의 훈련 실시에 앞서 활동 방법, 내용, 과정의 제측면에서 분석하는 것이 중요하다. (IV-B_1 참조)

(D5) 움직이는 물건을 대상으로한 눈과 손의 협응(목표 행동)

훈련 목표

1. 움직이는 물건을 대상으로 한 눈과 손의 협응과제를 연습한다.

〈교재〉 벨트, 회전판넬, 조립라인, 회전식 원반

1) 훈련에 들어가기 전에 훈련내용에 관한 과제분석을 실시한다.

2) 회전식 원반을 이용한다.

① 원반 앞에 훈련대상자를 세우거나 앉힌다.

② 훈련대상자 앞에 볼트 너트 와샤 등이 들어 있는 상자를 둔다.

③ 부품상자가 훈련대상자와 회전식 원반의 중간이 되도록 원반을 둔다.

④ 속도가 변하게 원반을 회전시킨다.

⑤ 훈련대상자에게 부품상자에서 부품을 한 개씩 꺼내 원반 위의 표시위치에 놓게 한다. (양손을 동시에 이용하거나 한쪽 손을 이용해도 좋다.)

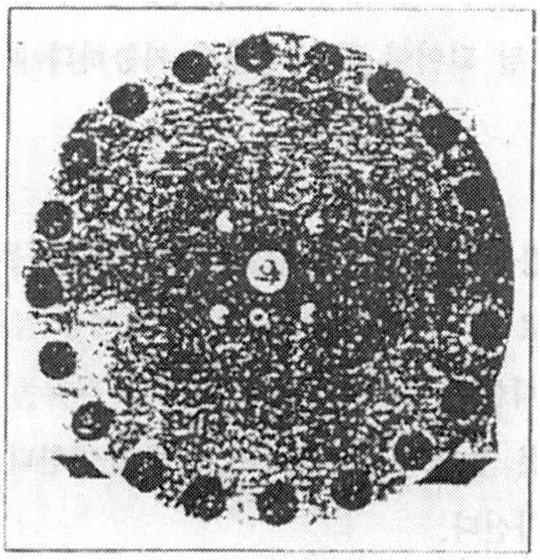

⑥ 위의 활동을 프로그램의 기간 중에 반복해서 연습시킨다.

E. 근력(筋力)기능 (하위 영역)

(E1) 손의 근력(목표 행동)

훈련 목표

1. 손목의 근력강화

1) 다음에 가르치는 활동을 통해서 손목과 팔의 근력을 강화한다.

① 양손의 손바닥 끝을 합쳐서 누른다.

② 테이블 끝을 양손으로 들어올린다.

③ 양손을 교차하여 꼰다.

④ 테이블에 양손을 힘껏 눌린다.

2) 팔의 근력강화 훈련에서는 팔을 안팎으로 회전시키는 것이 기본이다.

① 손목이나 테이블의 끝에 걸리도록 팔 전체를 테이블 위에 놓는다.

② 손바닥을 위로 향하고 아령을 들고 팔을 테이블에 붙인 채로 그것을 천천히 가능한 높게 올린다. 그리고 천천히 내린다.

3) 손바닥을 위로 향하거나 아래로 향하도록 팔을 안팎으로 회전시키는 운동은 팔뿐 아니라 손목의 근력강화에도 유효하다.

2. 손 힘의 강화

〈교재〉 압력보강기, 고무공

1) 압력보강기 혹은 고무공을 사용해서 손의 근력을 보강하기 위한 훈련을 실시한다.

2) 악수 훈련을 통해서 쥐는 힘을 강하게 하도록 시킨다.

3) 압력계를 이용 측정치를 체크하면서 압력을 강화하도록 시킨다.

(E2) 기타 근력증강 훈련(목표 행동)

훈련 목표

1. 허리를 굽힌다.

〈교재〉 마루 매트

1) 훈련대상자에게 복부에서 상체를 전방으로 굽혀 손을 똑바로 내리고 손가락 끝을 마루에 대게 시킨다. 이 때 무릎이 굽지 않도록 할 것.

① 복부에서 상체를 전방으로 굽혀 손을 똑바로 내린다.

② 복부에서 상체를 전방으로 굽혀 손을 똑바로 내리고 손가락 끝을 무릎에 붙인다.

③ 복부에서 상체를 전방으로 굽혀 손을 똑바로 내린다. 손가락 끝을 종아리에 붙인다.

④ 단지 무릎은 굽어서는 안된다.

⑤ 복부에서 상체를 전방으로 굴곡시켜 손을 똑바로 내린다. 손가락 끝을 바닥에 닿게 한다. 단지 무릎을 굽혀서는 안된다.

2. 다리를 올린다.

1) 훈련대상자를 침상에 눕힌다. 양손을 몸옆으로 놓게하고 무릎 펴고 양발을 36cm정도 들게 한다. 그리고 둘은 세는 동안 그대로의 자세를 취하게 하고 발을 서서히 내리게 한다

① 훈련대상자를 바닥위에 눕힌다. 팔을 몸 옆으로 붙이고 다리는 똑바로 펼친다. 양발을 붙인다.

② 훈련대상자를 바닥위에 눕힌다. 양팔을 몸양측에 붙이고 무릎을 편 채로 양다리를 바닥에서 18cm올리고 내린다.

③ 양다리를 바닥에서 27cm올리고 내린다.

④ 양다리를 바닥에서 36cm를 올리고 내린다.

⑤ 양다리를 바닥에서 36cm들어올려 하나를 세는 동안 그 자세를 유지했다가 발을 내린다.

⑥ 양다리를 바닥에서 36cm 들어올려 둘을 세는 동안 그 자세를 유지했다가 발을 내린다.

2) 위의 단계 ②~⑥까지를 다음의 각 단계로 실시한다. 다리들기를 1회, 2회, 3회, 4회, 5회 실시한다.

3. 상체 일으키기

1) 훈련대상자를 위를 향해 눕게 해 팔을 가슴 있는 곳에 포개게 하고 무릎을 굽혀 양발을 마루에 붙이게 한다. 발은 지도자가 누른다. 그리고 상체를 무릎 있는 곳까지 일으킨다. 이 훈련은 다음과 같은 단계를 밟아 행한다.

① 위를 향해 누워 가슴 있는 곳까지 팔을 교차시킨다. 무릎을 굽힌다. 단지 발은 마루에 붙인 채 지도자가 발을 누른다. 그리고 상체를 1/4정도 일으킨다.

② 위를 향하게 누워 가슴 있는 곳에서 팔을 교차시킨다. 무릎을 굽힌다. 단지 발은 마루에 붙인 채 지도자가 발을 누른다. 그리고 상체를 1/2정도 일으킨다.

③ 위를 향하게 누워서 가슴 있는데서 팔을 교차시킨다. 무릎을 굽힌다. 단지 발은 마루에 붙인 채 지도자가 발을 누른다. 그리고 상체를 3/4정도 일으킨다.

④ 위를 향하게 누워서 가슴 있는데서 팔을 교차시킨다. 무릎을 굽힌다. 단지 발은 마루에 붙인 채 지도자가 발을 누른다. 그리고 상체를 무릎 있는데까지 완전하게 일으킨다.

2) 위의 단계 ④에 있어서는 다음과 같이 실시한다. 1회~20회까지 실시한다.

4. 주먹을 쥐고 도약한다.

1) 훈련대상자에게 도약시켜 공중에서 발을 벌림과 동시에 머리 위로 손을 들고 팔은 위로 편 채로 시킨다.(제1동작) 훈련대상자에게 도약시키고 발을 오그리고 손을 머리 위로 들고 나서 몸 쪽으로 붙이게 한다. 이 훈련은 다음에 가르치는 단계를 밟아서 실시한다.

① 팔을 몸 쪽으로 붙인 채 도약하고 발을 편다.

② 팔을 몸 쪽으로 붙인 채 도약하고 발을 나서 오므린다.

③ 도약하고 발을 펴고 머리 위로 손을 들고 팔은 그대로 올려 둔다.

④ (제1동작) 도약하고, 발을 펴고 머리 위로 손을 들고 팔은 그대로 올려 둔다.
(제2동작) 도약하고 발을 펴고 나서 오므리고 머리 위로 손을 들고 손을 몸쪽으로 가져간다.

2) 위의 단계에 있어 다음과 같이 실시한다.

① 1회~5회 연속으로 행한다.

5. 팔굽혀펴기를 한다.

1) 훈련대상자에게 매트 위에 무릎을 꿇게 해 팔을 편 채로 손을 매트에 붙이게 한다. 팔을 굽히고 몸을 매트에서 1/4의 높이까지 낮추고 나서, 팔을 펴고 상체를 일으키게 한다. 이 훈련은 다음에 가르치는 각 단계를 밟아서 행한다.(Fredericks, 1976)

① 무릎을 매트에 붙인다. 팔을 편 채 손을 매트에 붙인다. 상체는 똑바로 편다.

② 위와 같은 단계로 3/4, 1/2, 1/4 높이까지 낮춘다.

③ 위와 같은 단계로 1/4 높이까지 낮추고 나서 1/3의 높이까지 상체를 일으킨다.

④ 위와 같은 단RP로 1/4 높이까지 낮추고 나서 팔을 편 위치까지 상체를 일으킨다.

2) 위의 단계를 다음 단계까지 실시한다.

① 팔굽혀펴기를 1회~⑩ 10회까지 실시한다.

6. 손을 붙이고 다리를 굽혀 뛰기

1) 훈련대상자를 웅크리게 한다. 팔을 펴고 손을 마루에 붙인다. 그리고 손을 붙인 채 뒤로 굴러서 일어선다. 더욱이 손 있는 곳까지 뛰어 되돌아온다. 이 훈련은 다음의 단계를 밟아서 행할 것 (Frdericks, 1976)

① 매트 위에 웅크리고 발의 뒤를 매트에 붙인다. 손을 매트에 붙이고 무릎이 팔꿈치에 붙도록 한다.

② 매트 위에 웅크린다. 팔을 펴고 매트에 붙인다. 그리고 그 장소에서 손을 붙인 채 발을 1회 차올린다.

③ 매트 위에 웅크린다. 팔을 펴고 매트에 붙인다. 그리고 그 장소에서 손을 붙인 채 발을 1회 차올린다.

④ ③과 같은 방법으로 1/2 있는 곳까지 뛴다.

⑤ ④와 같은 방법으로 3/4 있는 곳까지 뛴다.

⑥ 매트 위에 웅크린다. 팔을 펴고 매트에 붙인다. 그리고 그 장소에서 손을 붙인 채, 뒤로 발을 펴고 뛴다.

⑦ ⑥과 같은 방법으로 뒤로 발을 펴고 뛰어 땅에 착지한다.

⑧ ⑦과 같은 방법으로 뒤로 발을 넓히고 뛰어 발부리를 착지하고 또 발에서 손까지의 거리 1/4있는 곳까지 뛰어 되돌아온다.

⑨ ⑧과 같은 방법으로 이번에는 발에서 손까지의 거리가 1/2 있는 곳까지 뛰어 되돌아온다.

(E3) 물건을 움직인다.(목표 행동)

훈련 목표

1. 무거운 물체를 상자에서 꺼낸다.

1) 무거운 물체가 든 상자를 민다.

2) 무거운 물제가 든 상자를 끈다.

다음의 단계를 위의 1)과 2)를 각각 적용한다.

① 500g의 상자를 1m움직인다.

② 750g의 상자를 1m움직인다.

③ 1Kg의 상자를 1m움직인다.

④ 1.5Kg의 상자를 1m움직인다.

⑤ 2Kg의 상자를 1m움직인다.

⑥ 2.5Kg의 상자를 1m움직인다.

⑦ 체중의 1/6 무게의 상자를 1m움직인다.

⑧ 체중의 1/4 무게의 상자를 1m움직인다.

2. 물건을 들어 올려 운반한다.

〈교재〉 통, 상자, 자루 같은 물건

1) 물건을 들어 올리는 기능은 다음의 절차에 의해 훈련할 것(Fredericks, 1976)

단계(1) : 훈련대상자가 통에 접근

① 똑바로 서서　　　　② 몸을 굽히고

③ 양손을 펴고 재빨리 바르게 빈 통을 들고

④ 등을 똑바로 해서 몸을 일으키고, 일어설 때 다리와 팔을 편다.

단계(2) : 훈련대상자가 통에 접근

① 똑바로 서서　　　　② 몸을 굽히고

③ 양손을 펴서 컵 한잔의 모래가 들어 있는 통을 빨리 바르게 들고, 등을 똑바로 한 채 상체를 일으키고 다리와 팔을 펴면서 일어선다.

단계(3) : 훈련대상자가 통에 접근

① 똑바로 서서　　　　② 몸을 굽히고

③ 양손을 펴서 컵 3잔의 모래가 들어 있는 통을 빨리 바르게 들고, 등을 똑바로 한 채 상체를 일으키고 다리와 팔을 펴면서 일어선다.

단계(4) : 단계(3)과 같은 방법으로 점차로 컵 5잔, 컵 7잔, 컵 9잔의 모래가 들어 있는 통을 능숙하고 바르게 들고 등을 똑바로 한 채 상체를 일으키고 다리와 팔을 펴면서 일어선다.

단계(5) : 훈련대상자가 통에 접근

① 똑바로 서서　　　　② 몸을 굽혀

③ 양손을 펼쳐 체중의 1/6정도인 중량의 통을 능숙하고 바르게 들어 등을 똑바로 한 채 상체를 일으키고 다리와 팔을 펴면서 일어선다.

2) 물건의 운반기능을 훈련하는 경우에는 다음의 순서로 훈련할 것.

단계(1) : 빈 통을 바르게 들고 정해진 거리를 운반한다.

단계(2) : 컵 한잔의 모래가 들어있는 통을 바르게 들고 정해진 거리만큼 운반한다.

단계(3) : 위 단계 ②와 같은 방법으로 점차로 컵 3잔, 컵 5잔, 컵 7잔, 컵 9잔의 모래가 들어있는 통을 바르게 들고 정해진 거리만큼 운반한다.

단계(4) : 체중의 1/6 무게의 통을 바르게 들고 정해진 거리만큼 운반한다.

상기의 각 단RP에서는 다음의 거리를 적용할 것

① 거리 : 30cm　　② 거리 : 60cm　　③ 거리 : 90cm

④ 거리 : 1.2m　　⑤ 거리 : 1.5m　　⑥ 거리 : 1.8m

(E4) 지시에 따라 그 작업을 정확히 한다.(목표 행동)

훈련 목표

1. 과제를 이해한다.

〈교재〉 지시된 직무 또는 과제, 집단활동

1) 훈련대상자에게 단순한 직무 혹은 과제를 명하고 어떻게 지시 받았는가를 묻는다. (말이 없는 훈련 대상자에게는 (예) (아니오)로 질문한다.) 반응을 체크한다.
2) 훈련대상자에게 명령을 복창할 수 없는 경우에는 청각적 정보처리 혹은 수용성 표출성 언어에 관해서 재훈련의 지도가 필요하게 될지도 모른다. 그 경우의 절차에 대해서는 영역 Ⅲ을 참조할 것.

2. 열심히 노력하면 강화가 주어지는 것을 이해한다.

〈교재〉 지시된 직무 또는 과제, 집단활동

1) 훈련대상자에게 약간의 신체적인 부담을 요하는 직무 혹은 과제를 명한다. 그 직무 혹은 과제의 달성에 맞춰 충분한 능력을 발휘한 경우에도 보상을 준다.
2) 행동변용의 여러 가지 기법에 있어서는 다음 문헌을 참조할 것.
   Barloff(1974), Brown & Pearce(1970), Foxx(1972), Gold(1968), Milby(1970), Watson(1972)

7. 작업수행

〈표 7〉 작업 수행의 하위 영역과 목표

하 위 영 역	번호	목 표 행 동	훈 련 목 표
A. 학습 속도와 습관	A_1	작업의 내용이 변화하더라도 그것을 수용한다.	1. 문제없이 한 일에 비슷한 다른 일로 바꿀 수 있다. 2. 직원의 최소한의 원조에 의해 유사하지 않은 직무라도 변경할 수 있다.
	A_2	시간제한 없는 단순한 과제의 학습	1. 작업에 열중한다. 2. 작업의 완수가 보상을 가져다주는 것을 안다. 3. 과제 학습을 시도한다. 4. 부여된 과제를 학습한다.

	A_3	시간제한 없는 복잡한 과제의 학습	1. 과제 학습을 시도한다. 2. 지시된 과제를 학습한다.
	A_4	허용되는 속도로 복잡한 과제를 수행한다.	1. 반응의 질을 향상시킨다. 2. 자극에 대한 통제력을 향상시킨다. 3. 바른 지도법을 받아들인다.(지도자의 목적)
B. 정확성	B_1	잘못된 것의 인지	1. 관련이 있는 자극 특성을 변별한다. 1) 색의 변별 2) 공구의 변별 3) 물건 표면의 촉감 변별 4) 물건의 크기 변별 5) 공간적 특징 변별 2. 부품을 정확하게 조립한 경우 혹은 직무를 정확하게 완수한 경우에 어떠한 결과가 오는가를 안다. 3. 틀린 것을 알아차린다.
	B_2	잘못이 생기면 그것을 고친다.	1. 잘못된 것을 고치는 법을 안다. 2. 잘못된 것을 고치는 연습을 한다.
	B_3	부품의 조립이나 과제의 수행에서 불량률을 2%이하로 할 것	1. 감독자의 관리에 의해 정확하게 부품을 조립하거나 과제를 수행한다. 2. 잘못된 것을 발견하고 고친다. 3. 불량률 2%이하로 부품을 조립하거나 과제를 완수한다.
C. 작업의 지속성 · 간편하게 앉아서 하는 작업	C_1 ~ C_6	작업의 지속성	1. 다음의 각 시간 동안 작업 할 수 있다.
D. 작업의 지속성 · 간편하게 서서하는 작업	D_1 ~ D_6	작업의 지속성	1. 다음의 각 시간 동안 작업 할 수 있다.
E. 작업의 지속성 · 가벼운 작업	E_1 ~ E_6	작업의 지속성	1. 다음의 각 시간 동안 작업 할 수 있다.
F. 작업의 지속성 · 무거운 근력을 요구하는 작업	F_1 ~ F_6	작업의 지속성	1. 다음의 각 시간 동안 작업할 수 있다.

G. 작업의 일관성	G_1 ~ G_6	작업의 일관성	1. 감독을 받으면서 과제를 완수한다. 2. 약간의 감독을 받으면서 과제를 완수 할 수 있다. 3. 전혀 감독을 받지 않더라도 과제를 완수할 수가 있다.
H. 생산성	H_1 ~ H_6	생산성	1. 다음의 비율로 생산성을 나타낸다.
I. 안정성	I_1	위험한 상황의 인지	1. 전기, 화력, 무거운 물건, 폭발물 등이 위험하다는 것을 안다. 2. 위험한 상황을 안다.
	I_2	위험을 의미하는 언어의 이해와 반응	1. 위험을 나타내는 표지나 말을 이해한다. 2. 위험을 나타내는 표지에 적절하게 반응한다.
	I_3	독물에 관한 주의 따르기	1. 독물의 의미와 그 말을 안다. 2. 독물을 마시지 않도록 한다. 3. 사고로 중독된 경우의 대처 방법을 안다.
	I_4	끝이 뾰족한 물체의 주의 깊은 취급	1. 두려움 없이 끝이 뾰족한 물건을 주의 깊게 다룬다.
	I_5	화제에 대한 대처법의 이해	1. 화재의 유형을 이해할 수 있다. 2. 각종의 화재에 대한 대처법을 안다.

A. 학습 속도 · 습관(하위 영역)

(A1) 작업의 내용이 변화하더라도 그것을 수용한다.(목표 행동)

훈련 목표

1. 문제없이 한 일에서 비슷한 다른 일로 바꿀 수 있다.

〈교재〉 모의적인 직무, 수주 작업

1) 직무를 2개 준비하고 그것들이 어느 정도 비슷한가를 가르쳐 준다.(동일의 기능, 도구, 재료를 필요로 하는 직무를 준비할 것)

2) 다음의 순서로 훈련을 실시한다.

① 직무를 바꾸도록 말로 재촉한다.

② 필요하다면 어떠한 점이 변했는가를 실시해 보이고 모방시킨다.

③ 새로운 직무를 거들어 직무의 유사성을 가르쳐 준다.

3) 직무를 잘 변경할 수 있게 되면 보상을 준다.

2. 직원의 최소한의 원조에 의해 유사하지 않은 직무라도 변경할 수 있다.

〈교재〉 모의적인 직무, 수주 작업, 훈련 장면에서의 일.

1) 변경하는 직무는 처음에는 유사한 것으로 하고, 점차 유사성이 없는 것으로해 간다.

2) 훈련 대상자가 부여하는 새로운 직무를 훈련 대상자가 잘 알고 있는 것인가 곧 바로 습득할 수 있는 것인가를 확인한다.

3) 처음에는 도와주어도 좋지만, 점차 도움을 삼간다.

4) 다음의 경우에 보상을 준다.

① 처음에는 [원조를 받으면서 새로운 직무에 적응한다.]

② 그 후는 훈련 대상자 자신이 [직무의 변경에 대한 적응력]을 몸에 익힌 경우

(A2) 시간 제한 없이 단순한 과제의 학습(목표 행동)

훈련 목표

1. 작업에 열중한다.

〈교재〉 모의적인 직무, 수주 작업, 퍼즐

1) 훈련 대상자가 할 수 있는 2~3개 공정의 과제를 준다.

① 과제 앞에 훈련 대상자를 앉히거나 세운다. 필요하면 훈련 대상자에게 어떻게 하는가를 실시하여 보여준다.

② 어느 정도의 시간 작업에 열중할 것인가 시범을 보이고 그것을 기초선으로 한다. 작업에 열중하는 시간이 기초선을 능가하면 강화를 준다.

2) 훈련이 생각대로 안 될 경우에는 다음의 절차를 실시할 것.

① 훈련 대상자에게 작업 결과를 명시한다.

② 강화재를 증가시키거나 바꿔본다.

③ 과제를 바꿔 본다.

④ 과제를 보다 흥미 있는 것으로 한다.

2. 작업의 완수가 보상을 가져다주는 것을 안다.

〈교재〉 모의적인 직무, 수주 작업, 퍼즐

1) 단순하고 쉽게 완수 할 수 있는 과제를 완수한 경우에 보상을 준다.

2) "작업의 생산고와 임금"을 연결시킨다.

3) 과제를 완수 할 수 없는 경우에는 다음의 절차를 실시한다.

① 과제를 보다 단순한 것으로 한다.

② 과제를 바꿔 본다.

③ 보상을 증가시킨다.

④ 과제의 완수와 임금을 연결시킨다.

3. 과제 학습을 시도한다.

〈교재〉 열한가지 이하의 공정 혹은 부품 과제

1) 열한가지 이하의 공정 혹은 부품 과제를 이용한다.

2) 그 과제에 대해서 과제 분석을 완벽하게 실시한다.

3) 훈련 대상자가 그 과제를 완수 한 경우에는 즉시 보상을 준다.

4) 훈련 대상자에게 과제 수행의 의욕이 없는 겨우는 다음의 절차를 실시한다.

① 훈련 목표 1)로 되돌린다.

② 보상을 조금씩 증가시키고 보다 자주 부여한다.

③ 고정 간격 혹은 고정 비율 강화 방법을 사용한다.

④ 훈련 대상자에게 제시하는 과제의 분석을 실시하고, 하위 단계로 분할해서 각 단계가 완수된다면 보상을 준다.

⑤ 모방시키는 횟수나 도움을 넓힌다.

⑥ 견본과의 대응이나 연합으로 접근을 시도한다.

4. 부여된 과제를 학습한다.

〈교재〉 모의적인 직무, 수주 작업, 소켓, 전기용품 세트

1) 부여된 과제를 완수한 경우에 보상을 준다.

2) 단순한 과제에서 시작하여 보다 복잡한 과제로 나아간다.

3) 만약 부여된 과제를 수행할 수 없는 경우에는 다음의 절차를 실시한다.

① 과제의 완수에 대한 보상량을 넓힌다.

② 과제를 보다 하위 단계로 분할 해 주고 각 단계를 완수하면 보상을 주도록 한다.

③ 보다 단순한 과제로 바꾸고 점차 과제의 난이도를 높여 나간다.

(A3) 시간의 제한 없는 복잡한 과제의 학습(목표 행동)

훈련 목표

1. 과제 학습을 시도한다.

1) 열 두 가지 이상의 공정 혹은 부품 과제를 이용한다.
2) 훈련을 시작하기 전에 그 과제에 대해 과제 분석을 완벽하게 실시해 둔다.
3) 지도자는 훈련 대상자에게 과제의 실시 방법을 보인다. 과제 분석으로 얻어진 절차에 따라서 훈련을 실시한다. 훈련 대상자가 과제를 학습하려는 경우에는 즉시 보상을 준다.
4) 만약 과제 학습을 시도하지 않는 경우에는 다음 절차를 이용한다.
 ① 과제를 보다 작은 단위로 분할 해 준다.
 ② 언어 촉진 자극이나 단서를 증가시킨다.
 ③ 견본과의 대응이나 연합, 색상, 이유와 동류의 변별 등 다른 방법을 시도해 본다.
 ④ 과제 학습을 시도하려는 경우에 부여하는 보상의 양을 증가시킨다.

2. 지시된 과제를 학습한다.

〈교재〉 모의적인 직무, 수주 작업, 소켓, 렌치세트

1) 위의 훈련 목표 1.에 계속하여 본 훈련을 실시한다. 훈련 대상자가 과제를 학습하면 점차 언어에 의한 촉구를 삼가도록 한다.
2) 그림에 표시한 것과 같이 스프링과 끼워 넣는 쇠붙이 조립셑을 이용한다. 이 세트에는 다음의 부품이 포함한다.
 ① 나무판자(두께 2.5cm, 폭 5cm)
  · 길이 10cm 짜리 : 1장　· 길이 20cm 짜리 : 2장
  · 길이 15cm 짜리 : 1장　· 길이 7.5cm 짜리 : 2장
 ② 볼트(0.6cm×10cm) : 8개
 ③ 나사(내경 0.6cm) : 32개
 ④ 윙크 · 너트(내경 0.6cm) : 8개
 ⑤ 바네(86g 반발력을 지속) : 4개
 ⑥ 이음관(0.8cm ×5cm) : 4개
3) 훈련 대상자 앞에 부품을 모두 나열해 둔다. 훈련 대상자에게 다음 순서를 조립시킨다.

① 부분 A.

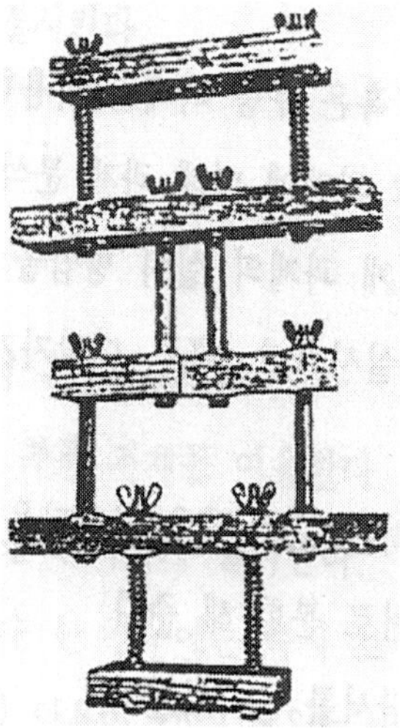

· 볼트를 2개 잡는다.

· 2개의 볼트에 각각 와샤를 끼운다.

· 길이 10cm의 판에 2개의 볼트를 장치한다.

· 2개의 볼트에 각각 와샤를 끼운다.

· 2개의 볼트에 각각 바네를 끼운다.

· 2개의 볼트에 각각 와샤를 끼운다.

· 볼트에 길이 20cm의 판을 달고, 판을 밀어서 스프링을 꽉 누른다.

· 스프링에 꽉 누른 후 볼트에 와셔를 끼운다.

· 그리고 윙 · 너트를 나사로 끼운다.

· 지금까지 조립한 물건 한 테이블에 넣는다.

② 부분 B.

· 볼트를 2개 집는다.

· 2개의 볼트에 각각 와셔를 끼운다.

· 와셔를 붙이 볼트를 20cm의 길이의 판에 단다.

· 볼트에 각각 와셔를 끼운다.

· 그 위에 이음관을 끼운다.

· 아울러 그 위에 와셔를 끼운다.

· 볼트에 각각 7.5cm의 길이의 판을 단다.

· 그 위에 각 볼트 위에 와셔를 끼운다.

· 위에 윙 · 너트를 끼운다.

· 볼트를 2개 잡는다.

· 볼트에 각각 와셔를 끼운다.
· 볼트를 7.5cm 남긴 2개의 구멍에 끼운다.
· 볼트를 각각 와셔를 끼운다.
· 볼트를 각각 이음관을 끼운다.
· 그리고 볼트에 와셔를 끼우고 지금가지 조립한 것을 테이블에 둔다.

③ 부분 C.

· 볼트 2개를 집는다.
· 2개의 볼트에 각각 와셔를 끼운다.
· 20cm 길이의 판을 테이블에서 잡는다.
· 판의 구멍에 볼트를 넣는다.
· 볼트에 각각 와셔를 끼운다.
· 그 위에 스프링을 끼운다.
· 와셔를 끼운다.
· 남은 15cm 길이의 판자를 테이블에서 접는다.
· 판자를 볼트에 달고 판자를 눌러 스프링에 눌러 붙인다.
· 볼트 위에 와셔를 끼운다.
· 그 위에 윙 · 너트를 끼워 넣는다.

④ 부분 D.

· 지금까지 조립한 물건을 모은다.
· 2장의 7.5cm 길이의 판자의 각각 구멍에 볼트를 넣고 그 위에 그 볼트를 20cm 길이의 판자 구멍에 넣는다.
· 그 위에 와셔를 끼운다.
· 그 위에 윙 ·너트를 끼우고 조인다.

(A4) 허용되는 속도로 복잡한 과제를 수행한다.(목표 행동)

훈련 목표

1. 반응의 질을 향상시킨다.

〈교재〉 수주작업, 모의적 직무, 작업 훈련 과제

1) 다음에 제시하는 몇 가지의 기법을 이용해서 새로운 반응의 일을 가르치거나, 훈련 대상자 기존의 행동 영역에 있는 반응의 질을 향상시킨다.

① 행동 형성법 혹은 훈련 대상자의 행동이 바람직한 행동으로 분명하게 접근한 경

우에 반응에 수반하여 강화를 주는 방법

② 신체적인 촉구 혹은 상담자의 신체에 손을 보조하여 바람직한 운동 반응으로 신체를 움직이게 하는 법.

③ 모델링 혹은 훈련자가 바른 운동 반응 내지는 그 한 요소를 시연하는 것을 훈련 대상자에게 관찰시키는 법.

④ 언어적 지시 혹은 훈련자가 바른 운동 반응 내지는 그 한 요소를 시연하는 것을 훈련 대상자에게 관찰시키는 법.

2) 실제의 훈련 장면에서는 위에 제시한 기법 중 적어도 2개 이상 사용하는 것이 보통이다. (Bellamy et al. 1977).

3) 운동이나 감각 기능의 장애에 의해 생산성에 낮다고 생각되는 훈련 대상자에게는 보장구의 착용과 훈련에 따른 언어 단서, 모델링 기법의 착용에 의해 생산성을 향상 시키는 경우가 있다. (Wehmen et al. 1977)

2. 자극에 대한 통제력을 향상 시킨다.

〈교재〉 수주작업, 모의적 직무, 작업 훈련 과제

1) 작업 수행상 필요한 자극을 훈련 대상자가 충분히 통제하도록 도힙하는 것이 중요하며, 그러기 위해서는 이하에 제시한 몇 가지의 절차를 이용할 것.

① 명백한 자극 조건하에 있어 특정의 반응 집단을 분화 강화 절차를 이용해서 학습시킨다.

② 훈련 대상자가 여러 가지 자극 중에서 특정 차원의 자극에 대해서 주의를 분화시켜서 반응하도록 과제의 자극 특성의 조직을 실시한다.

③ 훈련 대상자가 과제의 자극 조건을 서서히 통제할 수 있도록 지도자의 도움을 점차 제거해 나간다.(용암법)

2) 자극에 대한 통제력의 훈련에 관해서는 다음 문헌을 참조할 것.

Gold (1973, 1975, 1978), Irvin & Bellamy(1977)

3. 바른 지도법을 받아들인다.(지도자의 목적)

〈교재〉 수주 작업, 모의적 직무, 작업 훈련 과제

〈주〉 이하의 제시하는 몇 개의 기법은 앞에 제시한 기법과 응용 행동 분석의 일반원리가 기능적 관리 시슴템에 어떻게 하면 적용 기능 한가지 대한 시사를 주기 위해 제시한 것이다.(Bellamy et al. 1977)

1) 직업훈련 기능과 생산 관리 기능을 구별한다. 즉 작업 행동의 도식이 확립 되어 과제의 단서에 의해 자극을 통제할 수 있게 되어 처음으로 훈련 대상자를 생산 관

리하에 둔다.

2) 훈련 대상자가 달성한 작업 단위의 수나 과제 수행 중의 행동, 혹은 그 양자를 기초로 훈련 대상자의 생산성을 매일 측정하는 시스템을 만들어서 실시한다.

3) 작업환경에 있어서 어떠한 사태가 훈련 담당자에게 강화가 되는지를 보여 준다.(예를 들면 훈련자의 주의나 원조, 작업상의 사항에 관한 여러 가지 단계의 접촉, 좋은 작업의 담당, 승급 등)

4) 과제의 완수 혹은 수행 시의 행동에 관해서 계통적인 수반성 강화의 접근을 계획한다. 이처럼 강화를 수반하는 것은 훈련 대상자의 주변에 있는 현장 지도자의 기본적인 역할이다.

5) 생산성이나 수행 행동에 관한 매일의 측정치로서 각 수반성 강화가 그것들에 어느 정도의 효과를 미치고 있는가를 평가한다.

B. 정확성 (하위 영역)

(B1) 잘못된 것의 인지(목표 행동)

훈련 목표

1. 관련이 있는 자극 특성을 변별한다.

1) 색의 변별

〈교재〉 여러 가지 색상의 물체, 가로 세로 50*50 의 구멍이 있는 팩보드를 뒤집으면 다른 색이 나오도록 되어 있는 것, 색, 모양이 다른 골프대, 색상, 견본, 크기가 다양한 구슬 시각-운동 기능에 관한 교재

① 처음에 훈련 대상자에게 견본을 대응시킨다.(즉 빨강에는 빨강, 노랑에는 노랑) 필요하면 언어적인 단서를 제시한다.

② 훈련 대상자에게 색상이 있는 물건을 보이고 「내가 보인 물건과 같은 색의 물건을 나에게 주세요」라고 말한다. 그 위에 이 질문을 확장해서 「이 훈련센터 중에서 빨강색(황색 등) 사물이 전부 몇 개 있는가 세어 보시오」라고 물어 보는 것도 좋다.

이상의 절차에 관해서는 다음의 문헌에 보다 상세한 설명이 되어 있으니 참조할것 (Gold & barday, 1973 : Gold &Scott, 1971)

2) 공구의 변별

〈교재〉 여러 종류의 공구

① 처음에는 언어로 단서를 주면서 망치 등 공구의 견본의 대응을 실시한다. 시각만을 단서로 하는 경우는 교정 훈련이 필요하게 된다.

② 다음에 제시하는 제측면을 포함한 훈련 행동을 개발한다.

훈련 대상자가 공구와 그 이름이나 그림을 시각적 · 청각적으로 연학시킬 수 있게 된다.

훈련 대상자가 지시에 따라 공구의 선택을 할 수 있게 된다.

훈련 대상자가 앞에 공구를 8개 나열하게 하고, 특정의 공구 이름을 말하며, 지도자에게 그것을 양도시킨다. 반응이 정확하면 바로 보상을 준다.

3) 물체 표면의 느낌이나 촉감 변별

〈교재〉 다른 촉감의 재료, 예를 들면 미끄럽다, 부드럽다, 거칠거칠하다 단단하다, 털이 푹신푹신한 물체.

① 견본을 대응하게 하여 이미 기술한 것과 같은 방법으로 단서를 준다.

② 다른 촉감의 재료와 사물을 발견하거나 살피는 것이 필요한 훈련 활동을 이용한다. 필요하면 보상을 준다.

4) 물체의 크기 변별

〈교재〉 크기가 다른 물건이나 재료

① 견본을 대응하게 하여 도구나 촉감의 변별 항목에서 기술한 방법으로 단서를 준다.

② 훈련 대상자에게 가르치는 개념으로써, 크기의 대소변별은 상기의 훈련 활동과 같다.

5) 공간적 특징 변별

〈교재〉 상자, 기구, 그림 카드

① 전치사나 공간 관계를 나타내는 낱말 카드를 작성한다.(예를 들면 중앙, 바깥, 위, 아래, 앞, 뒤, 다음, 중간, 옆, 기타)

그것들의 말을 포함한 지시를 훈련 대상자에게 준다. 예를 들면 다음과 같다.

「당신의 뒤(등)를 손가락으로 가리키시오」「----옆에 서세요」「테이블 위를 망치로 두드리세요」「테이블 아래 에 앉으세요」

위에서 제시한 지시를 할 수 있는 경우에는 보다 어려운 지시를 고찰해서 훈련 대상자에게 시킬 것, 예를 들면「망치를 상자 속에 넣고, 그 상자를 문 옆에 두고 나서 의자에 앉으세요」라고 하는 것과 같은 지시이다.

② 훈련 대상자에게 그림을 보이고 물체의 위치 관RP에 대해서 묻고 대답시킨다. 예를 들면「지도자 또는 감독자」를 손으로 가리키세요 벽 뒤에 걸려 있는 시계를 가리키세요, 테이블 아래에 있는 물체는 무엇입니까? 등이 같은 질문이 상담자에게 있어 어렵다고 생각되어 질 경우에는「망치는 상자 위에 있습니까? 그렇지 않

으면 상자 속에 있습니까?」라고 말하는 것처럼 위치 관계의 인식을 촉진할 수 있는 단서를 주는 것이 좋다.

③ 필요하면 행동 수정 기법을 이용해서 ①과 ②를 달성시킬 것.

2. 부품을 정확하게 조립한 경우 혹은 직무를 정확하게 완수한 경우에 어떠한 결과가 오는 가를 안다.

〈교재〉 시범, 바르게 조립된 제품과 틀리게 조립된 제품, 슬라이드

1) 정확하게 조립한 제품과 잘못 조립한 제품의 실물 혹은 그림을 보인다. 그리고 훈련 대상자가 정확하게 조립한 제품, 정확하게 수행한 일을 지적하도록 하게한다.
2) 만약 훈련 대상자가 정확하게 할 수 없는 경우에는 「적절한 자극 특성」(훈련 목표 1)의 훈련을 아울러 실시한다.
3) 필요하면 처음에는 회담을 촉구한다. 그리고 정확하게 대담한 경우에는 그 이유를 붙을 것.

3. 틀린 것을 알아차린다.

〈교재〉 조립 작업, 수주 작업, 모의적인 일.

1) 완성된 제품 혹은 부적절한 작업들을 대상자에게 지적시키고, 그 이유를 말하게 하는 것 이외에는 상기의 절차와 같다. 필요하면 처음에만 회담을 촉구할 것.
2) 제품의 저품질과 훈련 대상자의 실생활을 관련시킬 것, 예를 들면 대상자가 가지고 있을 만한 라디오 · 레코드 · 플레이어 전지. 그 외 관계있는 제품이 조잡한 경우의 당혹감을 상기시킬 것
3) 훈련 대상자가 모의적인 일이나 수주 작업을 실시할 경우에는 훈련이나 다른 훈련 대상자를 생산 관리자로써 배치할 것, 생산 관리자로써 배치된 훈련 대상자는 틀린 것을 100% 지적할 수 있고, 그 대응책도 강구할 수 있어야 한다.

(B2) 잘못된 것이 생기면 그것을 고친다.(목표 행동)

훈련 목표

1. 잘못된 것을 고치는 법을 안다.

〈교재〉 부품으로 분해할 수 있는 물건, 부분으로 분할할 수 있는 작업법을 가르친다.

1) 훈련 대상자에게 잘못된 것을 고치는 방법과 잘못 조립된 물체의 올바른 조립법을 가르친다.

2) 훈련 대상자에게 다수의 다른 과제나 물체를 주고 과제간의 일반화를 확실한 것으로 할 것.

2. 잘못된 것을 고치는 연습을 한다.

〈교재〉 부품으로 분해할 수 있는 물체나 부분으로 분할할 수 있는 일

1) 상기의 1과 같은 절차를 이용한다. 단지 훈련 대상자가 잘못된 것을 스스로 고치는 점만이 다르다. 처음에는 도움을 줘도 좋지만 점차 삼가도록 할 것(용암법).

2) 과제의 복잡성을 높이고 동시에 잘못된 것을 감소시킬 것. 훈련 대상자의 성적을 기록해 놓고, 잘못된 것을 잘 고칠 수 있는 등의 개선이 보이면 강화를 해준다.

(B3) 부품의 조립이나 과제의 수행에서 불량률을 2%이하로 할 것.(목표 행동)

훈련 목표

1. 감독자의 관리에 의해 정확하게 부품을 조립하거나 과제를 수행한다.

〈교재〉 조립 과제, 수주 작업, 모의적인 직무

1) 훈련 절차에 대해서는 「단순한 과제의 학습」(7-A2)과 「복잡한 과제」(7-A3)의 절차를 참조할 것.

2) 훈련 대상자가 2개 목표(A2와 A3)를 달성하고 있는 것을 확인하고 나서, B3의 훈련을 시도할 것.

2. 불량률 2%이하로, 부품을 조립하거나 과제를 완수한다.

〈교재〉 조립 과제, 수주 작업, 모의적인 직무

1) 잘못된 것의 횟수를 감소하는 것을 목적으로 훈련 프로그램을 만든다. 일반적으로 다음의 절차 등을 이용하면 좋을 것이다.

① 훈련 대상자가 결과를 수정한다.

② 잘못된 것이 발생할 것 같은 경우에는 미리 단서를 준다.

③ 잘못이 감소한 경우에는 강화를 준다.

2) 개개의 훈련 절차에 있어서는 다음의 3가지를 포함하고 있는 영역 7-a_4 의 항에 요약되고 있기 때문에 참고하기 바란다.

① 반응의 질을 향상

② 자극에 대한 통제력 증진

③ 바른 관리 기법의 제공

C. 작업의 지속성 : 앉아서 하는 작업(하위 영역)

(C1)~(C6) 작업의 지속성 (목표 행동)

훈련 목표

1. 다음의 각 시간 동안 작업할 수 있다.

① 30분 ~ 1시간　② 1시간 ~ 2시간　③ 2시간 ~ 3시간

④ 3시간 ~ 4시간　⑤ 4시간 ~ 5시간　⑥5시간 ~ 6시간

〈교재〉 간편하게 앉아서 하는 작업, 수주 작업, 모의적인 직무

〈주〉 여기에서는 목표 행동 C1~C6은 기본적인 훈련 절차가 같기 때문에 「작업의 지속성」으로서 일괄하여 취급하도록 한다. 그러한 행동 목표의 차이는 단순히 시간의 길이뿐이다. 이하에 제시한 3개의 기법을 사용함으로서 훈련 대상자의 작업 지속성을 5~6시간까지 서서히 증가시켜 나갈 수가 있다.

1) 수정을 위한 관리 기법(영역 A4에 계략이 표시되어 있다)을 사용한다. 예를 들면, 다음과 같은 것을 포함한다.

① 훈련 대상자의 생산성에 관해서 측정을 실시한다.

② 훈련 대상자에게 주는 보상을 계통적으로 한다.

③ 프로그램의 효과에 관하여 평가를 실시한다.

④ 필요에 따라서 훈련 대상자에게 단서를 주거나 도움을 준다.

2) 합리적이고 현실적인 보상 프로그램을 채용한다. 프로그램의 목표에 의해서 다음 것을 토대로 하여 강화를 준다.

① 생산성　② 작업의 지속성　③ 단위 작업 동작 (Dunn, 1976)

3) 지속성이나 작업 수행 능력을 항상 시키기 위해 만일 필요하다면 보조 도구 등을 배려한다.

D. 작업의 지속성 : 서서 하는 작업(하위 영역)

(D1)~ (D6) 작업의 지속성(목표 행동)

훈련 목표

1. 다음의 각 시간 동안 작업할 수 있다.

① 30분에서 1시간　② 1시간에서 2시간　③ 2시간에서 3시간

1) 직업훈련 기록

2) 직업훈련 평가

직업지도 영역별 성취정도를 직업전 훈련과 직업훈련으로 나누어 그림으로 색칠하여 표시하면 직업지도 성취수준을 한눈에 쉽게 알아볼 수 있다.

④ 3시에서 4시간 ⑤ 4시간에서 5시간 ⑥ 5시간에서 6시간

〈교재〉 간편하게 서서 작업 하는 방법

〈주〉 여기서는 목표 행동 D1~D6은 기본적인 훈련 절차가 같으므로 「작업의 지속성」으로서 일괄해 취급한다. 그러한 행동 목표의 차이는 단지 시간의 길이 차이뿐이다 이하에 제시하는 3개의 기법을 사용함으로서 훈련 대상자의 작업 지속성을 5~6시간까지 늘려 나가는 것이 가능하다.

1) 수정을 위하여 관리 기법 영역 A1을 사용한다. 예를 들면 다음과 같은 것을 포함한다.

① 훈련 대상자에게 생산성을 관해서 측정한다.

② 훈련 대상자에게 주는 보상을 계통적으로 한다.

③ 프로그램의 효과에 관하여 평가를 실시한다.

④ 필요에 따라서 훈련 대상자에게 단서를 주거나 도움을 준다.

2) 합리적이고 현실적인 보상 프로그램을 사용한다. 프로그램의 목표에 따라 다음의 것을 토대로 강화를 준다.

① 생산성 ② 작업의 지속성 ③ 단위 작업 동작(Dunn , 1976)

3) 지속성이나 작업 수행 능력을 향상 시키기 위해서 만일 필요하다면 보조도구 등에 관에서도 배려한다.

E. 작업의 지속성: 가벼운 작업(하위 영역)

(E1) ~ (E6) 작업의 지속성(목표행동)

훈련 목표

1. 다음의 각 시간 동안 작업할 수 있다.

① 30분~1시간 ② 1시간~2시간 ③ 2시간~3시간

④ 3시간~4시간 ⑤ 4시간~5시간 ⑥ 5시간~6시간

〈교재〉 가벼운 작업

〈주〉 여기서는 목표 행동 E1~E6은 기본적인 훈련 절차나 같으므로 목표의 차이는

단지 시간의 길이 차이 뿐이다. 이하에 제시하는 3개의 기법을 사용함으로서 훈련 대상자의 작업 지속성을 5~6시간 서서히 늘려 나갈 수 있다.

1) 수정을 위하여 관리 기법 영역 A4를 사용한다. 예를 들면 다음과 같은 것이 있다.

① 훈련 대상자의 생산자에 관하여 측정을 실시한다.

② 훈련 대상자에게 주는 보상을 계통적으로 한다.

③ 수반성 프로그램의 효과에 대해서 평가를 실시한다.

④ 필요에 따라서 훈련 대상자에세 단서를 주거나 도움을 준다.

2) 합리적으로 현실적인 보상 프로그램을 채용한다. 프로그램의 목표에 따라 다음의 것을 토대로 하여 강화를 준다.

① 생산성 ② 작업의 지속성 ③ 단위 작업 동작(Dunn , 1976)

3) 지속성이나 작업 수행 능력을 향상시키기 위해서 만일 필요하다면 보조도구 등에 관해서도 배려한다.

F. 작업의 지속성: 무거운 근력 작업(하위 영역)

〈주〉 훈련 대상자가 배치되어질 직장에서는 무거운 근력 작업이 필요한 경우에만 본 하위 영역의 훈련을 실시할 것

(F1) ~ (F6) 작업의 지속성(목표 행동)

훈련 목표

1. 다음의 각 시간 동안 작업할 수 있다.

① 30분~1시간 ② 1시간~2시간 ③ 2시간~3시간

④ 3시간~4시간 ⑤ 4시간~5시간 ⑥ 5시간~6시간

〈교재〉 무거운 근력 작업

〈주〉 여기서는 목표 행동 F1~F6은 기본적인 훈련 절차가 같으므로 「작업의 지속성」으로서 일괄해 취급한다. 그러한 행동 목표의 차이는 단지 시간의 길이 차이뿐이다 이하에 제시하는 3개의 기법을 사용함으로서 훈련 대상자의 작업 지속성을 5~6시간까지 늘려 나가는 것이 가능하다.

1) 수정을 위하여 관리 기법 영역 A4를 사용한다. 예를 들면 다음과 같은 것이 있다.

① 훈련 대상자의 생산자에 관하여 측정을 실시한다.

② 훈련 대상자에게 주는 보상을 계통적으로 한다.

③ 수반성 프로그램의 효과에 대해서 평가를 실시한다.
④ 필요에 따라서 훈련 대상자에세 단서를 주거나 도움을 준다.

2) 합리적으로 현실적인 보상 프로그램을 채용한다. 프로그램의 목표에 따라 다음의 것을 토대로 하여 강화를 준다.
① 생산성 ② 작업의 지속성 ③ 단위 작업 동작(Dunn , 1976)

3) 지속성이나 작업 수행 능력을 향상시키기 위해서 만일 필요하다면 보조도구 등에 관해서도 배려한다.

G. 작업의 일관성(하위 영역)

(G1) ~ (G3) 작업의 일관성(목표 행동)

〈주〉 여기서는 목표 행동 G1~G3은 기본적인 훈련 절차가 같으므로 「작업의 지속성」으로서 일괄 취급한다. 그러한 행동 목표는 단지 필요한 감독 양의 차이이다.

훈련 목표

1. 감독을 받으면서 과제를 완수한다.

〈교재〉 수주 작업, 모의적인 직무, 학습 교재

1) 과제 분석 (영역 iv~B1)을 실시하고 훈련과제를 개발한다. (예를 들면 자전거의 브레이크 조립, 볼트의 조립 등)여기에서의 훈련 목표는 훈련 대상자에게 과제를 가르치는 것이다.
2) 훈련자가 과제를 학습한다면 그 과제를 계속 실시하게 한다.

「작업장으로 돌아가세요.」의 주의를 7회 이상 받지 않고, 2시간 과제를 수행할 수 있게 되면 목표는 달성된 것으로 간주한다.

2. 약간의 감독을 받으면 과제를 완수한다.

〈교재〉 수주 작업, 모의적인 직무, 학습 교재

1) 훈련 목표 1에서 제시한 훈련 절차를 사용한다.
2) 「일터로 돌아가세요.」의 주의를 4~6회 정도 받는 것에 의해 훈련 대상자가 2시간 과제를 수행할 수 있게 되면 여기서의 목표는 달성한 것으로 한다.

3. 전혀 감독을 받지 않더라도 과제를 완수할 수가 있다.

〈교재〉 수주 작업, 모의적인 직무, 학습 교재

1) 훈련 목표 1과 2에 관해 제시된 훈련 절차를 실시한다.
2) 상담자가 「일터로 돌아가세요.」의 주의를 3회 이상 받지 않고 2시간 과제를 수행할 수 있으면 훈련 목표는 달성된 것으로 한다.
3) 훈련 목표 3의 기준을 달성한 경우라도 다음의 사항을 시도하는 것이 좋다.

① 작업의 시간을 늘린다. ② 과제의 복잡성을 늘린다. ③ 수반하는 보상을 바꾼다.

H. 생산성(하위 영역)

(H1) ~ (H6) 생산성(목표 행동)

훈련 목표

1. 다음의 비율로 생산성을 나타낸다.

① 정상인의 30%~40% ② 정상인의 41%~50% ③ 정상인의 51%~60%
④ 정상인의 61%~70% ⑤ 정상인의 71%~80% ⑥ 정상인의 81%~이상

〈교재〉 소요 시간과 생산량에 관해 잘 알려져 있는 수주 작업이나 과제

1) 이러한 것들의 목표 행동(6가지의 훈련 목표)을 획득시키기 위하여 제시하는 과제에 관하여 임금이나 시간에서 본 「일반적 생산들」이 설정되어 있는지 확인한다.
2) 어떠한 훈련 목표에도 이하에 제시하는 훈련 절차를 사용한다.

① 수정을 위한 관리 기법을 사용한다. (7~A4) 그 내용은 훈련 대상자의 생산성을 측정하고 보상을 계통적으로 한다. 그리고 프로그램의 효과를 생각하여 필요하면 훈련 대상자에게 단서나 도움을 준다.
② 생산성이나 작업 동작을 토대로 현실적인 보상 프로그램을 실시할 것
③ 작업 속도나 작업 이외의 동작 속도를 개선하기 위해 보조 용구를 고려할 것
④ 이하에 제시하는 영역에 따른 기능을 훈련에 의해서 개선할 것

· 근력 기능영역(Ⅳ~E) · 지각-운동협응(영역 Ⅳ~D)
· 작은 근육 기능(Ⅳ~C)

Ⅰ. 안전성(하위 영역)

(I1) 위험한 상황의 인식(목표 행동)

훈련 목표

1. 전기, 물, 무거운 물건, 폭발물 등이 위험하다는 것을 안다.

〈교재〉 안전에 관한 영화, 시범, 서로 토의한다.

1) 영화를 보이고 그 내용에 대해서 서로 이야기한다.
2) 피복이 벗겨진 전선, 방치되어 있는 가솔린, 폭발물 등을 사용하여 실제로 어떤 식의 위험이 있는가를 시범을 보인다.

2. 위험한 상황을 안다.

〈교재〉 위험한 상황의 예 (가스, 전선, 기타)

1) 훈련 대상자에게 각종 상황의 위험한 예를 제시해 준다.
2) 가능한 각 상황이 위험한가 그 이유를 가르쳐 준다.
3) 다음에 제시하는 피부감각 정보처리에 문제가 있으면 재훈련을 실시한다.
   ① 촉각(Ⅲ~C1) ② 온도 감각(Ⅲ~C3) ③ 후각(Ⅲ~C4)

(I2) 위험을 의미하는 어휘의 이해와 반응(목표 행동)

훈련 목표

1. 위험을 나타내는 표지나 말을 이해한다.

〈교재〉 위험을 나타내는 말이나 표지의 낱일 카드

1) 훈련 대상자에게 아래 제시하는 표지나 말을 제시한다. 훈련 대상자는 그것들을 읽거나 언어 혹은 동작을 사용하여 설명할 수 있어야한다.(위험, 출입금지, 일단정지, 엘리베이터, 비상계단, 독극물 주의, 좌측통행, 우측통행, 화기엄금, 입구, 출구, 금연)
2) 훈련 대상자가 알 수 없는 표지나 어휘가 있으면 실제로 제시해 보이고 그 의미를 가르친다. 이것을 몇 번이고 반복한다.

2. 위험을 나타내는 표지에 적절하게 반응한다.

〈교재〉 표지의 리스트, 역할 놀이, 집단에서의 시범

1) 이미 학습한 표지나 말을 사용한다.

2) 각 표지나 말해 대해서 동작으로 정확하게 반응해 보인다. 아울러 훈련 대상자에게 그와 같이 정확한 동작으로 반응을 시킨다. 위험을 나타내는 표지나 말에 대해서 정확하게 반응할 수 있을 때까지 반응을 촉구하거나 틀린 반응을 수정해 줄 것.
3) 가능하면 훈련 대상자의 반응을 비디오로 촬영하여 그것을 보이고 반응이 바른가 틀린가를 생각하게 할 것.

(I3) 독물에 관한 주의 따르기(목표 행동)

훈련 목표

1. 독물의 의미와 그 말을 안다.

〈교재〉 독물에 관한 표지나 말, 슬라이드 각종의 독물과 그 해독제와의 관계를 그린 그림, 독물에 관해서 그려진 포스터

1) 독물에 관한 언어와 표지를 이해할 수 있도록 가르친다. 그 때 쌍연합 학습이나 언어에 의한 모델링의 기법을 이용하여 가르친다.
2) 독의 종류와 그 작용에 관해서도 이야기한다.
3) 세제, 약품 등의 형태로 매일 접촉할 가능성이 있는 독물도 있다는 점에 주의를 시킨다.

2. 독물을 마시지 않도록 한다.

〈교재〉 독물에 관한 표지나 어휘, 슬라이드, 각종의 독물과 그 해독제와 관계를 그린 그림, 독물에 관해서 그려진 포스터

1) 독물의 바른 저장 장소에 대해서 성로 이야기하고 실습한다.
2) 중독의 원인과 그 증상에 관해서 그려진 영화를 보인다.

3. 사고로 중독된 경우의 대처 방법을 안다.

〈교재〉 독물에 관한 지식이나 어휘, 슬라이드, 각종의 사물과 해독제와의 관계를 그린 그림, 독물에 관해 그려진 포스터 대처법을 제시한 영화

1) 중독이 된 경우와 그 위의 대처법을 서로 말한다.
① 중독 센터에 연락한다. 전화번호를 가르친다.
② 의사나 직장의 책임자를 부른다.
③ 해독제를 알고 있는가? 독물과 해독제의 그림을 체크할 수 있다면 바르게 해독제를 복용한다.
2) 상기의 물체에 관해서 연습한다. 필요하면 수정한다.

(I4) 끝이 뾰족한 물체의 주위 깊은 취급(목표 행동)

훈련 목표

1. 두려움 없이 끝이 뾰족한 물체를 주의 깊게 취급한다.

〈교재〉 나이프, 가위, 면도기, 컵 같은 깨지기 쉬운 물건

1) 뾰족한 물건이 얼마나 위험한가를 실제로 시험을 보인다.
2) 뾰족한 물건을 관련시킨 문제 해결 상황을 만들고 훈련 대상자에게 해결시킨다. 필요가 있으면 수정한다.
3) 뾰족한 물건을 스스로 취급할 경우와 타인에게 건네 줄 경우의 바른 취급법을 시범 보이고 훈련 대상자에게도 실시해 보게 한다. 필요가 있으면 수정한다.
4) 접시와 같은 깨지기 쉬운 물건의 취급법을 실연한다.

(I5) 화재에 대한 바른 대처법의 이해(행동 목표)

훈련 목표

1. 화재의 유형을 이해할 수 있다.

〈교재〉 안전에 관한 정보, 지도, 그림

1) 다음에 제시하는 각 화제의 종류에 관해 서로 이야기 한다.
   ① 기름의 화재 ② 전기에 대한 화재 ③ 나무에 대한 화재
2) 상기의 각종 화재에 관해서 실제로 실시해 보인다.(소방서에서 하고 있는 곳도 있다.)
3) 다른 유형의 화재를 소제로 한 영화를 보인다.

2. 각종 화재에 대한 대처법을 안다.

〈교재〉 소방서가 나오면 팜플렛, 분무기 소화기, 중조, 소맥분, 소금

1) 처리법을 설명하고 소방훈련을 실시한다.
2) 소화에 소화기, 중조, 소맥분, 소금을 사용해 보이고 각 효과에 대해서 서로 말하게 한다.
3) 정확하고 신속한 대치의 중요성에 대해 서로 말한다.
4) 소방서를 부르는 것에 대해 서로 말하고 역할 놀이를 실시한다. 소방서의 전화번호를 학습한다.
5) 소방서를 견학한다.

8. 직업생활 태도

<표 8> 직업 생활 태도의 하위 영역과 목표

하 위 영 역	번호	목 표 행 동	훈 련 목 표
A. 작업태도	A_1	작업에 대한 동기유발	1. 지불한 노력과 강화를 연결짓는다. 2. 강화재의 기호를 표명한다. 3. 의의 있는 작업 수행에 대해서는 보상이 주어지는 것을 안다.
	A_2	작업장에서의 역할이나 요구하는 작업에 적응	1. 작업장에서의 규칙이나 무슨 일을 요구하고 있는가를 안다. 2. 작업장에서의 규칙이나 요구하는 작업에 대해서 적응한다.
	A_3	자기를 현실적으로 파악	1. 자타의 구별을 할 수 있다. 2. 호명되었을때나 문자로 적혀진 자신의 이름을 보았을 때 반응한다. 3. 자기를 표현한다. 「'나는 누구?'」 4. 자기의 가치에 관해 현실적인 감상을 개발한다.
B. 시간의 엄수	B_1 ~ B_2	시간의 엄수	1. 아침에 정시에 훈련 센터로 온다. 2. 휴식 시간이 끝나면 1분 이내에 일터로 되돌아간다. 3. 점심시간이 끝나면 1분 이내에 일터로 되돌아간다.
C. 신뢰성	C_1	쉬지않고 100% 출근	1. 작업에 종사하는 것의 중요성을 안다. 2. 쉴 경우는 사전에 결근계를 제출할줄 안다. 3. 휴가를 낸 경우와 아픈 경우를 제외 하고 100% 출근한다.(C_2와 관련시켜서 훈련할 것)
	C_2	필요한 때나 관리자에게 통지	1. 쉬고 싶을 때나, 병이 낫을 때 등의 사업주에게 통지하는 법을 안다. 2. 사업주에게 전화 거는 법을 훈련한다.
D. 지시·순종	D_1	지시의 단시간 기억	1. 언어에 의한 지시를 이해한다. 2. 언어에 의한 지시를 단시간(1~3시간)기억
	D_2	지시의 장시간 기억	1. 언어에 의한 지시를 이해한다. 2. 지시를 장시간(6~24시간) 기억한다.
	D_3	타임 · 레코드와 카드의 바른 사용	1. 타임 · 레코드와 카드의 의리를 이해하고 사용할 수 있다. 2. 지적하지 않아도 출퇴근 시간을 스스로 체크한다.

	D_4	생산 실적표의 사용	1. 구체물을 이용해서, 10까지의 수를 가감산 할 수 있다. 2. 받아올림, 받아 내림이 없는 한 자리 수와 두 자리 수의 가감산 풀기 3. 제품을 기록한다.
	D_5	문서상의 지시에 순종	1. 하나 하나의 문자언어를 이해한다. 2. 낱말을 구나 문장 속에서 일근ㄴ다. 3. 구나 문장을 이해한다. 4. 문장으로 쓰여진 지시에 따른다.
E. 관리자와의 관계	E_1	관리자 개개인의 요구에 대한 의지 표명	1. 구두의 지시를 이해한다. 2. 요구에 따라서 어떠한 의사 표현을 하면 좋을까를 연습한다.
	E_2	관리자의 요구를 즉시 실행	1. 요구를 이해한다. 2. 요구에 따르면 강화가 주어진다.
	E_3	관리자의 요구에 대한 수용적 태도의 유지	1. 관리자의 요구에 대해서 수용적 태도를 나타낸다. 2. 관리자의 요구에 대해서 수용적인 태도를 유지한다.
	E_4	주의에 대한 건설적인 반응	1. 건설적인 주의에 대해서는 기분나빠하거나 일정한 장소를 이탈하거나, 짜증을 내지 않고 그것을 받아들인다.
	E_5	거짓말을 하지 않음.(관리자와의 관계에 있어서)	1. 직무에 관한 질문에 대해서는 정직하게 대답한다.
F. 동료와의 관계	F_1	협력적일 것	1. 동료와 언쟁하거나, 싸움하지 않는다. 2. 필요에 따라서 동료에게 협력한다. 3. 동료의 물건을 빌릴 경우에는 허가를 받는다. 4. 빌린 물건을 함부로 취급하거나 잘못 사용하지 않는다.
	F_2	재료를 보관장소에 정확하게 되돌려 놓는다.	1. 재료를 보관 장소에 정확하게 되돌려 놓는다.
	F_3	타인의 물건을 훔치지 않음.	1. 타인의 물건을 훔치지 않는다.
	F_4	취업 중, 타인에게 방해 행동을 하지않는다.	1. 게으름 피우거나, 타인에게 방해 행동을 하지 않고, 일상적인 스케줄을 수용한다. 2. 타인을 방해하는 것 같은 잡음. 언동, 행동을 하지 않고 부여된 일을 한다. 3. 금전, 사회생활, 대인관계나 가족 관계에 관련된 개인적 문제로 인하여 지나친 불만을 나타내지 않는다.

A. 작업 태도 (하위 영역)

(A1) 작업에 대한 동기 유발 (목표 행동)

훈련 목표

1. 지불한 노력과 강화를 연결 짓는다.

〈교재〉 직무 훈련장에서의 관리 프로그램.

1) 훈련 절차에 관해서는 Ⅱ-C1(동기 유발)을 참조할 것.

2. 강화제의 기호를 표명한다.

〈교재〉 강화재를 찾아내기 위한 기법

1) 훈련 대상자 강화재에 대한 기호를 분명히 한다.

3. 의의 있는 작업 수행에 대해서는 보상이 주어지는 것을 안다.

〈교재〉 직무 훈련 활동, 직업 훈련 프로그램

1) 훈련 목표 1과 2가 달성되면 계통적인 직무 수행과 강화를 연결 짓는다.

2) 다음에 제시하는 [강화 원리]를 실시함으로써 직업에 대한 태도를 향상 시킨다.

① 강화재는 적절한 행동의 수행 혹은 그것에 가까운 행동의 수행에 부여되는 경우에만 강화를 준다.

② 학습의 초기 혹은 학습의 습득단계에 있어서는 대량의 강화를 적은 횟수를 부여하기보다 소량의 수반성 강화 예를 들면 소량의 음식물이나 단시간의 음악 감상 등)를 연속해서 제시하는 편이 행동의 습득이 촉진된다.

③ 행동발생율이 높으면 (이 시기는 하급이 정점에 도달한 단계 혹은 학습의 유지의 단계에 해당한다.) 강화자는 스케줄을 부여할 필요가 있다 강화가 부여되는 행동을 높이기 위해 강화 스케줄의 간격을 서서히 넓혀 나가는 것이 필요하다. 사람이 돌연 행동을 지체하거나 반응을 정지하는 것은 강화가 부여되지 않기 때문은 아니고 강화가 부여되지 않는 시간을 참아 낼 수 없기 때문인 것이다. 그러한 의미로 간격 강화 스케줄의 채용은 강화가 얻어지지 않는 사이에 인내심을 기르기 위해 해당 행동을 [강고한 것으로 한다.]

④ 간격 강화 스케줄은 또 포화를 막는 이점을 가지고 있다.

⑤ 일반적으로 변동 간격 강화는 고정 간격 강화의 단점을 보완하는 것으로 강화의 예측을 할 수 없다.

⑥ 포화를 방지하기 위해서는 단일의 강화재를 사용하지 말고 여러 가지 강화재를

사용하는 것이 바람직하다. 가능하면 강화재를 훈련 대상자에게 선택하게 하는 것이 좋다.

⑦ 강화재는 가장 좋아하는 것 혹은 가장 강력한 거에서 사장 싫어하는 것 내지는 효과가 약한 것까지 준비하는 것이 바람직하다.

⑧ 다음은 일차 강화재에서 2차 강화재까지의 단계이다

· 음식물(과자, 사탕, 기타)과 같은 소모품

· 오락(예를 들면 오토바이에 탄다, 휴식을 한다, 이어폰으로 음악을 듣는다, 3분동안 돌아다닌다, 큰소리를 낸다.)같이 활동하고 조작할 수 있는 것.

· 음식물과 오락의 강화재를 보증하는 토큰

· 상담자의 진보를 나타내는 문자나 마크

· 부모 친구 훈련자로부터의 칭찬 (사회적 강화 자극)

· 자기 자신이 소유할 수 있는 것

(A2) 작업장에서의 역할이나 요구하는 작업에 적응 (목표 행동)

훈련 목표

1. 작업장에서의 규칙이나 무슨 일을 요구하고 있는가를 안다.

〈교재〉 훈련 활동

1) 훈련 대상자에게 작업장에서의 규칙이나 거기서 무엇을 요구하고 있는가를 이해시킨다.

2) 훈련 대상자가 그러한 규칙이나 요청을 이해하고 있는가를 조사한다.

2. 작업장에서의 규칙이나 요구하는 작업에 대해서 적응한다.

〈교재〉 훈련 활동

1) 훈련 대상자가 규칙이나 요청에 대해서 적응하고 있는가를 알아보기 위해서 다음 사항에 관해서 평가를 실시한다.

① 작업장에서의 역할이나 규칙에 따른다.

② 싫은 작업이라도 할 수 있다.

③ 종업원과 감독자와의 관계에서 종속적인 역할을 받아들일 수 있다.

④ 감독자의 주의를 받아들일 수 있다.

⑤ 주어진 일을 완수할 수 있다.

⑥ 일의 계획이 변경되어도 그것을 받아들일 수 있다.

2) 만약 상기의 여러 가지 점에 대해서 훈련대상자가 적응할 수 없는 것이 있으면 다음에 제시하는 훈련 단계를 사용해서 계통적으로 훈련을 실시한다.

① 훈련의 목적이 되는 목표 행동이 무엇인가를 분명히 한다.

② 목표 행동에 관한 기능적 분석을 실시한다.(Schalock & Karan 1978)

③ 행동상의 목적을 명확하게 한다.

④ 훈련의 전략을 개발하고 실시한다.

⑤ 행동상의 진보나 행동의 변화를 감독한다.

3) 부적응 행동의 수정에 관해서는 다음의 문헌을 참조할 것.

① Mithaug & haring (1977)

② Schroeder & Barrera (1976)

(A3) 자기를 현실적으로 파악(목표 행동)

훈련 목표

1. 자타의 구별을 할 수 있다.

〈교재〉 종이, 헝겊, 거울, 사진

1) 종이 또는 헝겊을 훈련대상자의 얼굴에 붙여 [이것을 당신 얼굴위에 있습니다.]라고 말한다.

2) 훈련 대상자를 거울 앞에 세우고 자타의 구별을 손가락으로 가리키게 한다. (예를 들면 이쪽이 당신이고 이쪽이 나)라고 말하는 것처럼.

3) 훈련대상자를 거울 앞에 세우고 다음의 것을 시킨다.

① 거울에 비친 자기의 상을 손가락으로 지적한다.

② 거울에 비친 자기의 상에 웃음을 짓게 한다.

③ 거울에 비친 자기의 상을 보고 웃고 부른다.

④ 훈련 대상자의 머리 옆에 있는 물건의 거울상에 손을 뻗친다.

4) 훈련 대상자의 이름을 빈번하게 부르며 신체장과 소유물과를 연결시킨다.

5) 만약 이 목적이 달성되지 않는 경우에는

① 언어에 의한 명칭 붙임이나 단서를 주는 횟수를 많게 한다.

② 신체의 중요한 부분에 관한 학습을 실시하게 한다.

③ [당신][당신의][나][나의 것]의 인칭 대명사를 많이 사용한다. 또한 가능한 많은 신체적인 단서를 준다.

2. 호명되었을 때나 문자로 적혀진 자신의 이름을 보았을 때 반응한다.

〈교재〉 이름이 쓰여져 있는 카드 또는 명함

1) 카드나 명함에 쓰여져 있는 자신의 이름을 훈련 대상자에게 보인다.
2) 훈련 대상자를 가리키고 이름을 부른다.
3) 훈련 대상자에게 많은 카드나 명찰에서 자기의 이름을 찾게 한다. 또한 자기 이름을 말하고 자기의 이름을 때 대상자에게 지적시킨다.
4) 이러한 활동을 실시하고 있을 때에는 대상자는 자신의 이름을 부른 사람 쪽으로 얼굴을 향하고 바르게 바라보아야한다.

3. 자기를 표현하다. (즉 나는 누구인가?)

〈교재〉 집단에서의 훈련장면 자기평정 펙보즈와 같은 게임 어느 정도 잘할 수 있는가의 예측과 그 결과의 평가를 포함한 과제 비디오테이프를 사용한 훈련 장면(보고평가)

1) 다음 그림에 관해 훈련대상자에게 좋아하는 것과 싫어하는 것을 말하게 한다. (작업, 사람 ,TV프로, 의복)
2) 심리 적응 훈련활동 ' 나는 누구?'
   ① 각 훈련 대상자에게 순서대로 '나는 누구?' 인가를 대답하도록 말한다.
   ② 훈련 대상자에게는 이름 외에 자기가 제일 좋아하는 것이나 인생설계 목표 특기 등에 대해 말하도록 지시한다.
   ③ 훈련 대상자의 자기시각 이해를 촉진하기 위해서 최초의 반응에 대해서는 특별한 주의를 기울일 것.
   ④ 각 훈련 대상자의 발언에 대해서는 지도자가 그것을 알기 쉽게 고쳐 말하고 요약해 줄 것 그러한 경우 선과 악의 평가는 삼가고 간단한 유사점 차이점의 지적에 한정 지을 것
   ⑤ 이때 처음으로 각 멤버는 가각 좋고 싫은 것이 있고 그것들을 표명하는 권리를 가진다고 하는 본질적인 생각을 도입할 것.
3) 훈련 절차

   2)를 다른 인성 변수(훈련 대상자가 자신의 인성을 관찰할 수 있고 기술할 수 있는 것이 바람직한 것)로 확장한다. 변수에는 다음의 것이 포함된다.
4) 자기 개념에 관련되는 다음의 요인에 관하여 개별적 혹은 집단으로 이야기 시킨다.
   ① 좋고 싫다
   ② 다른 사람이 자기를 어떻게 보고 있는가?
   ③ 장래에 대한 요망

④ 훈련 대상자 자신을 둘러싼 환경에 관한 정보와 사실

4. 자기의 가치에 관해 현실적인 감상을 개발한다.

〈교재〉 집단 훈련 장면, 비디오테이프. 슬라이드, 그림, 도표, 집단게임, 작업과제

1) 자신이나 자존에 관한 긍정적인 감정을 새로운 과제를 시켜 보거나 개인적인 책임을 지게 하거나 여러 가지 활동을 잘 시행시킴으로서 이 경우 결과에 대해서 긍정적인 피드백을 최대한 줄 것
2) 성공이나 실패한 경우 반응의 방법에 대해 역할 놀이를 시킨다.
3) 인성을 건전하게 발달시키기 위해서는 어떻게 하면 좋을지를 서로 이야기 한다.
4) 좋은 인성의 예와 나쁜 예에 대해서 극을 만들어서 공연시킨다.

B. 시간의 엄수 (하위 영역)

(B1) ~ (B3) 시간 엄수 (목표 행동)

시간을 정확히 지킨다.

훈련 목표

1. 아침에 정시에 훈련센터에 온다. (오차는 1분 이내)

2. 휴식시간 끝나면 1분 이내에 일터로 되돌아간다.

3. 점심시간이 끝나면 1분 이내에 일터로 되돌아간다.

〈교재〉 슬라이드, 시간기록기, 벽시계, 팔 시계

〈주〉 여기에서 가리키는 훈련 절차는 상기 3개의 훈련 목표에 공히 같다.

1) 팔 시계 혹은 벽시계 사용법을 가르치고 그것들과 시간 기록기를 관계 짓게 한다.
2) 지도자는 이하에 가르치는 문제에 대해서 훈련대상자와 서로 이야기 한다.
   ① 정시에 출근하는 것의 중요성은 무엇인가?
   ② 언제 출근 하는가? [훈련자에게 시계로 가르치게 한다.]
3) 필요하면 훈련 대상자와의 사이에 행동 계약을 한다.
4) 만약 훈련 대상자가 작업장을 두려워하고 있는 못하면 체계적 자기 탈감법을 이용해 보는 것도 좋다.

5) 훈련대상자에게 공장이나 레스토랑 등의 슬라이드를 보인다. 단지 직장전체에 따른 개개의 직무를 두르러지도록 할 것. 예를 들면 레스토랑에 있다면 더러운 접시에 담긴 음식, 접시를 사용하고 있는 조리인 손님이 요리를 먹고 있는 모습, 손님이 요금을 지불하고 있는 곳 상점 주인이 고용인에게 급료를 지불하고 있는 장면 등의 슬라이드를 보일 것 깨끗한 접시가 아니면 레스토랑의 일이 성립이 안 되는 것과 동시에 일의 전 과정에 다른 훈련 대상자의 위치를 강조해서 가르칠 것. 그리고 훈련대상자에게 다음의 질문을 한다.

① '당신이 지각했다면 레스토랑의 일에 어떠한 영향이 있습니까?'

② '당신이 지각한 때문에 접시가 더럽다면 상신은 접시를 어떻게 해야 합니까?'

③ '접시가 없다면 손님이 무엇으로 먹으면 좋습니까?'

④ '레스토랑에서 손님이 요리를 먹을 수 없다면 주인은 어떻게 해서 당신에게 급료를 지불하면 좋을까?'

⑤ '만약 당신이 급료를 받을 수 없다면 어떻게 생활하면 좋을까?'

C. 신 뢰 성(하위 영역)

(C1) 쉬지 않고 100% 출근 한다.(목표 행동)

훈련 목표

1. 직업에 종사하는 것의 중요성을 안다.

〈교재〉 영화, 역할놀이, 도의, 행동수정 프로그램

1) 매일 출근하고 직업에 종사하는 것의 중요성을 서로 이야기한다. 예를 들면 매일 출근할 수 없는 경우 동료는 신뢰감을 느낄 수 있는가? 임금이나 일의 계속성의 문제 등, 특히 강조해서 서로 이야기 한다.

2. 쉴 경우는 사전에 결근계를 제출할 줄 안다.

〈교재〉 집단 토의, 개별 카운슬링

1) 쉴 경우(1~2일)에는 적어도 2일전까지 결근계를 낼 필요가 있음을 강조한다.

3. 휴가를 낸 경우와 아픈 경우를 제외 100% 출근한다. (C2와 관련시켜서 훈련시켜서 훈련 할 것.)

〈교재〉 기록 용지, 행동 수정 프로그램

1) 날마다 쉬는 날을 세게 한다.
2) 한 달에 2일 이상 쉴 경우에는 수반성 관리 프로그램을 실시한다.
3) 상담자가 쉬지 않도록 강화를 준다.
처음에는 고정비율강화 (FR)를 하고 가능한 빨리 변동비율강화 스케줄로 이행한다.
4) 아파서 갈 수 없다고 사업주에게 전화를 건다면 사업주는 훈련 대상자의 휴가일을 대처할 수 있는 사람을 준비할 수 있는 점을 훈련대상자에게 말해준다.
5) 한 달에 2일 이상 쉬어서는 안 된다는 점 본인이 아프지 않으면 전화를 걸어서는 안된다는 점을 훈련대상자에게 말해 준다.
6) 훈련대상자는 다음의 질문에 완전하게 대답해야 한다.
① '당신이 작업하러 갈 수 없을 때는 어떻게 하면 좋습니까?'
② '어째서 직장에 전화를 하지 않으면 안 됩니까?'
③ '당신의 직장에서 작업을 대신 해 주는 사람이 없을 때 어떤 일이 발생합니까?'
④ '아플 때는 1개월에 몇 일 정도 쉬어도 좋다고 생각합니까?'
⑤ '아플 때 전화도 못하고 수일간 쉬고 있는 동료에 대해서 어떤 일이 발생 한다고 생각합니까?'

(C2) 필요한 때에 관리자에게 통지(목표 행동)

훈련 목표

1. 쉬고 잎을 때나 병이 났을 때 등의 사업주에게 동치하는 법을 안다.
〈교재〉 전화, TV 프로그램, 역할놀이
1) 자신이 아파서 직장에 나올 수 없는 경우에 그 이유를 관리자에게 전화로 답하는 것을 습득시킨다.
2) 훈련 절차 1)이 달성될 때까지 훈련자는 훈련 대상자에게 반복해서 가르친다.
3) 다음 것을 포함하는 비만 시스템을 고안한다.
① 언제 전화를 해야 하는가?
② 누구에게 전화를 해야 하는가?
③ 사업주의 전화번호 (자택 및 사무소)

D. 지시 순종(하위 영역)

(D1) 지시의 단기간 기억(목표 행동)

훈련 목표

1. 언어에 의한 지시를 이해한다.

〈교재〉 언어 지시

1) 훈련대상자에게 언어에 의해 지시를 하고 그 해석이 바른가 어떤가를 알기 위해서 지시를 복창 시킨다.

   말을 못하는 훈련대상자의 경우에는 지시에 대한 이해법을 궁리하여 예를 들면 '예', '아니오'로 대답할 수 있도록 듣는 방법을 훈련시킨다.

2) 훈련대상자가 바르게 대답할 수 없는 경우에는 다음에 제시한 청각적 정보처리영역(I1 참조)의 재훈련을 행할 필요가 있을지도 모른다.

① 주의(B1) ② 변별(B2) ③ 기억(B3) ④ 연합(B4)

훈련이 주로 시각적 과정을 통해서 이루어져 그 결과 훈련대상자가 바르게 대답할 수 없는 경우도 위와 같은 영역 훈련이 필요하다.

2. 언어에 의한 지시를 단시간(1~3시간)기억

〈교재〉 언어에 의한 지시

1) 하우의 여러 가지 시간대에서 1~3시간 이내에 어떤 일을 하도록 지시한다.

① 과제를 낸다. ② 수정 평가를 한다.

2) 만일 훈련대상자가 그 지시를 생각해 내지 못하면 때때로 단서를 준다.

① 가능한 빨리 단서를 주지 않도록 한다.

② 훈련대상자의 기억유지를 위해 언어적 매개 과정을 이용한 기억법이 유용하다는 사실을 강조한다.

(D2) 지시의 장시간 기억(목표 행동)

훈련 목표

1. 언어에 의한 지시를 이해한다.

〈교재〉 언어적 지시, 청각 훈련 교재

1) 여기서의 훈련 절차는 D1서 제시한 훈련 수정법과 동일하다.

2) 앞의 훈련 목표(D1의 2)를 달성한 훈련대상자는 본 훈련을 받을 수 있다.

2. 지시를 장시간(6~24시간) 기억한다.

1) 1일의 여러 가지 시간상에서 그 시점에서 6~24시간 이내에 일을 하도록 지시한다.
 ① 과제를 낸다.
 ② 훈련대상자가 과제를 완수했는지 검사한다.

2) 훈련대상자가 잊어버린 경우는 기억의 단서를 확립시킨다.
 ① 가능한 빨리 단서를 주는 것을 삼간다.
 ② 훈련대상자가 기억보존을 유지하기 위해 언어적 매개 과정을 이용한 기억법이 유용함을 강조한다.

(D3) 타임 레코드와 카드의 바른 사용(목표 행동)

훈련 목표

1. 타임 레코드와 카드의 의미를 이해하고 사용할 수 있다.

〈교재〉 타임 레코드와 카드의 견본 그것들의 그림

1) 타임 레코드의 카드의 견본을 보인다. 그 위에 상점이나 작업장에서 그것들의 설치되어있는 장소도 보인다.

2) 타임 레코드와 카드를 넣고 있는 노동자의 모습을 찍은 슬라이드를 보인다.

3) 사업주가 노동시간과 임금을 계산하고 있는 장면 또는 종업원에게 급료를 지불하고 있는 장면의 슬라이드를 보인다.
이 프로그램을 실시하고 있는 훈련장면 가운데 지도자가 급여와 정확한 시간의 관계에 대해서 특히 주의 깊게 다룰 것.

4) 훈련대상자는 다음의 질문에 100% 정확하게 대답해야 한다.
 ① '왜 출퇴근 할 때 타일 레코드에 카드를 넣지 않으면 안 되는가?'
 ② '왜 상사는 당신이 일한 시간을 알아두지 않으면 안 될까?'
 ③ '출퇴근 할 때 타임레코드에 카드를 넣지 않는 경우 어떠한 불합리성이 일어나는가?'

5) 훈련대상자에게 타임카드를 주고 그 사용법을 가르친다.
최초로 1주일 출퇴근 시에 연습자가 타임 레코드에 카드를 넣는 방법을 도와준다.
그 후는 지도자가 훈련대상자의 사용법에 대해서 체크를 하여 기록한다. 훈련 대상자에게는 틀린 시간을 그래프에 기입 시킨다.

2. 지적하지 않아도 출퇴근 시간을 스스로 체크한다.

〈교재〉 타임카드 타임레코드

1) 훈련대상자가 타임 레코드의 사용법을 학습한다면 (위의 1-5) 상담자에게 매일 출퇴근 시에 그것을 사용하도록 설명한다.

2) 훈련대상자가 타임 레코드를 사용한다면 그 사용법을 체크하고 정확하면 강화를 준다. 노동시간과 임금의 관련을 학습시키기 위해 프로그램을 사용해도 좋다.
훈련대상자는 지적받기 전에 출퇴근시에 타임 레코드로 체크를 받는 것을 배워야 한다.

(D4) 생산 실적표의 사용(목표 행동)

훈련 목표

1. 구체물을 이용해서 10까지의 수를 가감산 할 수 있다.

1) 색을 기호로써 사용한 문제를 이용한다.

(적)		(녹)
3	+	4

2) 이 문제를 셈하는데 있어 훈련대상자는 대응하는 색의 막대기를 이용하여 + 기호는 팩보드 위에 놓는다.

III	IIII
(적)	(녹)

OOO + OOOO

3) 색에 의해서 코드화 되어 있고 접합시키는 것으로 다른 양을 나타내는 것이 가능한 봉을 계산의 교재로 이용한다.
예를 들면 다음의 그림과 같은 사물이다.

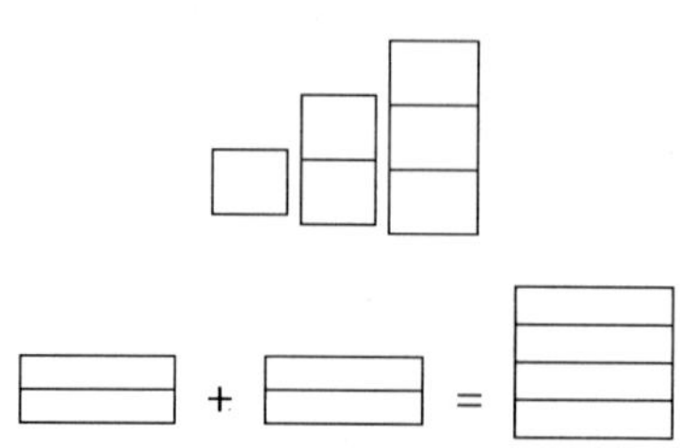

2 + 2 = 4

처음에는 회답을 가르쳐 주어도 좋지만 훈련대상자가 계산을 하고 답 수 만큼의 적목을 두는 것에 의해서 대답하도록 한다.

구체물을 그린 것을 보이고 시작한다.

예를 참조할 것 그리고 훈련대상자에게 다음의 문제를 시킨다. 카드를 2개 준비한다.

3 + 2 = 5

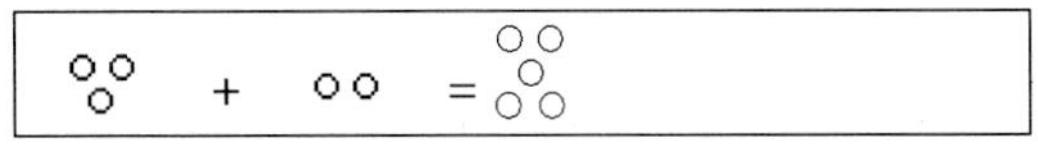

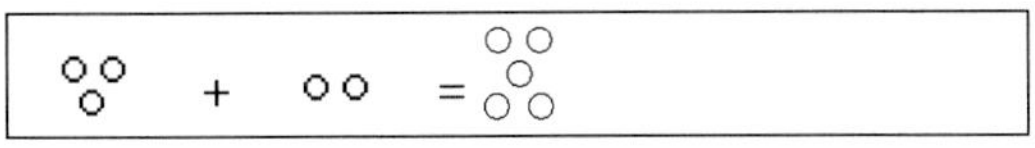

3 + 2 = 5

훈련대상자는 1장째 전면과 2장째의 전면을 매치시킨다.

그리고 1뒷면과 2뒷면을 연합시킨다.

2. 받아 올림 내림이 없는 한 자리수와 두 자리 수의 가감산 풀기

1) 가감산을 훈련대상자에게 지도하는 경우 반드시 세로선을 이용할 필요는 없다. 각 문에 있어서 오른쪽의 자리수 위의 수와 아래의 수를 계산하고 나서 왼쪽 자리 수로 이동해 계산하는 것을 가르친다. 필요하면 계산을 하기 쉽도록 세로선을 그을 것.

계산하는 경우 대상자에게 구체물(적목, 계산용의 막대기)을 주어서 계산 시켜도 좋다.

3	5
+ 2	1

4	6
− 2	3

경우에 따라서는 가감산에 자연수의 수열을 사용하게 하는 것도 좋을 것이다.

2) 자연수의 수열을 이용해서 가감산을 가르치는 경우의 절차는 다음과 같다.

① 덧셈의 경우 처음의 수 (오른쪽 위의 수)와 동일한 수를 수열상에서 찾고 그 수의 위에 왼손을 놓게 한다. 그리고 그 위치에서 덧붙인 수만큼 오른손으로 수열상 위를 계산하게 하여 합계를 내게 한다.

② 뺄셈의 경우 훈련대상자에게 처음의 수와 동일한 수를 수열의 위에서 구하게 하고 그 수의 위에 오른손을 놓게 한다. 그 위치에서 왼손으로 뺄 수를 수열상에서 가르치고 답을 얻게 한다.

③ 상기를 절차를 거쳐도 역시 계산을 할 수 없는 아이들에게는 계산기를 사용하도록 한다.

3. 제품을 기록한다.

〈교재〉 조립의 수주 작업

1) 훈련 대상자에게 자기가 생산한 제품의 기록을 하게 한다.(수, 무게, 노동시간)

2) 필요하면 기록을 거들어 준다. 그렇지만 가능한 한 빨리 도와주는 것을 삼가도록 할 것

3) 생산 실적표를 토대로 보수가 주어진다는 사실을 가르친다.
4) 매일(필요하면 매시간) 생산실적표를 체크하고 그 통계를 기초로 하여 보수를 준다.
5) 중도정신지체인 경우에는 생산실적표의 기록에 필요한 계산, 계수에 계산기를 사용한다.

(D5) 문서상의 지시 순종(목표 행동)

훈련 목표

1. 하나 하나의 문서언어를 이해한다.

〈교재〉 문자언어의 교수법

1) 문자언어의 유익한 교수법은 다수 있다.

예를 들면, 문장으로서 단어를 가르치는 방법 등이다.

문자언어로써의 말을 가르치기 위해 도움이 되는 여러 종류의 방법을 아래에 제시한다.

어느 방법을 채용하는가는 지도자가 훈련대상자의 학습태도를 잘 관찰한 뒤에 판단할 것. 그러기 위해서는 훈련대상자가 전혀 모르는 단어를 여러방법으로 가르쳐 보고 각 방법의 학습 정도를 그래프 하여 비교한다.

이 비교에 의해서, 훈련대상자에게 문자언어를 가르치고 기억시키기 위한 가장 적절한 방법을 선택할 수 있다.

① 반복학습, 채택하는 수업법이 어떠한 것이고, 학습중의 새로운 어휘를 매일 또는, 가능한 많은 훈련대상자에게 습득시키는 것이 필요하다.

② 살아가는 데에 필수 불가결한 말을 가르친다.

위의 내용은 생존을 위한 언어(Survival word)지도에도 적용할 수 있다.

그렇지만 본질적인 점은 훈련대상자가 살아가는데 필수불가결한 어휘나 구를 재인할 수 있다면 바로 그 의미를 묻는 것이 필요하다.

낱말의 의미는 실물이나 그림에 연결시키거나, 체험시키는 것에 의해서 가르치는 것이 가능하다.

③ 학습한 문자언어나 살아가는데 필수불가결한 어휘를 여러 가지 장면으로 전이 시킨다. 어휘를 학습했다면 학습을 전이시키기 위해 훈련대상자를 문맥의 상황에 두는 것이 필요하다.

예를 들면 신물을 보거나, 상점, 식당, 영화관에 써 있는 어휘를 보러 나가거나 하는 것은 그러한 상황의 일예이다.

살아가는데 필수불가결한 어휘를 가능한 많이 현실적 장면에서 파악하게 하는 것이 필요하다.

2) 몇 개의 문자언어를 지도하기 위한 재인, 상기(想起)의 절차

① 매일, 또는 훈련장면마다(모든 말에 관한 정확도가 70% 이상인 경우) 새로운 낱말을 3개 제시한다.

② 각 훈련 장면마다, 지금까지 지도한 말을 모두 반복시킨다.

③ 재인-상기 절차를 이용 새로운 말을 가르친다.

· 3개의 말을 각각 카드에 써서 대상자에게 제시한다.

· 낱말을 발음하고 그 카드를 손가락으로 가르친다.

· 훈련 대상자에게 복창시킨다.

· 그 낱말의 의미를 가르치고, 문장 속에서 사용해 보인다. 이것을 서로 실시한다.

④ 재인 : 3장의 카드를 훈련대상자 앞에 놓는다.

· 어휘를 발음하고, 그 카드를 손가락으로 가리키게 한다. 100% 정확하게 지적할 수 있을 때까지 카드를 잘라서 반복한다.

⑤ 상기

· 새로 학습한 3가지 낱말에 대해서 지도자가 그 카드를 가르치고 훈련대 대상자에게 발음시킨다.

· 지금까지 학습한 단어에 새로 학습한 단어를 첨가하여 그러한 모든 말에 관해서 위의 절차를 실시한다.

· 훈련대상자에게 카드를 한 장씩 보이고 훈련대상자에게 그 단어를 발음시킨다.

· 만약 상담자가 단어를 잊어버렸다면 그 카드를 재학습 카드로 활용하기 위해 준비해 둔다.

⑥ 학습한 모든 카드의 파일 북을 만드렁 두고 매일 복습시킨다.

3) Fernald(1961)법, 훈련대상자에게 낱말을 손가락으로 가리키면서 그 낱말을 발음시킨다. 훈련대상자가 그 낱말을 기억했다고 판단하면 그 용지를 뒤집어서 다른 용지에 그것을 쓰게 해서 견본과 비교시킨다.

만약 쓴 글자가 견본과 일치해 있으면 다음에 그 낱말을 사용해 문장을 쓰게 한다. 만일 불일치하면 재차 처음부터 반복시킨다.

4) Harris(1961)의 시각-운동법, 본 법은 문자 쓰기가 가능한 훈련대상자용이다.

친구, 비행기, 비행사 등의 훈련대상자에게 어느 정도 익숙한 단어를 몇 개정도 선택한다. (단, 길이가 5-8문자의 단어가 좋다.)

그러한 단어를 카드에 보기 쉽게 써 두었다가 카드를 한 장씩 훈련대상자에게 제시한다. 그리고 이 단어는 "친구"입니다. 잘 보세요. 이것은 무엇이라고 했습니까? 눈을 감고 머릿속으로 그 문자를 떠올려 보세요. 눈을 뜨세요. 이 낱말은 무엇입니까? 라고 말한다. 카드를 쥐고 그 낱말을 쓰게 하고 쓴 글자와 카드의 글자를 비교시킨다. 만약 불일치했다면 여기까지의 절차를 반복한다.

낱말을 보이고, 발음해 주고, 그것을 시각화시켜 시각상을 근거로 그 낱말을 쓰게 하는 일련의 과정이다.

정확하게 쓸 때까지 이 절차를 여러 번 반복할 필요가 있다. 훈련대상자가 낱말을 바르게 재생할 수 있더라도 과거에 학습한 것도 포함해서 단순히 재생하는 것은 아니고 기억을 상기시키도록 하기 위해서는 반복해서 쓰게 할 필요가 있다.

또 쓰게 할 때마다 글자의 정확성을 체크해야 한다. 아울러 일정 기간이 경과 했다면 복습을 시킨다.

5) 그림과의 연합법, 문자언어 혹은 살아가는데 필수불가결한 단어를 대응하는 그림과 함께 훈련대상자에게 제시한다.

우선 지도자가 그 단어를 발음해 보이고 훈련대상자에게 반복시킨다. 단지 카드는 한 번에 한 장씩 제시할 것

이 절차를 훈련대상자가 100% 정확하게 복창할 수 있을 때까지 반복한다. 그 후 카드 그림의 일부를 숨기고 훈련대상자에게 단어를 말하게 한다. 만약 말할 수 없는 경우는 또 한 단서를 준다. 대상자가 기초적인 명사와 동사(혹은 살아가는 데에 필요한 어휘)를 몇 개 학습했는지 그것들을 문장 가운데 집어넣어서 다른 단어와 함께 훈련대상자에게 문장을 말하게 한다.

처음에는 그림에 의한 단서를 주어도 좋지만 가능한 빨리 도움 주는 것을 삼가도록 한다.

2. 낱말을 구나 문장 속에서 읽는다.

〈교재〉 잡지, 신문, 재미있는 어휘가 적힌 서적 등 성인이 읽는 물건을 주변에 놓아둔다.

1) 훈련대상자가 기초적인 문자언어를 학습했다면 구나 문장 속에 넣어서 읽는다. 예를 들면 다음과 같다.

① 훈련대상자에게 읽게 하는 문장으로써 지시를 포함한 문장

② 훈련대상자에게 낱말 카드로 문장을 만들게 해 그것을 문장으로 읽힌다.

③ 학습한 낱말에 대해서 표를 만들게 해 그것을 읽힌다.

④ 기본 문형을 연습시킨다.

3. 구나 문장을 이해한다.

〈교재〉 잡지, 신문, 재미있는 어휘가 적힌 서적 등 성인의 읽을 거리를 주변에 놓아둔다.

1) 훈련대상자에게 구나 문장을 읽히고, 자신의 어휘로 그 내용을 표현시킨다.
2) 훈련대상자에게 문장을 읽히고 지도자가 그 문장에 관하여 질문을 한다.
   ① 서술 내용에 관해 질문
   ② 다지선택의 질문
3) 훈련대상자에게 문장을 읽히고 그 내용을 나타낸 그림을 그리게 한다.

4. 문장을 쓰여진 지시에 따른다.

1) 단순한(점차 복잡성을 높일 것) 문장에서 훈련대상자에게 지시를 준다.
2) 훈련대상자의 지시에 대해 이해도를 체크하고 보충해 줄 것, 필요하면, 지시의 내용을 보다 단순화시킨다.

E. 관리자와의 관계 (하위 영역)

(E1) 관리자 개개인의 요구에 대한 의지 표명 (목표 행동)

훈련 목표

1. 요구에 따라서 어떠한 의사표시를 하면 좋을 가를 연습한다.

〈교재〉 집단 활동, 지시에 따른 기회

1) 개별 혹은 집단에 요구를 하여서 그 요구를 받아들이는 경우의 의사표시방법을 가르친다. 예를 들면, 언어적인 의사표시에서는 '알았습니다' '예' 등이, 비언어적인 것으로서는 수긍하는 동작 등을 포함한다.
2) 요구와 반응 사이의 시간이 너무 긴 문제가 있는 경우에는 그 시간을 단축하기 위한 계통적인 강화 프로그램을 준비한다.
3) 요구에 대해서 동의하는 의사를 표시한 훈련대상자에게 보상을 준다.

(E2) 관리자의 요구를 즉시 실행(목표 행동)

훈련 목표

1. 요구를 이해한다.

〈교재〉 모의적인 작업문제

1) 영역 III-D에서 시사하고 있는 언어이해 기능의 연습
2) 훈련대상자에게 과제 혹은 직무를 주고 그것이 요구하는 내용에 관해서 훈련대상자 자신의 해석을 지도자에게 설명시킨다.
   이것을 반복 훈련하고 필요하면 수정한다.

2. 요구에 따르면 강화가 주어진다.

1) 훈련대상자에게 요구를 해 만약 그것을 완수했다면 강화를 준다. 처음에는 즉시 강화, 점차 긴 간격의 고정간격강화 스케줄, 변동 간격강화 스케줄로 나아갈 것
2) 훈련대상자에게 과제가 주어진다면 가능한 빨리 과제를 완수할 수 있도록 강하게 말한다. 필요하면 계통적인 강화를 준다.

(E3) 관리자의 요구에 대한 수용적 태도의 유지(목표 행동)

훈련 목표

1. 관리자의 요구에 대해서 수용적인 태도를 나타낸다.

1) 관리자로부터 요구를 받아들이는 것과 관리자에게 수용적인 태도를 나타내는 것의 중요성에 대해 설명한다.
2) 훈련대상자가 관리자에 대해서 바람직한 태도를 나타내지 않는 경우에는 다음에 제시하는 기법 중 어느 것을 시도해도 좋다
   ① 개별 카운슬링 ② 집단 카운슬링

2. 관리자의 요구에 대해서 수용적인 태도를 유지한다.

1) 관리자에 대한 수용적인 태도가 나타난 후에도, 훈련대상자의 관리자의 요구에 대한 반응을 계속 체크한다.
2) 필요하면 앞에 기술한 훈련기법을 사용하고 관리자의 요구에 대한 태도의 개선을 도모한다.

(E4) 주의에 대한 건설적인 반응 (목표 행동)

훈련 목표

1. 건설적인 주의에 대해서는 기분 나빠하거나, 훈련장을 이탈하거나, 짜증을 내는 일없이

그것을 받아들인다.

〈교재〉 집단에서의 훈련 장면 슬라이드. 비디오

1) 훈련대상자의 자세, 생산성, 노동습관 일반에 관해서 언급하고 그것들을 어떻게 개선하면 좋은가에 대해서 지적한다. 만약 훈련대상자가 이 건설적인 충고를 잘 받아들여 노력한 경우에는 강화를 준다.
2) 시사나 중의에 대한 수용성을 점차 증가시키기 위한 강화 프로그램을 훈련 대상자에게도 알 수 있도록 명문화 해 두고, 필요에 따라 강화나 카운슬링 한다.

(E5) 관리자와의 관계에 있어 거짓말을 하지 않음 (목표 행동)

훈련 목표

1. 직무에 관한 질문에 대해서는 정직하게 대답한다.

〈교재〉 행동 수정 프로그램, 집단 치료 장면

1) 거짓된 행동을 하는 상황에 관해서 기준선을 설정한다. 직무에 관한 훈련대상자가 거짓말을 하기 쉬운 상황에 한정할 것
2) 집단 혹은 개개의 훈련 장면에서, 거짓말을 할 필요성이 있는가를 결정시켜 본다.
3) 필요하면 거짓말을 하지 않는 상황에 관한 계통적 강화 프로그램을 사용한다. 단지, 그 경우 '당신이 말하고 있는 것은 정말입니까?'와 같이 물어서는 안 된다.
   훈련대상자의 언동을 체크하고 분명하게 관찰 가능한 기준에 따라 '진실을 고하고 있는' 경우에는 강화를 줄 것

F. 동료와의 관계(하위 영역)

(F1) 협력적일 것(목표 행동)

훈련 목표

1. 동료와 언쟁하거나 싸움하지 않는다.

〈교재〉 행동 수정 프로그램, 집단에서의 훈련 장면

1) 다툼의 빈도를 그래프로 기록한다.
2) 다툼이 감소하면 강화 프로그램을 이용한다.
3) 훈련대상자에게 자신의 행동을 체크한다.

4) 가능한 빠른 연속강화 스케줄에서 변동 간격 강화 스케줄로 이행할 것

2. 필요에 따라서 동료에게 협력한다.

〈교재〉 행동 수정 프로그램, 집단 훈련 장면

1) 협력적인 행동에 대해서 강화를 주는 점 이외에는 위의 절차와 같다.
2) 적절한 협력에 관한 토론에는 집단 훈련 장면을 적용한다.

3. 동료의 물건을 빌릴 경우에는 허가를 받는다.

〈교재〉 물건을 빌릴 기회

1) 물건을 빌릴 경우 허가를 받는 방법을 시범 보이고, 훈련대상자에게 모방시킨다.
2) 대상자에게 허가를 구하는 방법을 연습시킨다.
3) 훈련대상자의 행동을 수정하고 물건을 빌린 경우 허가를 틀림없이 구하고 있는 경우에는 강화를 준다.

4. 빌린 물건을 함부로 취급하거나 잘못 하용하지 않는다.

〈교재〉 물건을 빌릴 경우

1) 도구를 빌린 경우에는 체크 할 것
2) 도구의 바른 취급 방법에 대해서 시범을 보이고 모방시킨다.
3) 모방이나 시행의 후에도 도구를 조잡하게 다루고 있는 경우에는 벌을 주기 위한 프로그램이 필요할지도 모른다.

(F2) 재료를 보관 장소에 정확하게 되돌려 놓는다(목표 행동)

훈련 목표

1. 재료를 보관 장소에 정확하게 되돌려 준다.

〈교재〉 도구, 교재

1) 훈련 대상자가 빌린 물건을 제자리로 되돌리고 잇는가를 관찰한다.
2) 만약 되돌려 놓지 않으면 카운슬링이나 행동 수정 프로그램을 사용해 행동을 교정한다.
3) 정확하게 물건을 돌려주는 행동의 발달을 정착하기 위한 모델링 방법을 계속한다. 필요하면 수정을 한다.

(F3) 타인의 물건을 훔치지 않는다(목표 행동)

훈련 목표

1. 타인이 물건을 훔치지 않는다.

〈교재〉 행동 수정 프로그램, 집단에서의 훈련 장면, 영화, 슬라이드

1) 도둑질이 왜 나쁜가를 집단 훈련 장면을 이용해서 대화를 하게 한다.
2) 경찰, 재판소 등에서 강사를 초빙하여 이야기를 들려준다.
3) 만약 절도가 발생하면 그것을 훔치지 않는 것을 강화하는 행동 수정 프로그램을 개발한다.

(F4) 취업 중 타인에게 방해 행동을 하지 않는다(목표 행동)

훈련 목표

1. 게으름 피우거나, 타인에게 방해 행동을 하지 않고 일상적인 스케줄을 수용한다.

〈교재〉 행동 수정 프로그램, 잡단 훈련 장면, 작업 활동

1) 어떤 과제에서 다른 과제로 작업을 바꿀 수 없도록 하기 위해 강화 프로그램을 작성하고 그것을 사용한다.
2) 점차 그러한 과제간의 차이를 크게 해 나간다.
3) 바꾼 점을 지도자가 시범을 보이고, 훈련대상자에게 모방시킨다.
훈련대상자에게 바꾸기 전의 문제를 연습시킨다.
그와 같은 경우 필요하면 언어로 촉구하거나, 도움을 준다.

2. 타인을 방해하는 것 같은 잡음, 언동, 행동을 하지 않고 부여된 일을 한다.

〈교재〉 작업 활동

1) 바람직한 행동을 강화하기 위해 행동 수정 프로그램을 사용한다.
2) 어느 정도 사람을 방해하는가를 이해시키기 위해 훈련 대상자에게 자기의 방해 행동의 빈도를 그래프로 그리게 한다.

3. 금전, 사회생활, 대인관계나 가족 관계에 관련한 개인적 문제로 인하여 지나친 불만을 나타내지 않음.

〈교재〉 행동 수정 프로그램

1) 과도한 불만의 표출에 대해서 그 빈도를 그래프화 한다.

2) 불만 표출이 감소한 경우에 강화를 주는 행동 수정 프로그램을 사용한다.
3) 가능한 바로 훈련대상자 자신에 자기의 행동을 체크시킨다.
4) 훈련대상자에게 보다 긍정적인 자기개념을 가지도록 하는 것이 필요할지도 모른다.

9. 취업 정보 · 기능

<표 9> 취업 정보 · 기능의 하위 영역과 목표

하 위 영 역	번호	목 표 행 동	훈 련 목 표
A. 일반고용	A_1	직무에 대해 흥미 표출	1. 자립작업장 이외에도 취직의 장소가 있는 것을 안다. 2. 일반 사업장에서의 취직의 이로운 점을 안다. 3. 자신의 직업에 대한 흥미를 안다. 4. 자신의 능력을 안다. 5. 직무의 기호를 표출한다.
B. 취업의 신청과 면접	B_1	취직응모용지를 정확하게 작성	1. 응모 용지의 질문을 이해 한다. 2. 응모 용지에 익숙하게 한다. 3. 2종류 이상의 응모 용지를 정확하게 작성한다.
	B_2	면접 중 판별 기준의 이해	1. 어떤 차림새가 좋은 인상을 주는 가를 안다. 2. 면접 중에 어떻게 행동해야 하는 지를 안다. 3. 사람이 어떻게 판단되어지는 가를 안다.
	B_3	고용자에게 접근하여 취직의 희망을 표명	1. 누구에게 취직을 의뢰하면 좋은 가를 안다. 2. 처음에 어떤 말을 하면 좋은가를 안다.
	B_4	취직의 면접	1. 면접시의 적절한 대응 방법을 안다. 2. 취직을 위한 면접을 연습한다. 3. 모의 면접 장면에서 연습을 한다. 4. 취직을 위한 면접 통지.
C. 교통기관의 이용	C_1	혼자서 직장 혹은 훈련 센타에 통근	1. 직장과의 통근 방법을 안다. 2. 일반적인 교통기관을 이용할 수 없는 경우의 대체 수단을 안다. 3. 교통안전법에 따라서 통근한다.

A. 일반 고용(하위 영역)

(A1) 직무에 대한 흥미 표출(목표 행동)

훈련 목표

1. 자립 작업장 이외에도 취직의 장소가 있는 것을 안다.

〈교재〉 취직 정보, 원호 기관, 구직 활동에 관한 슬라이드, 신문, TV, 라디오 프로를 화제로 한 토의

1) 훈련 대상자에게, 훈련 시설 내에서 실시되는 활동과 시설 외에서 실시되는 활동의 슬라이드를 보인다. 그러한 슬라이드에는, 훈련 중의 훈련 대상자와 취직해서 일하고 있는 정신 지체자의 슬라이드를 넣어 둔다. 그리고, 훈련 대상자에게 시설 내에서 훈련을 받고 있는 자와 실제로 일하고 있는 자를 구별시킨다.
2) 각종 사업장을 방문시켜, 말을 듣거나, 견학시킨다.
3) 「정보를 얻을 수 있는 곳」

① 신문 ② 라디오 ③ 일반 고용 협의체 ④ 개인적인 소개 ⑤ 새로운 작업
⑥ 공용 직업 안정소 ⑦ 민간 직업 소개소

2. 일반 사업장에서의 취직의 이로운 점을 안다.

1) 자립장 이외의 일반 사업장 취직이 자신들에게 주어지는 이익과 불이익을 서로 이야기시킨다.
2) 노동자 및 지역사회의 일원으로서 훈련 대상자의 역할을 지도자들이 역할 놀이해 보인다.
3) 「왜 일하는가?」에 관해서 서로 이야기하게 한다. 다음의 사항을 화제 속에 넣을 것.

① 작업을 하는 것은, 스스로 돈을 번다는 것.
② 의식주를 해결하고 보다 나은 생활을 위해서는 돈을 벌어야 함을 인식시킨다.
③ 만족감, 그것은 자신에게 있어서 흥미 깊고, 유익한 일을 하는 것에 의해서 얻어질 수 있다.
④ 지위와 경험의 획득이나 일하는 것에 의해 친구나 지식인으로부터 존경을 받게 된다.

3. 자신의 직업에 대한 흥미를 안다.

1) 훈련 대상자에게 언어 이해 능력이 있으면, 표준화시킨 직업 흥미 검사를 실시한다. 단지, 지역사회에서 입직 가능한 직무에 관련시켜서 실시할 것.
2) 만일, 훈련대상자가 언어 이해 능력이 낮은 경우에는, 입직 가능한 직무의 슬라이드

를 보이고, 강제선택법을 이용해서 흥미를 결정한다.

3) 사업장으로 훈련 대상자를 데리고 간다. 그리고, 현장에서 돌아온 뒤 2회, 견학 간 직무에 대한 흥미를 서로 이야기 한다.

4. 자신의 능력을 안다.

〈교재〉 직업 평가를 위한 용구

1) 공식적인 직업 평가법을 이용할 수 있는 경우에는 그것을 이용한다.
2) 그것을 이용할 수 없는 경우에는, 우선 과제 분석을 실시하고, 그 과제의 요건을 분명하게 해, 훈련 대상자의 직업 능력을 평가한다.

5. 직무의 기호를 표출한다.

〈교재〉 카운슬링, 훈련 장면

1) 훈련 목표 4의 결과를 검토한다.
2) 취직의 현실적인 기회가 어느 정도 있는가, 또 능력은 어느 정도 있는가를 서로 말한다.
3) 훈련 대상자가 직장을 결정하도록 도와준다. 단지, 최종 결정은 훈련 대상자에게 시킨다.

B. 취업 신청과 면접(하위 영역)

(B1) 취직 응모 용지의 정확한 작성(목표 행동)

훈련 목표

1. 응모 용지의 질문을 이해한다.

〈교재〉 지역의 사업주가 발행한 취직 응모 용지.

1) 필요하면, 수용 언어(문자, 언어)의 재훈련을 실시한다.
2) 질문을 전부 조사해 그것들에 대해서 바르게 대답하는 연습을 시킨다.

2. 응모 용지에 익숙하게 한다.

〈교재〉 취직 응모 용지의 견본

1) 훈련 대상자에게 응모 용지의 견본을 보이고, 거기서 요구되고 있는 정보에 대해서 설명을 해준다.

2) 자신감을 가지게 하기 위해서, 되도록 많은 용지로 연습시킨다.

3. 2종류 이상의 응모 용지를 정확하게 작성한다.

〈교재〉 지역의 사업주가 발생한 취직 응모 용지의 견본

1) 훈련 대상자에게, 취직 응모 용지를 작성하고 있는 구직자의 슬라이드를 보인다. 그리고, 응모 용지의 작성은, 그 사람을 고용할 것인가 아닌가를 판단하기위해 필요한 정보를 사업주에게 제공하기 위한 것이라는 사실을 가르친다.

2) 훈련 대상자에게, 스스로의 응모 요지를 작성시키든지, 기입한 견본의 정보를 써서 복사시킨다. 써서 복사할 경우에는, 그 견본을 사용하여 양식이 다른 몇 개의 용지를 작성시켜도 좋다.

3) 훈련 대상자가 글씨를 쓸 수 없든지, 견본의 정보를 정확하게 복사할 수 없는 경우에는, 구두로 응답하는 연습을 시키는 편이 좋다.

(B2) 면접 중 판멸기준의 이해(목표 행동)

훈련 목표

1. 어떤 차림새가 좋은 인상을 주는가를 안다.

1) 매력적인 복장이나 헤어스타일의 사진을 잡지에서 찾게 한다.

2) 몸가짐의 단정함, 청결함의 중요성에 대해서, 지도자가 주도해 서로 이야기 시킨다. 필요하다면, 역할 놀이를 한다.

3) 지도자가 면접 장면에서, 적절한 옷차림, 부적절한 옷차림을 해 보인다. 그 후에 지도자의 옷차림에 관해서 서로 토의한다.

4) 게시판에 옷차림에 대한 표어나, 포스터를 붙이는 것도 좋은 방법이다.

2. 면접 중에 어떻게 행동해야 하는지를 안다.

〈교재〉 역할 놀이(집단에서의 훈련 장면) 개별 카운슬링, 비디오에 의한 피드백

1) 면접중에 어떻게 행동하면 좋은가에 대해서 서로 이야기 한다.

다음사항을 훈련 대상자에게 기억시킬 것.

① 시간의 엄수

② 사무실로 오도록 말을 들은 경우에는, 사무실로 직행하고 올바르게 보고할 것.

③ 정중하게 대응할 것.「안녕하세요.○○씨」라고 말하고 요구한다면 악수를 할 것.

④ 편안한 자세로 똑바로 앉을 것.

⑤ 손을 움직이지 않을 것.
⑥ 면접 중 물건을 만지거나, 먹거나 하지 않을 것.
⑦ 명료한 발음으로 말하고, 모든 질문에 주의 깊게 대답할 것. 만약, 의문이 있으면 간단하고 또렷하게 질문할 것.
⑧ 면접 중에는 상대방의 말을 경청하고 눈을 바라볼 것.
⑨ 면접이 끝나면, 상대방에게 감사의 뜻을 표할 것.

2) 훈련 대상에게 면접을 시범적으로 지켜보고, 그것을 비디오로 촬영하고, 피드백하여 행동을 수정시킨다.

3. 사람이 어떻게 판단되어지는가를 안다.

〈교재〉 역할 놀이에서의 훈련 장면 개별 카운슬링, 비디오에 의한 피드백.

1) 「고용자는 너의 옷차림을 잘 살펴본다.」 훈련 대상자에게 몸가짐에 관해 체크해주고, 비디오를 보면서, 자신의 옷차림을 체크시킨다.
2) 고용자는 단지 당신이 하는 이야기 내용에 주목하고 있는 것만이 아니라 말하는 방법에도 주목해서 너의 말을 듣는다. 고용자는 몸동작이나 걷는 법, 앉는 법까지 잘 관찰하고 있습니다.
3) 훈련 대상자를 의자 앞에 바르게 앉히고, 면접에 참가시킨다. 훈련 대상자에게 교대로 고용자나, 구직자가 되게 하여, 역할 놀이를 시킨다. 다른 동료에게 그것을 보이고, 뒤에 개선점을 말하게 한다.
4) 「고용자는 너의 예의법, 당신의 받은 교육, 게다가 지금가지 무엇을 경험해 왔는가, 또한 당신을 고용하면 어떨 가를 판단한다.」 바른 예절법을 가르치고, 교육정도, 직업을 가진 경력을 생각 해 내게 한다.
5) 「고용자는 이미 취직해 잇는 사람들과 네가 잘 해 나갈 수 있는지 어떤지를 생각해, 당신을 고용하면 어떤가를 판단한다.」 구직에 앞서 지금까지 받는 훈련이나 경험을 관련짓도록 가르친다.

(B3) 고용자에게 접근하여 취직의 희망을 표명(목표 행동)

훈련 목표

1. 누구에게 취직을 의뢰하면 좋은가를 안다.

〈교재〉 영화, 슬라이드 그림, 실제의 견학

1) 어디에 출두하면 좋은가를 가르치기 위하여 다음과 같은 문자의 그림을 보인다. 예

를 들면, 「인사계」「구직자 접수처」 등

2) 개별로 취직할 수 있는 사업장을 훈련 대상과 같이 방문하여 고용자에게 만나게 해서, 익숙하게 해 둔다.

2. 처음에 어떤 말을 하면 좋은가를 안다.

〈교재〉 역할 놀이 면접 장면의 영화나 슬라이드

1) 훈련 대상자에게 취직이 가능한 사업주에게 접근하는 연습을 시킨다. 처음에는 훈련자를 대상으로 훈련시키고, 그 후 부터는 알지 못하는 사람을 고용자에게 보이고서 접근시킨다.

2) 취직 면접의 역할 놀이시키고, 면접에 있어서는 첫째 인상이 중요하며, 그 중에서도 다음의 점을 확실하게 제시하는 것이 중요하다는 것을 강조한다.

① 인사

② 취직의 면접을 부탁할 것.

③ 특정의 직무에 대한 흥미가 잇는 것.

④ 언제라도 면접에 응할 것.

3) 훈련 대상자에게 다른 지도자에 대해서 위에 기술한 여러 가지 점을 주의 시키고 면접을 받는 연습을 시킨다.

(B4) 취직의 면접(목표 행동)

훈련 목표

1. 면접시의 적절한 대응 방법을 안다.

〈교재〉 역할 놀이, 영화, 슬라이드, 비디오에 의한 피드백

1) 면접을 받을 자 혹은 훈련 대상자에게 슬라이드를 보인다. 그러한 슬라이드에는 깔끔하지 않은 옷차림과 청결한 옷차림, 올바르지 못한 자세와 좋은 자세, 찡그린 얼굴과 밝은 표정의 얼굴, 정각에 도착한 사람과 지각한 사람이 대조된 장면을 포함할 것 훈련 대상자는 위의 내용 중 올바른 것을 선택해야 한다.

2) 2개의 면접 장면 영화를 보인다. 하나는 좋은 면접을 실시하는 영화, 다른 쪽은 나쁜 면접을 실시하는 영화이다. 훈련 대상자는 어는 것이 좋은 면접인가를 지적하고, 그 이유를 말할 수 있어야 한다.

2. 취직을 위한 면접을 연습한다.

〈교재〉 면접의 역할 놀이

1) 다음의 교재를 사용해서 역할 놀이 연습을 시킨다. 「너희들과 면접을 하는 사람은 너에게 몇 가지의 질문을 할뿐이다. 그 질문 가운데 몇 가지는 대개 다음에 제시한 질문이다. 면접 보러 가기 전에 그러한 질문에 대한 대답을 알아 두어야 한다.

(1) 「어떠한 일을 하고 싶은가?」

· 간호 보조 · 관리인 · 운반 · 어린이 돌보기

(2) 「왜 그 일을 희망하는가?」

· 다른 사람과 함께 일하고 싶기 때문입니다.

· 그 일의 경험을 쌓는 것에 의해서 힘을 모아 자기를 향상시킬 수 있기 때문입니다.

· 이 가게에 몇 번 온 적이 잇습니다. 그리고 여기서 일하고 있는 사람과 가게의 분위기가 좋게 생각되었기 때문입니다.

· 어린이를 돌보거나, 어린이를 위해 일하는 것이 좋기 때문입니다.

(3) 「어떻게 해서 이 회사를 희망하였습니까?」

· 댁의 병원은 평판이 좋다. 또한 내가 찾고 있는 일이었기 때문입니다.

· 여기가 나에게 적당한 일이 있다고 느꼈기 때문입니다.

· 여기에 있는 어린이들이 좋은 사실과, 당신이 훌륭한 사람으로 생각되었기 때문입니다.

(4) 「어떠한 자격을 가지고 있습니까?」

· 시설에서 8년간 훈련을 받았습니다.

· _과 _로, 관리인으로써 일한 경험이 있습니다.

· 나는 사람을 좋아하고, 더불어 일을 배우고 싶습니다.

· 나는 5사람의 형제자매를 돌보며 도와주고 있습니다. 또한 보모를 한 경험이 잇습니다.

(5) 「어떻게 해서 전의 일을 그만 두었습니까?」

· 승진의 기회가 있는 일을 찾고 있었기 때문입니다.

· 훈련을 더 쌓고 싶었기 때문입니다.

· 승진 할 수 없고, 장래 전망이 없었기 때문입니다.

· 아직 고용되어져 있습니다.

(6) 「왜 지금 회사를 그만두고 싶습니까?」

· 사업주가 더 훈련을 받도록 말한 것과 승진의 기회가 없었기 때문입니다.

· 스스로를 향상시켜 보다 좋은 생활을 하고 싶기 때문입니다.

· 급료가 낮기 때문입니다.

· 어린이를 돌보는 일이 나에게 있어 행복한 것이기 때문입니다.

(7)「앞의 직장, 혹은 지금 직장의 명칭, 주소, 전화번호를 가르쳐 주세요.」

(8)「당신이 희망하고 있는 일에 대해서 어느 정도 지식을 가지고 있습니까?」

· 나는 간호 보조자로 기초적인 훈련을 받고 있습니다.

· 여기서 낸 모집 광고에서 안 지식 정도입니다.

· 무거운 물건을 밑에 두고, 부서질 물건을 위에 두는 것을 알고 있습니다.

· 어린이를 어떻게 돌보면 좋은지를 알고 있습니다.

(9)「_에 몇 년 살고 있었습니까?」

· 1년간입니다. ·2년 3개월입니다. · 19년간입니다. ·5년간입니다.

(10)「당신의 취미는 무엇입니까?」

· 독서, 음악 감상, 정원 가꾸기, 친구 사귀기입니다.

· 스포츠와 목공입니다.

· 자동차 운전과 스포츠입니다.

· 그림을 그리거나, 재봉을 하거나, 스포츠를 하는 것입니다.

(11)「결혼은 했습니까? 또는 결혼하려고 생각하고 있습니까?」

· 예, 결혼했습니다. · 결혼 할 예정은 없습니다.

· 지금의 입장으로 결혼은 할 수 없습니다.

(12)「이 일은 어느 정도 오래 하려고 생각하고 있습니까?」

· 몸이 움직이고 일 할 수 있는 동안은 일하려고 합니다.

· 직장에서 공평한 취급을 받고 능력과 경험에 따라서 승급하는 한 일합니다.

· 만약 승진이 가능하다면, 이 회사에 완전히 근무하고 싶다고 생각합니다.

· 정년이 될 때까지 하고 싶습니다.

(13)「야근이 가능합니까? 또는 주말 출근은 어떻습니까?」

· 예, 가능합니다. · 예, 아마 가능합니다.

· 주말의 출근은 희망하고 있지 않습니다만 야근은 가능합니다.

(14)「작년, 1년간 아팠던 적이 있습니까?」

· 2일정도 아파서 쉬었습니다. · 아프지는 않았습니다.

· 예, 하루만 아파서 쉬었습니다. · 예, 감기로 2일간 누웠습니다.

(15)「언제부터 일을 시작할 수 있습니까?」

· 지금이라도 가능합니다.

· 지금의 사업주에게 사직 희망을 제출하지 않고서는 안 되기 때문에 2주간 후부터 근무할 수 있습니다.

· 2주 후부터 근무할 수 있습니다.

3. 모의 면접 장면에서 연습을 한다.

〈교재〉 모의 면접

1) 훈련 대상자를 타인과의 모의 면접에 참가시킨다. 모의 면접을 실시하기 전에는 훈련 대상자가 마음의 준비를 하거나, 복장을 정리하기 위한 시간을 설정할 것, 가능하다면, 일반 고용을 위한 새로운 훈련 과제에 몰두하기 전에, 모의 면접을 실시하고, 과제에 대한 면접을 실시해도 좋다. 모의 면접의 결과는 다음의 기분에 따라 평가한다.
   ① 옷차림 ② 자세 ③ 최초의 인사 ④ 질문에 대한 응답
   ⑤ 취직 응모 용지의 내용의 정확성 ⑥ 제스츄어나 표정
   ⑦ 방문한 시간의 정확함 ⑧ 혼자서 왔는가?
   ⑨ 개인적인 문제를 기술하였는가? 등
2) 가능하면 모의 면접을 비디오로 촬영, 훈련 대상자에게 피드백하고, 위에 기술한 기준에 관해서 자기 평가를 시킨다.
3) 훈련 대상자의 면접 기능이 누구에게나 허용될 때까지 반복시킨다.

4. 취직을 위한 면접 통지

〈교재〉 취직이 가능하다고 생각되는 사업장의 고용자

1) 실제의 면접에 가게 하기 전에, 지금까지의 훈련 결과를 검토한다.
2) 만약, 도움이 필요하다고 느껴지면, 지도자가 따라서 간다.
3) 문제가 없으면, 사전에 지도자가 고용주를 만나서 설명을 해 둔다.

C. 교통기관의 이용(하위 영역)

(C1) 혼자서 직장 혹은 훈련 센타에 통근한다.(목표 행동)

훈련 목표

1. 직장과의 통근 방법을 안다.

〈교재〉 지도, 실지 답사

1) 지도자와 훈련 대상자는 어떠한 교통 수단을 이용하면 좋은가를 선정한다.
2) 버스, 택시, 혹은 자가용을 사용하는 경우의 절차에 관해서 검토한다.
3) 만약, 걸어서 통근한다면 훈련 대상자와 함께 지도상으로 길을 딸 그 길을 함께 걸어본다. 점차 도움을 삼가도록 할 것.

2. 통상의 교통기관을 이용할 수 없는 경우의 대체 수단을 안다.

〈교재〉 사진, 지도

1) 대체 수단을 가르치는 점 이외는 위의 절차와 같다.

2) 훈련 대상자에게 두 가지 이상의 통근법을 연습시킨다.

3. 교통 안전법에 따라서 통근한다.

〈교재〉 영화, 슬라이드, 역할 놀이, 실제 훈련

1) 훈련 대상자는 다음의 규칙을 알고 있어야 한다.

① 도로를 횡단할 때는 신호를 본다. 빨간 불이면 「멈추고」 녹색 불이면 「간다.」

② 신호가 없는 경우에는, 자동차가 오는가 좌우를 확인한다. 오지 않을 때에는 횡단하고 올 때는 기다린다.

③ 도로의 중앙으로 나가서, 자동차가 달려오는 것을 기다려서는 안 된다.

④ 도로의 횡단은 횡단보도를 반드시 이용한다. 횡단보도가 없는 곳에서는 횡단 하지 않는다. 이것은 위법이다. 다소 돌아가더라도 횡단보도를 사용해야 안전함을 인식시킨다.

2) 상술의 각 사항에 관하여 실제 훈련을 시킨다.

3

프로그램 사용 방법

여기에서는 프로그램 사용의 일반적인 절차만 제시하였다.

1. 개별 프로그램의 작성

개별적 프로그램의 작성에 있어서는 다음의 절차에 의한다.

1) 목표 행동을 확인한다. VTST(Vocatiomal Training Screening Test)를 사용한 사정 시에 훈련 대상자가 목표 행동을 나타낼 수가 없었던 경우라도 확인을 한다. 그 경우, VTST와 동일한 통과 기준을 사용한다.
2) 부속 프로그램 용지를 사용하여 프로그램을 작성한다.
3) 개개의 목표 행동에 관하여, 기초선을 파악하기 위하여 3~5일간의 관찰 기간을 둔다. 관찰에는 빈도, 간격 혹은 시간 표집법을 사용한다.
4) 그 관찰 기록을 근거로 통과율을 정한다.

2. 작업 시장 분석

재활의 최근 동향에서 상당히 의미 있는 사실은 작업시장 분석과 직무분석을 사용하는 점이다.

그 이유는 훈련 대상자가 입직 가능한 직종에 따라 적절한 직무 수행상의 기능이 필요하기 때문이다. 만약 가능하다면 평가와 훈련에 있어서도 이와 같은 접근 방법을 사용할 수 있다.

이 접근 방법에서는 다음의 절차가 필요하다.

1) 입직 가능한 직업시장의 분석
2) 훈련 대상자가 직무를 완수하기 위하여 필요한 개개의 기능에 관해 직무분석의 실시, 그러한 기능 중 몇 가지 중요한 것은 다음과 같다.

① 자립기능 ② 직업전 기능 ③ 개인 · 대인관계 기능 ④ 학습 · 대안 전략

⑤ 작업 수행 ⑥ 정보처리 ⑦ 직무 관련 기능

3) 직무 분석, 직업 생활 태도, 취업 정보 · 기능 등 개개의 기능에 관한 훈련으로 실시한다. 필요한 많은 기능은 VTM으로 알 수가 잇을 것이다. 구체적인 훈련의 절차는 다음 훈련 장면에 제시되어 있다.

3. 훈련 장면의 실시

훈련은 다음의 절차로 실시한다.

1) 방법, 내용, 과정에 관한 과제 분석, 과제 분석의 얘는 VTM과 프로그램에 제시되고 있다.
2) 소음이 없고 안정된 방에서 학생들과 함께 활동해 본다.
3) 훈련 장면에 있어서는 다음과 같은 순서로 실시한다.
   ① 특별한 지시를 하지 않아도 훈련 활동이 가능한 대상자의 경우는 「자, 해보자」라는 말을 한다. 만약 훈련 대상자가 가능하지 않은 경우는
   ② 무엇을 해야 하는지, 개개의 활동에 맞추어서 대상자에게 언어적 지시를 한다. 예를 들면 「막대기를 잡아요」와 같이 만약 훈련 대상자가 이 지시에 정확하게 반응할 수 없는 경우에는
   ③ 훈련 대상자에게 그 과제를 시연해 보인다. 그때에도 ②에서 제시한 언어적 지시를 사용한다. 예를 들면, 막대기를 잡아서 「봐, 막대기를 잡고 있지요」와 같이, 시연한 후에,
   ④ 3-2) (언어적 지시)를 반복 실시한다. 이것으로 훈련 대상자가 정확하게 반응 할 수 있으면,
4) 손을 보조하여 가르친다. 예를 들면, 「도와줄께」하고 말하면서 학생의 손을 잡고 함께 막대기를 집어들고 「자, 보세요. 막대기를 쥐고 있죠」라고 언어적 단서를 제시한다. 그리고, 이 단계에서 3-③(시연)으로 되돌아 온다. 아울러, 이 단계를 정확하게 반응할 수 있게 되면 3-②로 되돌아온다.
5) 정확한 반응이 일어난 경우에는 곧 바로 적어도 50%의 비율로 강화를 부여한다. 만약, 정반응이 발생하지 못한 경우에는 기대치를 낮추어서 보다 쉬운 단RP의 과제를 선택한다.
6) 10회 시행을 실시할 것. 만약 훈련 대상자가 10회 시행 실시해도 정확하게 반응할 수 없는 경우에는 과제를 보다 쉬운 것으로 하거나 목표 행동을 바꾼다.
7) 목표 행동이 기준에 달성한 다음의 목표 행동으로 과제를 진행한다. 단지 약간 시간을 두고 나서 기준을 달성한 목표 행동이 유지되고 있는가? 어떤가를 재평가한다.

마지막으로, 이 안내서에서 제시된 훈련 내용과 교재는 극히 제한된 것으로 모든 것을 망라한 것은 아니라는 점을 명심해 주기 바란다.

4. 생활자립 · 작업지도 평가

앞의 제시한 하위영역과 목표에 따라 다음과 같이 제시한 작업훈련 기록용지에 기입하여 사용하면 효과적이다.

1) 작업훈련 기록

행동기능 기록 요약

성 명 ________ 훈 련 자 ________

행동기능 ________ 시작년월일 ______ 종료년월일 ______

학습 매개의 주된 종류 ________ 지도상의 유의점 ________

훈련요일 월 화 수 목 금 토 일 장소____ 거주시설____ 기타 ________

행동목표	훈 련 절 차	강화재와 강화비율	주 정 절 차

행동기능 ______

기록 + = 정반응 + = 자력으로 가능 × = 모방으로 가능 0 = 불가능

0 = 오반응 V = 언어지시로 가능 - = 도움으로 가능

요약

2) 생활자립훈련 평가

지도 영역별 성취정도를 생활자립 훈련과 직업전 훈련으로 나누어 그림으로 색칠하여 표시하면 성취수준을 한눈에 쉽게 알아볼 수 있다.

성　　명____________________

생년월일____________________

평 가 자____________________

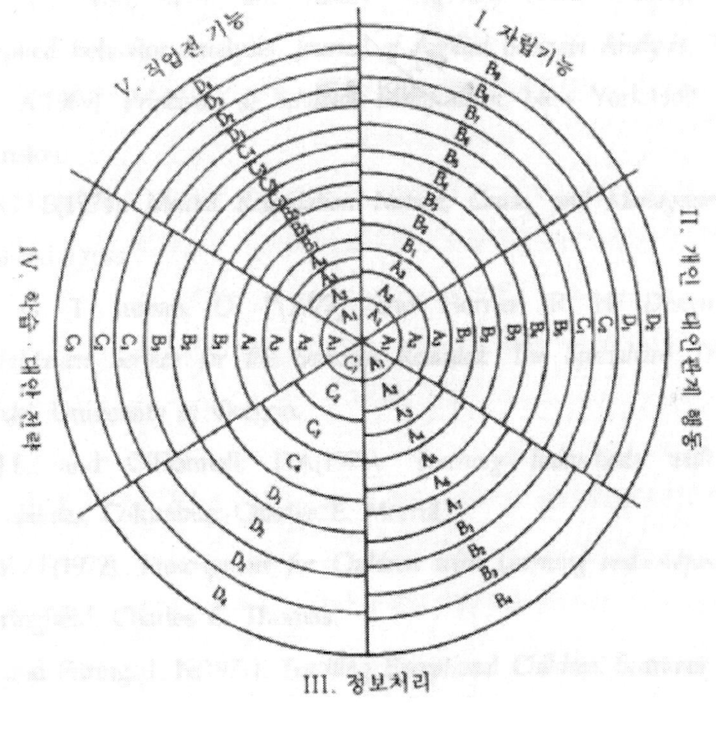

생활자립 훈련

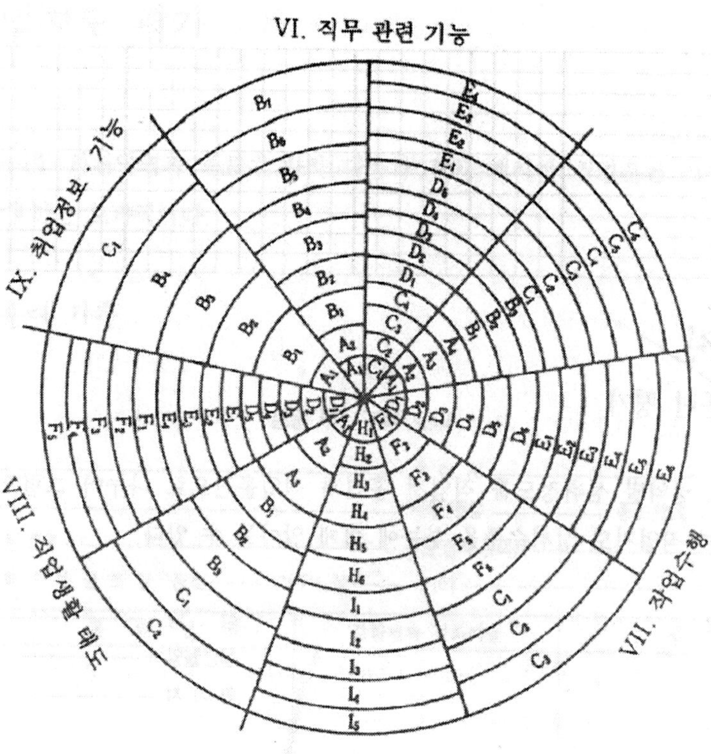

직업전 훈련

참 고 문 헌 Reference

강위영, 조인수, 구대회(1991). **재활개론**. 서울: 성원사

강위영. 조인수, 정대영(1993) **직업재활과 지원고용**. 서울: 성원사

이상춘. 조인수(1990). **정신지체아의 직업재활훈련과 지도**. 전주: 신아출판사.

이상춘. 조인수(1992). **장애인을 위한 생활자립 직업재활훈련 프로그램**. 서울: 도서출판 특수교육

조인수 외(1992). **장애인 직업적응을 위한 재활방법** 서울: 성원사.

조인수 외 3인(1995). **정신지체인의 직업지도 이론과 실제**. 서울: 도서출판 이레.

조인수(1998). **발달지체인 생활 · 직업 재활훈련의 이론과 실제**. 서울: 교육과학사.

조인수(1999). **발달지체인의 직업지도**. 대구: 도서출판 명성사.

조인수(2000). 전환교육계획 수립과 과정. **특수교육연구**, 23(1). 171-192.

조인수(2002). **장애인 삶의 질 향상을 위한 전환교육과 서비스**. 대구: 대구대학교 출판부.

조인수(2002). 전환교육의 발달과정과 실천적 과제. **특수교육학 연구**. 37(2), 175-192. 한국특수교육학회.

조인수(2004). **생활중심진로교육프로그램**. 대구: 대구대학교 출판부.

조인수(2005). **전환교육**. 대구: 대구대학교 출판부.

조인수(2006). **특별한 교육적 지원 요구학생을 위한 여가 · 생활지도**. 대구: 대구대학교 출판부.

조인수(2009). **전환사정**. 대구: 대구대학교 출판부.

조인수, 송정선(2007). 특별한 교육적 지원요구 학생을 위한 전환교육 사정방법과 사정 전략 모델 탐색. **정신지체연구, 9**(4). 183-206. 한국정신지체아교육학회

조인수, 이응훈(2006). **자기결정기술**. 대구: 대구대학교 출판부.

조인수, 이응훈(2008). **자기결정 교수 방략**. 대구: 대구대학교 출판부.

조인수, 이응훈(2011). **전환교육 실행방략**. 박학사.

Allen, R. M. and A.D. Cortazzo(1970). *Psychology and Educatonal Aspects And Problemss of Mental Retardation.* Springfield Illinois: Charlgs C. Thomas.

Becker, R. L(1976). "Job Training Placement for Retarded Youth: A surver." *Mental Retardation. 14,* 7-11

Browning, P. S. and Heber, P(1974). *Mental Retardation Rehabilitation and Counseling.* Springfield Illinois:Charles C. Thomas Publisher

Broline, D. E(1982). "Life-Centered Career Education of Exceptional Children." *Focus on Exceptional Children. 14,* 7, 1-15.

Baer, D. M., Wolf, M.M., and Risley, T.R(1968). Some Current Dimensions of Applied Behavior Analysis. *Journal of Applied Behavior Analysis. 7,* 91 -97.

Bandura, A(1969). *Principles of Behavior Modification.* New York:Holt, Rhinehart and Winston.

Barloff, G .S(1974). *Mental Retardation Nature, Cause, and Management* New York: Halsted Press

Bellamy, G. T. Inman, D. P(1977). and Horner, R. H. *Design of Vocational Habilitation Service for the Severely Retarded: The Specialized Training Program Model.* University of Oregon.

Bigge, J.L. and O'Donnell, P.A(1976). *Teaching Individuals with Physical and Disabilities,* Columbus: Charles E. Merrill.

Blanco, R. F(1972). *Prescriptions for Children with Learning and Adjustment Problems.* Springfield: Charles C. Thomas.

Blum, E.and Fitting, I. N(1971). *Teaching Exceptional Children.* Summer.

Broden, M., Hall, R., Vance, B. and kitts, B(1971). The Effect of self-recording on the classroom behavior of two eighth-grade students, *Journal of Applied Behavioral Analysis, 4, 3,* 191-201.

Brown, L, and Pearce, E(1970). Increasing the production rates of trainable level retarded students in a public school simulated workshop. *Education and Training of the Mentally Retarded. 5,* 15-22.

Baxter, J. M(1982). "Solving Problems through Cooperation", *Exceptional Children. 48, 5,* 400-407.

Cegehka, P. T. Career Education. In J. M. Kauffman and D. P. Hallahan(eds)(1981), *Handbook of Spcial Education. Englewood Ciffs,* N. Y.: Prentice Hall, INc.

Davis, G. A. and Hartman, S.E(1968). *Thinking Creatively : A Guide to Training Imagination. Wisconisin Research and Development Center for Cognitive Leraning.* University of Wisconsin.

Davis, G. A(1973). *Psychology of Problem Solving : Theory and Practice.* New York : Basic Boks.

Dunn, D. J. A(1976). *Quantitative Approach to Behavior Observation in Rehabilitation Facilities. Parts I~IV.* University of Wisconsin-Stout,.

Farrald and Schamber A(1973). *Diagnostic and Prescriptive Technique.* Adapt Press.

Fanald, S(1943). *Remedial Techniques in Basic School Subjects.* New York Mcgraw-Hill.

Fredericks, B(1976.). *The Teaching Research Curriculum for Moderately and Severely Handicapped.* Springfield : Charles C. Thomas.

Frostig, M. and Mmaslow, P(1973). *Leaning Problems in the Classroom : Prevention and Remediation.* New York : Grune and Stratton.

Garrison, K. CC(1965). and Forcd, D. G. *The Psychology of Exceptional Children.* N. Y: The Ronald Press Conpaly.

Gold, M. W(1968). *Preworkshop skills of the trainable : A sequential technique. Education and Training of the Mentally Retarded.* 3, 31-37.

Gold, M. W. and Scott, K. G(1971). Discrimination Learning. In W. B. Stephens(Ed.), *Training the Developmentally Young.* New Vork : John Day.

Gold, M. W. and Barclay, C. R(1973). The learning of difficult Visual discriminations by the Moderately and Severely Retarded. *Mental Retardation.* 11, 12, 9-11

Gold, M. W. and Barclay, C, R(1973). The effect of verbal labeis on the acquisitions and retention on a complex assembly task. *Training School Bulletin. 70, 1,* 38-42

Gold, M. W(1975). *Vocational Training.* in J. Wortis(Ed.), *Mental Retardation and Developmental Disabilities : An Annual Review. Vol. 7.* New York: Brunner/ Mazer.

Grossman, H.J. ed(1973). *A manual on terminology and classification in mental retardation*, Washington, Washington D. C. : AAMD.

Harris, A. J(1961). *How to increase Reading Ability.* New York : Longmans, Green and Company.

Hollis, J. h(1967). Development of preceptual motol skills in a profoundly retarded child : Part II, Consequenence, change and transfer. *American Journal of Mental Deficiency. 71,* 953-963.

Homer, R. D(1971). Establishing the use of crutches by a mentally retarded spina bifiba child. *Journal of Applied Behavior Analysis, 4, 3,* 191-201.

Irvin, L. K. and Bellamy, G. T(1977). Mainpulation of stimulus feature in vocational skill training of severely retarded individuals. *American Journal of Mental Deficiency, 81, 5,* 486-491.

Johnson, R., Haughton, E. and LaFave,, H(1977). Behavior therapy. Usa in vocational skill training of severely retarded individuals. *American Journal of Mental Ddficiency, 8l, 5,* 486-491

Johnson, R, Haughton, E. and LaFave, H(1965). Behavior therapy. Usa in a sheltered workshop. *Diseases of the Nervous System, 26,* 350~354.

Joshon, G, M(1980). *Preparing Handicapped Students fdr Work Alternatives for Secondary Programming.* Reston Va : Council for Exceptional Children.

Kempton, W(1973). *Guidelines for Planning a Training Course on Human Sexuality and the Retarded.* Planned Parenthood Association of Southeastern Pennsylvania.

Kephart, N. C(1960). *The Slow Learner in the Classroom.* Columbus: E. Merrill Books, Inc.

Kirl, S. A. and J. J(1983). Gallagher. Education *Exceptional Children.* Boston Houghton Mifflin Co.

Korean Society for Rehabilitation of the Disabled. (1986) *Rehabilitation in Korea.* 14-28.

Lempp, R(1976). Eine Pathologies Psychischen Entwickung. Gottingen, Lemer.

J. W(1971). *Children With Learning Disablities.* Boston : Houghton Miffin

Company.

Milby, J. B(1970). Modification of extreme social isolation by contigent social reinforcement. *Journal of Applied Sehavior Analysis, 3, 2,* 47-52.

Mithaug, D. E. and Haring, N. G(1977). : Community vocational and workshop placement, In N. G. Haring and L. J. Brown (Eds.), *Teaching the Severely Handicapped. Vol.* II. New York : Grune and Stratton. Inc.

Mithaung, D. E. and Hagmeier/ L. D(1978). The development of procedures to assess prevocation competencies of severely handicapped young adults. *AAESPH Review, 3, 2,* 94-115.

O'Leary, D. K. and Becker, W. C(1970). Behavior modification of an adjustment class : A token reinforcement program, In R. Ulrich. K. T. Stachnik, and J. Mabry (Eds.), *Control for Human Behavior. Glenview,* Illinois : Scott, Foresman and Company

Patterson, G. R(1971). *Families. Champaign,* Illinois : Research Press.

Schalock, R. L. and Karan, 0. C(1978). Relevant assessment : The interaction between evaluation and training. In T. S. Bellamy and 0. C. Keran (Eds.), *Vocational Habilitation of the Severely Handicapped.* Baltimore : University Park Park Press.

Schroeder, S. R. and Barrear, F. J(1976). Effects of price manipulations on consumer behavior in a schelter workshop token economy. *American Journal Deficiency, 81, 2,* 172-180.

Schurman, D(1975). *Athletic Fitness.* New York : Atheneum.

Sitlington, P. L(1981). "Vocational and special education in career programming for the mildly handicapped adolescent." *Exceptional Children.* 47, 8.

Snell, M. E(1978). *Systematic, Instruction of the Moderately and Severely Handicapped.* Columbus : Charles E. Merrill.

Staats, A. W. *Child Learning, Intelligence and Personality.* New York : Harper and Row, 1971.

Swanson, G. I. Career education, In K(1972). Goldhammer and R. E. Tayler(eds.) *Career-Education Perspective and Promise.* Columbus, Ohio : Charles E. Merrill.

Telford, C. W. and Sawrey, J. M(1967). *The Exceptional Individual.* Engelewood Cliffs, N. J. : Prentice Hall, Inc.

The California Project, 1455 Response Road, Suite 138, Sacramento, California 95818 (916-929-8126). (Task analyses).

Valett, R. E(1967). *The Remediation of Learning Disabilities.* Palo Alto, California : Fearson Publishers.

Wehman, P., Renazaglia, A., Schutz, R. and Karan, O(1977). Stimulating productivity in two profoundly retarded workers through mixed reinforcement contingencies, In 0. Karan, P. Wehman, A. Renzaglia, and R. Schutz (Eds.), *Habilitation Practices with the Severely Developmentally Disabled.* Madison : University of Wisconsin in Rehabilitation Research and Training Center.

Weigerber, R. A(1980). *A Special Educator's Guide to Vocational Training.* Springfield III. : Charles C. Thomas/ Publisher.